Jürgen Meyer

Die Kelten

geheimnisvoll und mystisch

Jürgen Meyer

Die Kelten
geheimnisvoll und mystisch

Oertel+Spörer

Haftungsausschluss
Die Hinweise in diesem Buch stammen vom Autor. Es können jedoch keinerlei Garantien übernommen werden. Angaben zur Lage der Natur- und Geländedenkmäler: Ohne Gewähr. Eine Haftung des Autors bzw. Verlages und seiner Beauftragten für Personen-, Sach- und Vermögensschäden ist ausgeschlossen.

Bildnachweis:
Cover vorne:
Achsnagel eines zweirädrigen Kampfwagens, Fundort Grabenstetten und Seite 117
Achsnagel eines vierrädrigen Wagens, Fundort Bad Urach
Giraffenähnliche Fabelwesen, Grabfund bei Zainingen
Spätkeltischer Glasarmring, Fundort bei Trochtelfingen
© P. Frankenstein, H. Zwietasch, Landesmuseum Württemberg, Stuttgart
Alle weiteren Fotos: Jürgen Meyer, Mössingen-Belsen

Fachliche Mitarbeit:
Fritz Krauß, Naturschutzwart, Reutlingen
Hans Martin Luz, Höhlenforscher, Leinfelden-Echterdingen
Christoph Bizer, Burgenforscher, Lenningen
Kurt Müller, Numismatiker, Pfullingen
Lilli Werner, Guide, Mössingen

Postfach 16 42, 72706 Reutlingen

Cover: PMP Agentur für Kommunikation
Lektorat: Ulrike Weiler
Layout und Satz: Bettina Mehmedbegović
Druck und Einband: AZ Druck und Datentechnik GmbH, Kempten/Allgäu
Printed in Germany
ISBN 978-3-88627-966-1

Inhalt

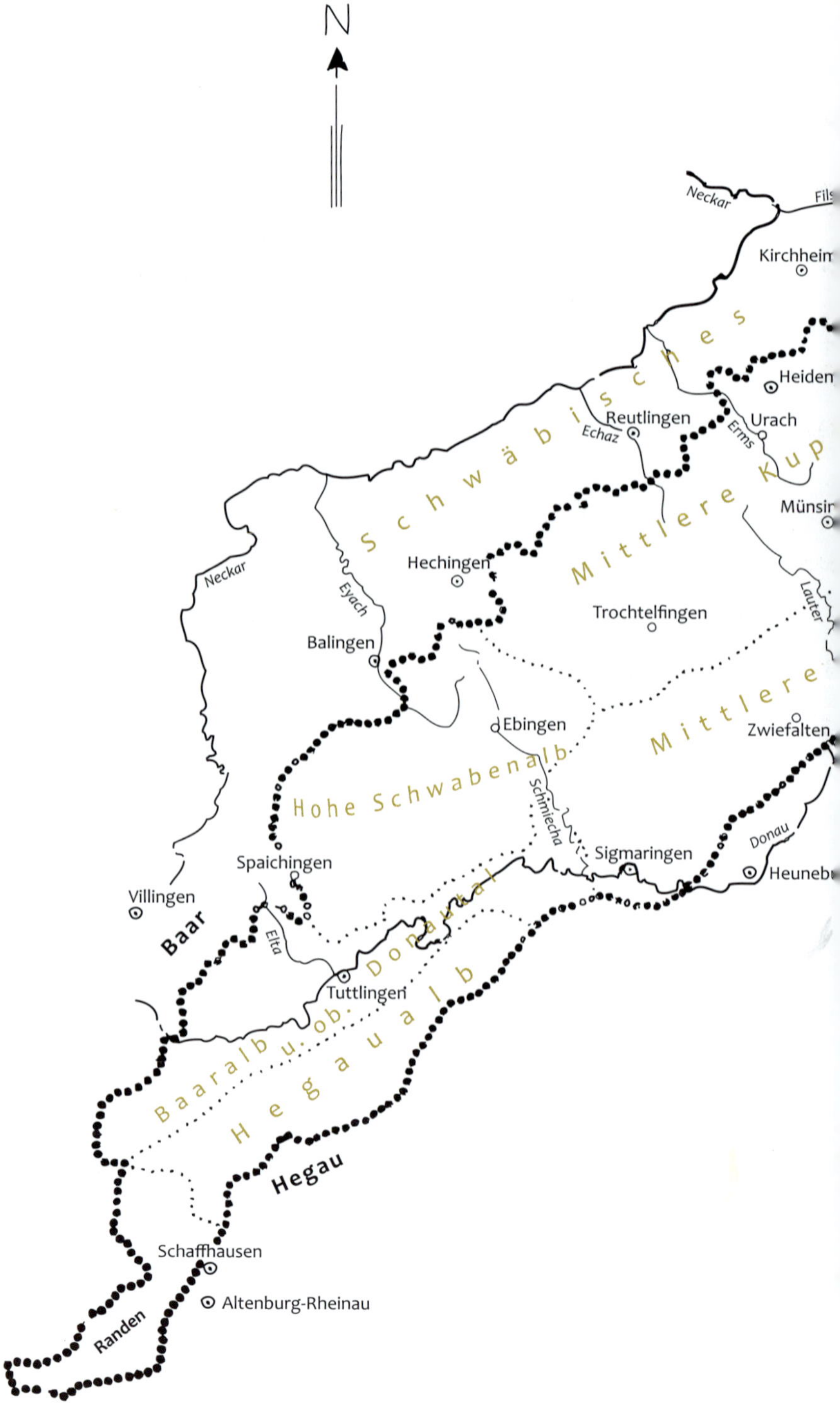
N
Neckar
Fils
Kirchheim
Heiden
Urach
Reutlingen
Echaz
Erms
Schwäbisches
Mittlere Kup
Münsin
Hechingen
Neckar
Eyach
Trochtelfingen
Lauter
Balingen
Ebingen
Zwiefalten
Mittlere
Hohe Schwabenalb
Schmiecha
Sigmaringen
Donau
Heuneb
Spaichingen
Villingen
Baar
Elta
Donautal
Tuttlingen
Baaralb u. ob.
Hegaualb
Hegau
Schaffhausen
Altenburg-Rheinau
Randen

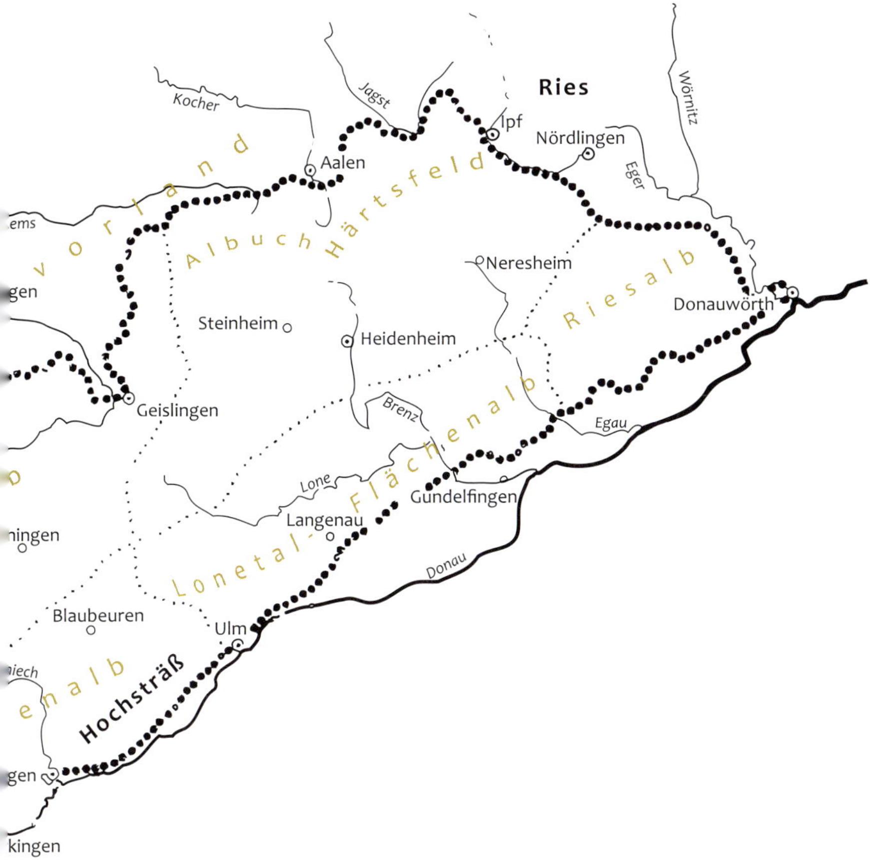

Die naturräumlichen Einheiten der Schwäbischen Alb
(Nach: Handbuch der naturräumlichen Gliederung Deutschlands.
Remagen 1953 ff.)

Hinweise und Anregungen nehme ich gerne entgegen.

Jürgen Meyer
Zieglerstraße 6
72116 Belsen

E-Mail:
juergen.meyer.belsen@t-online.de.
www.neckar-alb-donau.de

Spurensuche nach einer rätselhaften Kultur

Die Region zwischen Baden-Württemberg und Burgund, insbesondere die Schwäbische Alb, liegt im Kerngebiet einer antiken Völkergemeinschaft, die unter dem Oberbegriff „Kelten" zusammengefasst wird und etwa ab 800 v. Chr. die Geschichte Mitteleuropas bestimmt. Im Quellgebiet des europäischen „Mutterflusses" Donau stand nicht nur die Wiege der menschlichen Höhlenkunst, hier wuchs am Übergang von der Bronze- in die Eisenzeit im 6. Jh. v. Chr. eine keltische Zivilisation heran, die in ihrer Blütezeit an der Schwelle zur Hochkultur stand. Obwohl die teils spektakulären Funde in den mit wertvollen Beigaben ausgestatteten „Fürstengräbern" den Reichtum und die Komplexität der keltischen Welt vor Augen führen, bleibt deren Geschichte, das tägliche Leben, die Wirtschaftsweise, die Religion und Gesellschaftsordnung dieses bunten Gemischs an verschiedenen Stammesgemeinschaften bis heute geheimnisvoll.

Südwestdeutschland steht seit Jahrzehnten im Zentrum der internationalen Keltenforschung. Dennoch ist es bisher nicht gelungen, die vielen Geheimnisse und die Mystik zu lüften, die diese rätselhaften Volksgruppen bis heute umgeben. Im Grund genommen wissen wir bis heute nicht, wer die Kelten wirklich waren!
An welchen Orten unsere Ahnen bis zur Ankunft der Römer gelebt haben, lässt sich jedoch sagen. Seit zwei Jahrhunderten werden vorgeschichtliche Funde dokumentiert. Die Auswertung zeigt eine hohe Siedlungsdichte inmitten eines weit verzweigten Wegenetzes. Insbesondere in den großen Waldgebieten der Alb haben Grabhügel, Wallburgen und Viereckschanzen die Zeiten überdauert. Allerdings harren viele Plätze, Kultorte und Siedlungen noch ihrer Entdeckung.

ALLE KELTISCHEN FUNDPLÄTZE DER ALB

Die vorliegende Zusammenstellung fasst erstmals alle obertägig bekannten Stätten des letzten vorchristlichen Jahrtausends auf dem gesamten Gebiet der Schwäbischen Alb in kompakter Form zusammen – von der Spätbronzezeit über die Hallstattzeit und Latènezeit bis zum Eintreffen der Römer im ersten Jahrzehnt nach Christus Geburt.

Der Entscheidung, das Gebiet der Schwäbischen Alb zwischen Randen und Ries zu wählen, lagen zwei Überlegungen zugrunde: Zunächst der Vorzug durch die Abgrenzung auf eine seit Urzeiten klar definierten Landschaft mit ihren siedlungstypischen Besonderheiten gegenüber einer in politischen Grenzen willkürlich abgesteckten. Ausschlaggebend war aber die Tatsache, dass die Schwäbische Alb das Kerngebiet der mitteleuropäischen Kelten bildete.
Das älteste bekannte stadtähnliche Zentrum nördlich der Alpen, das frühkeltische *Pyrene* – die „Heuneburg" bei Herbertingen – lag im Süden der Alb. Und am Übergang von der Ostalb zum Ries markierte

der Fürstensitz auf dem Ipf bei Bopfingen einen bedeutenden Machtmittelpunkt. Und auch zwei der wichtigsten spätkeltischen Großsiedlungen lagen am Albrand: Das schon in der Antike genannte *Riusiava* – das größte befestigte Handelszentrum Mitteleuropas, auf der Grabenstetter Berghalbinsel – und das umwehrte oppidum von Altenburg-Rheinau unweit der Randen- und Klettgau-Alb.

Für ein Aufsuchen der keltischen Friedhöfe, Höhensiedlungen und Höhlen bedarf es lediglich Kartenmaterial des Maßstabes 1:50 000 oder kleiner. Alle im Buch gemachten Entfernungsangaben (z. B. 1,5 km sw) beziehen sich auf den Mittelpunkt (meist Kirche) des am nächsten gelegenen Dorfes. Sie werden in den jeweiligen Himmelsrichtungen so genau wie möglich in 16er-Schritten angegeben. Bedingt durch die fortschreitende Flächenbebauung und die landwirtschaftliche Nutzung kann es sein, dass einzelne keltische Objekte zwischenzeitlich zerstört worden sind. Die Auflistung kann keine Rücksicht darauf nehmen, ob die genannten Boden- und Naturdenkmäler frei zugänglich sind. Nach dem aktuellen Bundesnaturschutzgesetz ist das Betreten von Fledermaus-Überwinterungsquartieren in der Zeit vom 1. Oktober bis 31. März verboten. Wer dagegen verstößt, macht sich strafbar.

Der besseren Übersicht wegen, ist die Alb in Teilbereiche aufgeteilt worden. In völliger Unkenntnis von etwaigen Zusammengehörigkeiten der in dem Gebiet der Alb lebenden Menschengruppen, ist es müßig darüber zu spekulieren, ob und wo Stammesgrenzen oder gar Herrschaftsbereiche verlaufen sein könnten. Sicher scheint aber, dass es zumindest Zeitabschnitte mit gewissen Kulturgrenzen gab, die die Bewohner der Südwestalb, der Mittleren Alb und der Ostalb voneinander und gegenüber den Bewohnern des Albvorlandes unterschieden.

Jürgen Meyer, im Juli 2012

Vom Randen bis zum Ries – eine kleine Geologie der Schwäbischen Alb

„Wahrlich! Ein Gott, ein Gott hat dieses Gebirge geschaffen", schrieb der Lyriker Friedrich Hölderlin. Von seinem Studentenzimmer in Tübingen aus konnte er sich an der Mauer der blauen Berge ergötzen, die sich als mächtige Steilstufe über ihr Vorland abhebt. Allerdings täuscht der Eindruck, dass dieses auf rund 220 km Länge und zwischen 10 und 40 km Breite von Südwest nach Nordost ziehende Mittelgebirge eine in sich geschlossene, gleichförmige Erhebung ist. Die angenommene Einheit dieses Naturraumes zwischen Randen und Ries stellt sich nämlich nur aus der Ferne, von der Neckarseite aus gesehen, dar.

Am Anfang war das Meer. Wo sich die Alb heute erhebt, bildete sich vor rund 195 Mio. Jahren ein großer Ozean. Das war der Beginn der Jurazeit, benannt nach dem weißen Kalkstein, der den Gebirgszug ausbildet. „Jura" ist Keltisch und bedeutet „Waldgebirge."

Das Ende der Jurazeit kam vor 145 Mio. Jahren. Der Meeresboden begann sich zu heben, das heutige Süddeutschland lag als flaches Land wenige Meter über dem Meeresspiegel. Gut 70 Mio. Jahre blieb das so. Kreidezeit nennt man diesen Abschnitt, in dem Flusssysteme herausgebildet wurden und sich die ersten Landsäugetiere entwickelten. Vor 63 Mio. Jahren begannen sich die Alpen herauszubilden. Dann aber besiegelte eine weltweite Katastrophe das Ende der Kreidezeit: Ein kilometergroßer Meteorit schlug auf die Erde ein. Ein Großteil aller Lebewesen wurde ausgelöscht. Mit diesem Umbruch endet das Erdmittelalter und die bis heute andauernde Erdneuzeit brach an. Im folgenden Zeitabschnitt des Tertiär bildeten sich die Alpen immer weiter heraus. Weil dadurch im nördlichen Voralpenraum der Boden absank und sich zusätzlich der Oberrheingraben einsenkte, konnte sich die Alb zaghaft herausmodellieren.

Eine Meeresküste an der südlichen Alb

Schließlich war der Voralpentrog an die 5000 m tief. Das Wasser fand seinen Weg und stellte eine Meeresverbindung zwischen dem Mittelmeer und der heutigen Nordsee her. Vor 25 Mio. Jahren lag der südliche Teil der Alb noch an einer Meeresbrandung. Das Wasser schwappte zwischen Blumberg und Donauwörth gegen die damalige Küste. Klifflinie nennt man diese Zone, die heute noch gut im Gelände zu verfolgen ist und wo sich – wie an jedem Strand – auch Muscheln finden lassen. Besonders in Heldenfingen bei Heidenheim, wo sich ein Teil dieses 18 Mio. Jahre alten Riffes derart gut erhalten hat, dass man meint, die Flut müsse jeden Augenblick wieder zurückkommen.

Vor 15 Mio. Jahren – die Alb hatte sich sogar kurzzeitig abgesenkt – setzte sich der Hebevorgang fort. Das Gebirge reichte wohl bis nach Stuttgart hin. Es erhob sich im Schnitt auf rund 900 m über Meereshöhe. Zu dieser Zeit lebte auf der Alb der gemeinsame Vorfahre von modernem

Mensch und Menschenaffen. Backenzähne dieser Dryopitheciden genannten Lebewesen fanden sich in Salmendingen.
Die Alb besteht aus Schichten unterschiedlicher mariner Ablagerungen, die sich während der Jurazeit am Meeresboden gebildet hatten. Man unterscheidet sie nach ihrer Farbe von unten nach oben als Schwarzer Jura (Lias), Brauner Jura (Dogger) und Weißer Jura (Malm).
Der Schwarze Jura tritt am Fuß des Albtraufs auf. Er wird fälschlich auch als Ölschiefer bezeichnet. Die großen Saurier-Fossilien von Holzmaden oder Dotternhausen stammen aus dieser Gesteinsschicht. Die markanten Steilstufen der Nordalb oder in den Tälern zur Donau hin werden hingegen von den Felsen des Weißen Jura geprägt.

Bohnerzausbeutung durch die Kelten

Recht eisenhaltig ist die Schicht des Braunen Jura. Die Kelten waren es, die den Nutzen des Bohnerzes für die Eisengewinnung entdeckten. Die bohnengroßen Knollen entstanden bei tropischer Verwitterung im Tertiär und haben sich in Felsspalten abgelagert. Im Umfeld ihrer Abbaustätten bildeten sich in vorgeschichtlicher Zeit und dann wieder im frühen Mittelalter die ersten regionalen Wirtschaftszentren.
In den Weißjura-Kalken der Alb haben sich eine große Zahl von sedimentären Eisenerzlagerstätten abgelagert – Grundlage der keltischen Verhüttung. Die Vorkommen bilden eines der größten Erzdistrikte Mitteleuropas. Sie lassen sich in zwei Gruppen zusammenfassen:
In tertiäre Bohnerze und Eisenschwarten, die im Verwitterungslehm des Malm auf der Albhochfläche abgelagert sind. Und in die Eisenerze des Braunen Jura, die im Albvorland und an den Albtraufen auftreten, schwerpunktmäßig bei Aalen, Geislingen an der Steige und im Bereich der Mittleren Alb zwischen Hechingen und Frickenhausen. Außerdem an der Westalb bei Blumberg.
Allerdings lag, nach derzeitigen Stand der Forschung, das wohl bedeutendste Eisen verarbeitende Zentrum nördlich der Alpen, im Nordschwarzwald. In den Wäldern von Neuenbürg (südwestlich Pforzheim) wurde offenbar mit antiker „Hightech“ systematisch und fast schon industriell Eisen abgebaut.
Auf der Albhochfläche wurden Erzsucher vor allem im Verwitterungslehm der Dolinen und Karstschlote fündig, wo die außerordentlich eisenreichen Bohnerze in Erbsenform auftreten, mitunter als faustgroße Konkretionen. Sie finden sich auch heute noch in Tierbauauswürfen, in umgebrochenen Äckern oder unter entwurzelten Bäumen. Für ihren Abbau mussten keine Stollen gegraben werden, sie konnten damals wie heute in Tagebaugruben „gesammelt“ werden.
Ähnlich sind den Bohnerzen die Eisenschwarten, die etwas höhere Eisengehalte haben und fast so groß wie Brotlaibe werden können.
Eisenschwarten abzubauen gestaltete sich indessen schwieriger. Vereinzelte Eisenbrocken konnten zwar obertägig aufgelesen werden, dann hieß es aber: Graben! Meist metertief mussten Schächte ausgehoben werden.

Ein Abfallprodukt der Verhüttung sind die Schlacken – die vom entstehenden Metall getrennten, weil unerwünschten Bestandteile. Dieser liegen gelassene „Müll“ ist archäologisch genauso bedeutsam, wie Grabfunde, weil es sich um Artefakte handelt – um absichtlich von Menschen hergestellte Objekte. Sie helfen der Forschung bei der Rekonstruktion von Verfahrenstechniken. Insbesondere die chemische Zusammensetzung erlaubt Rückschlüsse auf die handwerkliche Bearbeitung, die Prozesstechniken und auf die produzierten Mengen.

Das Auffinden der vorzeitlichen Verhüttungsplätze ist ein schwieriges Unterfangen. Im Gegensatz zum Albvorland gibt es auf der Alb bisher keine nachgewiesenen Schlackenabfallhügel. Der einzige archäologisch nachgewiesene Verhüttungsplatz aus (spät)keltischer Zeit liegt auf der St. Johanner Alb. Dem gegenüber steht die massive Erzverarbeitung auf der Ostalb und die Dichte der spätkeltischen Viereckschanzen, aber das völlige Fehlen von Verhüttungsofen. Das lässt zwei Schlüsse zu: Zum einen, dass die Öfen räumlich getrennt von den Siedlungen bzw. Abfallplätzen gestanden haben und einfach noch nicht entdeckt wurden. Oder, dass die Öfen aufgrund ihrer Bauart einfach keine Spuren hinterließen. Spuren römerzeitlicher Eisengewinnung fehlen auf der Alb nahezu völlig. Vermutlich stand die Ausbeutung der lokalen weit gestreuten Vorkommen im Norden des Weltreiches in keinem Nutzen zum logistischen Aufwand. Weniger die Bewachung der Sklaven und der Transport, als vielmehr die latente Bedrohung dieser „Waffenschmiede“ durch die feindlichen

Das „braune Gold“ der Kelten: Bohnerz, wie es heute noch zu finden ist.

Germanen, die quasi in Sichtweite hinter dem durch das Ries querenden Limes, dürften den Ausschlag gegeben haben.

Nach dem Abzug der Römer ab dem 3. Jh. n. Chr. sind die Bohnerzlager dann auch relativ schnell von den alamannischen Besatzern in Beschlag genommen worden. Selbst verhüttet haben sie aber nicht, weil sie das Wissen nicht hatten und zunächst von Raubzügen lebten und von dem, was sie den Galloromanen (keltisch-gallisch-römische Bevölkerung) abknöpfen konnten. Dagegen waren die Vorfahren der wohl meisten Alb-Kelten mit der Eisenproduktion vertraut, das Wissen um die Verhüttung dürfte vererbt worden sein. Und so rekrutierten die neu-

Der Archäologe Guntram Gassmann am Nachbau eines keltischen Rennfeuerofens im Erzzentrum von Neuenbürg.

en Herren die letzten keltischstämmigen Eisenschmelzer oder warben sie in den römischen Randprovinzen ab – den der Bedarf an Eisen war groß.

Vulkanschlote und Meteoriteneinschläge

Sechs Millionen Jahre lang war der Vulkanismus auf der Schwäbischen Alb aktiv. Etwa 350 Krater und Tuffschlote zeugen auf der Uracher und Kirchheimer Alb von dieser erdgewaltigen Epoche. Am eindrucksvollsten ist der tiefe Krater des Randecker Maars. Das Torfmoor bei Schopfloch hingegen ist der verlandete Überrest eines vormaligen Sees, der sich in einem dieser Sprengkessel gebildet hatte. Bereits die Kelten suchten die Siedlungsnähe der Wasser stauenden Vulkanschlote, in denen das Oberflächenwasser nicht versickern konnte. Diese Hülben (Dorfteiche) dienten ihnen als Trinkwasserversorgung.

Obwohl auch vor 13,8 Millionen Jahren entstanden, haben die zwei gewaltigen Krater am Nordrand der Alb – das mit 24 km Durchmesser große Nördlinger Ries und das mit 3,5 km Durchmesser kleinere Steinheimer Becken – nichts mit Vulkanismus zu tun. Hier schlugen zwei Asteroiden ein. Die Landschaft wurde komplett auf den Kopf gestellt. Im wortbildlichen Sinn wurden Berge versetzt. In den Meteoritenkratern bildeten sich schnell Seen. An deren Rändern bildeten sich Kalkalgenriffe. Eines davon ist der Goldberg, später Sitz eines mächtigen Keltenherrschers. Der Georgenberg bei Reutlingen, der Metzinger Weinberg, die Limburg oder der Aichelberg sehen aus wie Vulkane, haben in ihren Kernen aber lediglich Vulkanschlote.

Steter Tropfen höhlt die Alb

Rein rechnerisch schrumpft die Alb um 1,6 mm im Jahr. Manchmal, wie im Frühjahr 1983, als nach tagelangem Dauerregen bei Mössingen eine viele Fußballfelder große Fläche vom Trauf rutschte, sind es auch mehrere Meter. Unermüdlich tragen die Nebenflüsse von Neckar und Donau im Wettkampf um die europäische Wasserscheide den Albkörper ab. Unmerklich löst das Wasser die Alb aber auch innerlich auf. Die meisten der über

2500 bisher entdeckten Höhlen, Dolinen und viele Trockentäler verdanken ihre Entstehung dem das Kalkgestein auflösenden Regenwasser. Die an sich wasserarme Alboberfläche – eines der größten zusammenhängenden Karstgebiete Europas – ist wie ein riesiges Sieb, durch das das Wasser über unzählige Spalten des Weißjuragesteins den Weg ins Erdinneren findet. Nicht nur obertags bahnt sich das Wasser seine Wege, sondern auch unterirdisch und höhlt dabei die Erde aus; senkrecht wie in der Laichinger Schachthöhle oder waagrecht, wofür die einzige befahrbare Flusshöhle der Alb, die Wimsener Höhle, das bekannteste Beispiel ist. Aus einem Rinnsaal wird ein Bach, der sich den nächsten Weg ins Tal sucht und dabei Gestein aus dem Weg räumt und mit sich spült. Viele Höhlen die heute trocken liegen, waren früher Teil dieser Entwässerungskanäle. Je höher die Höhlen liegen, desto älter sind sie in der Regel. Die Bärenhöhle bei Erpfingen, ein keltischer Kultplatz, ist rund zwei Millionen Jahre alt. Auf den höchsten Kuppen der Burladinger Alb finden sich „geköpfte“ Höhlengänge ehemaliger Flussläufe. Sie führen vor Augen, dass die mittlere Albhochfläche früher weit oberhalb der 886 Meter hoch gelegenen Salmendinger Kapelle verlaufen ist.

„An den Quellen der Donau“ – eine kleine Namensgeschichte

„*Die Benennung dieses Gebirges ist so wenig einheitlich, dass dies zu verschiedenen Irrtümern Anlass gegeben hat*“, schrieb der weit gereiste Mineraloge Friedrich von Lupin im Jahr 1811. „*Einige Schriftsteller nennen es die Alpen, andere die Alben; bey einigen heißt es die Württemberg-Alb, bey anderen die rauhe Alb. Ich bediene mich der Benennung Alb-Gebirge oder Schwäbisches Albgebirge …*“.

Zweihundert Jahre später hat sich der Begriff „die (Schwäbische) Alb“ durchgesetzt und das bis vor fünfzig Jahren noch gebräuchliche „Schwäbischer Jura“ aus dem Sprachgebrauch verdrängt.

Die früheste, zunächst indirekte Erwähnung der Alb geht bis in die Antike zurück. Der griechische Geschichtsschreiber Herodot (484 bis 425 v. Chr.) ließ die Donau „*im Keltenland ihren Ursprung nehmen*“, denn diese fließe durch ganz Europa und „*entspringt bei der Stadt Pyrene*“. Die einzige keltische Großsiedlung im Bereich der jungen Donau ist die Heuneburg bei Hundersingen, Kreis Sigmaringen, am nach Süden abfallenden Hang der Schwäbischen Alb. Natürlich liegt das eigentliche Quellgebiet der Donau im Schwarzwald (keltisch *Danuvis*, für den Oberlauf bis Wien römisch *Danubis*, danach *Ister*). Selbst nach der ersten römischen Expedition unter dem späteren Kaiser Tiberius, die ihn im Jahre 15 v. Chr. „*nach einer Tagesreise vom [Boden]See aus gegen Norden die Quellen der Donau*“ erblicken ließ, herrscht bis heute immer noch Uneinigkeit darüber, welcher Quellfluss – Brigach (keltisch *Brigina*), Breg

Die Heuneburg liegt am Beginn der schiffbaren Donau.

(kelt. *Brigana*), Inn oder Donaubach – der richtige ist. Im Kreisgebiet von Tuttlingen gibt es zudem Versickerungsstellen, die den jungen Fluss zeitweise völlig verschwinden lassen.

Das Ripäengebirge im Keltenland

Hekataios von Milet, griechischer Geograph um 500 v. Chr., der eine von Herodot benützte Erdbeschreibung verfasste, hatte die Donauquellen an das *„Ripäengebirge"* verlegt. Der Philosoph Poseidonios, der im 2. Jh. v. Chr. ein heute verloren gegangenes erdkundliches Werk geschrieben hat, setzte darin die Alb mit den Ripäen gleich, wie der ägyptische Rhetor Athenaios später erläuterte: *„... das ehedem Ripäen genannte Gebirge, das dann Olbia benannt wurde, jetzt aber Alpia – es gehört zu Galatien..."*. Es ist anzunehmen, dass das altgriechische *Galatia* soviel wie „Keltenland" bedeutet. Poseidonios muss also gewusst haben, dass am südlichen Fuß der Alb die Donau entspringt. Damit haben wir den ältesten literarischen Beleg, in dem ihr heutiger Name anklingt.

Die „keltischen Berge"

Der zur Zeit der späten Kelten lebende griechische Geograph Strabon nennt einen *„gegen Osten geneigten Gebirgszug von mäßiger Höhe in der Gegend der Donauquellen und des Herkynischen Waldes ... der gewissermaßen Teil der Alpen ist"*.

Der Schriftsteller Plutarch (gestorben 125 n. Chr.), berichtet vom vorherigen Jahrtausend, in dem *„ein Teil der Kelten in Richtung auf den nördlichen Ozean die Ripäen (= die Alb) überschritten und sich in dem äußersten Teil Europas angesiedelt“* habe.

Der Wissenschaftler Claudius Ptolemäus (100 bis 178 n.Chr.) meint *„von den Gebirgen, die Germanien durchziehen sind die bekanntesten ... die den Alpen gleichnamigen oberhalb der Donauquelle ... “.*

In einigen antiken Werken ist es wegen des Gleichklangs von „Alb“ und „Alpen“ schwierig herauszulesen, welches Gebirge gemeint ist. Die Schwäbische Alb dürfte aber der (562 n.Chr. verstorbene) Geschichtsschreiber Prokopios von Caesarea in Sinn gehabt haben, wenn er von den *„keltischen Bergen“* spricht, in denen er die Donau entspringen lässt.

Im Mittelalter taucht der Name „Alpes“ dann erstmals in einer Schenkungs-Urkunde vom Jahr 1102 auf, wo es heißt: *„quicquid ... supra Alpes habere videor in loco qui Bleichstetin dicitur“* – „Was ich auf der Alb beim Orte Bleichstetten besitze ... .“.

Nicht sicher ist die Erstnennung der Namensvariante „Alba“. Viele antike Zeugnisse enthalten diesen Begriff – und sie träfen entweder auf die Schwäbische Alb oder auch auf die Elbe zu. In einer Rede auf dem Geburtstag des Kaisers Maximilian im Jahr 290 n.Chr. fällt vermutlich zum ersten Mal sinngemäß der Begriff „Rauhe Alb“. Dort heißt es: *„Im äußersten Norden, wo die Donau ihre strudelnde Quelle hervorströmen lässt und wo der schaurige Alba Germanien durchschneidet“.*

Die deutsche Form des Namens „Alb“ ist das erste Mal in einer Urkunde von 1300 belegt: *„ultra cacumina montium, quae vulgariter esse dicunter an der Scherre und an der Alb“* – „Jenseits der Gipfel der Berge, die man gemeinhin an der Scherre und an der Alb heißt.“

Was der Name der Alb eigentlich bedeutet, ist eine Wissenschaft für sich. Sicher ist, dass hochgelegene Stellen vielerorts diese Bezeichnung tragen. Möglicherweise war damit ursprünglich ein lokal begrenzter Raum gemeint („Südalb“, „Nordalb“, „Kuchalb“), der später auf das ganze Mittelgebirge ausgeweitet wurde.

Ob nun Alb vom lateinischen *albus* (= weiß) stammt oder einfach nur die Grundbedeutung „Berg“ oder „Hochweide“ hat, ist bis heute ungeklärt.

Vom Hohlenstein bis zur Heuneburg – eine kleine Besiedlungsgeschichte

Seit es uns Menschen gibt, nutzen wir die Alb als Lebensraum: Vor etwa 44 000 Jahren, am Übergang von der Mittleren zur **Jüngeren Steinzeit**, traf der anatomisch moderne *Homo sapiens* – der aus dem Vorderen Orient eingewanderte *Cro-Magnon-Mensch* – auf den bis dahin hier seit mindestens 300 000 Jahren beheimateten Neandertaler. Beide Arten lebten wohl mehrere Jahrtausende nebeneinander. Vielleicht in einer der vielen Höhlen auf der Ulmer und Blaubeurener Alb sogar miteinander.

Der bisher älteste mitteleuropäische Fund von Knochenresten einer aufrecht gehenden Menschenart ist 600 000 Jahre alt und stammt aus Mauer bei Heidelberg. Ein 400 000 Jahre alter Schädel wurde in Steinheim an der Murr entdeckt. Auf der Albhochfläche indessen sind die ersten Spuren einer menschlichen Spezies auf geschätzte 80 000 Jahre vor unserer Zeit zu datieren. Das war in der ersten, noch vergleichsweise gemäßigt warmen Hälfte der letzten Eiszeit. Den Menschen bot sich die Alb damals als Steppenlandschaft mit wenigen Wäldern, die vor allem in geschützten Tal- und Hanglagen wuchsen.

Die Eiszeit begann vor 115 000 Jahren

Diese Kaltzeit hatte die Alb von etwa 115 000 bis 10 000 Jahren vor heute im Griff. Man nennt sie Würmeiszeit, nach einem Fluss in Bayern, der die nördlichste Zone der Gletschereisausdehnung markiert.

Ein 80 000 Jahre alter, von einer Höhlenhyäne angebissener Oberschenkelknochen des Neandertalers fand sich in der Hohlenstein-Stadel-Höhle im Lonetal. Es ist der älteste Neandertal-Knochen-Fund Süddeutschlands. Weitere Fundstellen von Hinterlassenschaften des *Homo neanderthalensis* liegen im Brenztal, im Blaubeurener Tal und im Laucherttal. Die vielen Höhlen in Veringenstadt müssen eine regelrechte Neandertalsiedlung gebildet haben. In der Nachbarschaft lebten Höhlenbären und -hyänen. Durch die Steppe zogen Rentiere, Wollnashörner und natürlich Mammutherden.

Älteste Kunstwerke der Menschheit auf der Alb

Fest steht, dass die ältesten bekannten Kunstwerke der Menschheit von der Südostalb stammen; dorthin wanderte der anatomisch moderne Mensch in einer Warmphase der Eiswürmzeit über den „Donau-Korridor" nach Mitteleuropa ein. Mit einer neuen Methode der Radiokohlenstoff-Datierung haben Forscher in Tübingen den Beleg erbracht, dass das Aurignacien – die erste Kultur, die figürliche Kunst hervorbrachte – nicht vor 35 000 Jahren, sondern bereits vor 43 000 Jahren begann. Aus dieser Zeitschicht stammen das älteste Musikinstrument, eine Flöte aus Vogelknochen, und ein handgeschnitztes Mammut, die beide im Geißenklösterle (Achtal) entdeckt wurden. Aus dem „Hohle Fels" bei Schelklingen stammt die erste gesicherte figürliche Darstellung eines Menschen. Die kleine, in Mammut-Elfenbein geschnitzte „Venus“ ist demnach auch älter als bisher gedacht, ebenso der „Löwenmensch“, ein Elfenbein-Kleinkunstwerk aus dem „Hohlenstein-Stadel“ im Lonetal. Weitere Kleinplastiken fanden Archäologen ebenfalls im Lonetal (Vogelherd-Höhle). An all diesen Orten lebten später auch „keltische“ Menschen.

Vor 24 000 Jahren kam das Eis ganz nahe. Die Alpengletscher breiteten sich bis dicht an die südliche Alb aus. Die Jäger folgten wohl den Tierherden in wärmere Gefilde, vielleicht ins Neckartal, um dann in den Sommermonaten zu Jagdabstechern ins Donautal vorzustoßen. Denn nur hier boten ihnen die vielen Höhlen in den geschützten Felslagen Möglichkeiten für kurzzeitige Aufenthalte. Im Geißenklösterle und dem benachbarten Hohle Fels entdeckten Archäologen bemalte Steine, die allem Anschein nach von der Höhlendecke abgeplatzt waren. Die wohl erste nachweisliche Bestattung im Gebiet der Alb wurde in der Brillenhöhle bei Blaubeuren entdeckt.

Die ca. 40 000 Jahre alte „Venus vom Hohle Fels“ bei Schelklingen ist die weltweit älteste Darstellung eines Menschen.

Mit dem Ende der Eiszeit verschwindet der Cro-Magnon-Mensch

Erst vor 16 000 Jahren begannen die alpinen Gletscher wieder zu schmelzen. Mit der Wiederkehr von Flora und Fauna tauchte nun aber auch der Mensch wieder verstärkt auf der Alb auf. Nach dem Ende der letzten Eiszeit vor etwa 10 000 Jahren begann die mittlere Steinzeit. Mit ihr ging auch die Epoche des wildbeuterisch lebenden Cro-Magnon-Menschen zu Ende. Die Zahl der Fundstellen steigt an, nicht nur in Höhlen von kleinen Nebentälern, sondern auch unter Felsdächern und an Quellen finden sich Spuren von Jägern und Sammlern; meistens viele Hunderte von kleinen Steinwerkzeugen. Die stetige Erwärmung bot Lebensraum für Kiefern- und Laubmischwälder. Die eiszeitlichen Herdentiere starben aus oder zogen in kältere Gebiete weiter. Auf der Alb wurden Rehe, Hirsche und Wildschweine heimisch.

Die dichte Vegetation führte zu kleineren Tierherden; der Mensch musste sein Jagdverhalten anpassen. Neben dem Fischfang gewann das Sammeln von essbaren Pflanzen an Bedeutung. Menschliche Rast- und Lagerplätze lassen sich am ehesten in den Albhöhlen nachweisen.

Vor etwa 7500 Jahren werden die „Älbler“ sesshaft

Mit zunehmendem Temperaturanstieg gelangen rund 7500 Jahre vor unserer Zeit – aus dem fruchtbaren Gebiet im Norden der arabischen Halbinsel - völlig neue Kenntnisse und Lebensformen zu den Albbewohnern: Ackerbau, Viehzucht und beständige Siedlungen. Die bisherigen Lebensformen der nomadischen Jäger- und Sammlerkulturen blieben wohl eine Zeit lang parallel bestehen, wurden dann aber offenbar gänzlich verdrängt. Innerhalb der von 5500 bis 1800 v. Chr. dauernden Epoche der **Jungsteinzeit** ging die technische und kulturelle Weiterentwicklung der Menschen viel rascher und deutlicher voran, als in der Altsteinzeit. Archäologen unterteilen deshalb die Jungsteinzeit in unterschiedliche Kulturstufen. Die älteste bäuerliche Kultur ist die der aus Ungarn stammenden **Bandkeramiker**, deren Name sich von der charakteristischen Verzierung der keramischen Gefäße herleitet. Auf der noch von den Jäger-„Clans“ beherrschten Albhochfläche scheinen die Bandkeramiker, wenn überhaupt, erst recht spät Fuß gefasst haben zu können. Bisher konnten lediglich auf mittleren Höhenlagen um 500 m und an südlichen Hängen der Ulmer Alb die ersten von Menschen angelegten Siedlungen geortet werden. Grabungen auf der Südalb bei Ulm-Eggingen ließen beispielsweise ein Dorf erkennen, das etwa 400 Jahre lang existiert haben dürfte. Die frühen Jungsteinzeitmenschen haben der Nachwelt außerdem den ersten ungeklärten Kriminalfall der Schwäbischen Alb hinterlassen: In der „Hohlenstein-Stadel“-Höhe fanden Ausgräber die mit Hiebschlägen abgetrennten und rituell beigesetzten Köpfe eines Mannes, einer Frau und eines Kindes.

Nicht annähernd so stark besiedelt war die Alb offenbar in der folgenden **Rössener Kultur**, die vor 6500 Jahren abrupt begann und nach einer Fundstelle in Rössen (Sachsen-Anhalt) benannt ist. Aus dieser Zeit stammt, neben schwer datierbaren Streufunden, der bislang früheste Siedlungsnachweis der Jungsteinzeit auf der Alb. Bei Burladingen-Ringingen waren in einer Baugrube Feuersteingeräte und verzierte Keramik entdeckt worden. Nachgewiesen ist auch eine mit Palisade umwehrte Siedlung auf dem Goldberg am Nordrand der Alb im Ries. Sie stammt aus dem 5. Jhts. v. Chr. Der Tafelberg wurde während der gesamten Vorzeit als Wohnstätte aufgesucht.

Einen stilistischen Wandel in der Keramik (Gefäße in Tulpenbecherform) brachte die vor 6300 Jahren beginnende **Michelsberger Kultur** (nach dem Michelsberg bei Bruchsal). Aber auch die vor 6000 Jahren beginnende **Schussenrieder Kultur** (nach der Fundstelle im Federsee), lässt sich bisher auf der Albhochfläche nur punktuell nachweisen, weil die bevorzugte Siedlungsfläche an den Ufern von Seen und Flüssen lag.

Kaum bis gar keine Funde brachte im Albgebiet bislang auch die durch die gewaltigen Menhire bekannte **Megalith-Kultur** (vor 5500 Jahren). Auch die wieder auf Feuchtsiedlungen spezialisierte **Horgener Kultur** (nach dem Fundort im Zürichsee, vor 5300 Jahren, die Zeit, in der Ötzi lebte) und die **Trichterbecher Kultur** (vor 5000 Jahren) haben bislang keine siche-

ren Belege für Siedlungen auf der Alb erbracht.
Vereinzelt tauchen in den letzten zweitausend Jahren der Jungsteinzeit in den Feuchtbodensiedlungen und auf dem späteren keltischen Machtsitz, dem Goldberg im Ries, Funde auf, die aus Kupfer hergestellt worden sind; vor allem Schmuck. Für diese Epoche ist auch der Begriff Kupferzeit geprägt worden, er lässt sich aber nicht auf die Kultur der wenigen Siedler auf der Schwäbischen Alb übertragen, die erst in der frühen Bronzezeit die Metallverarbeitung übernahmen.
Aus der jüngeren Jungsteinzeit stammt ein „Horrorfund" der im Lonetal gemacht wurde: Ein Steinkreis von 3 m Durchmessern mit 1200 Knochen von 54 unterschiedlichen Menschen. Früher glaubte man an ein Massaker mit kannibalistischem Hintergrund, heute neigt die Forschung dazu, die „Knochentrümmerstätte" als eine Wiederbestattung im Höhleneingang anzusehen.

Bronzezeit bringt epochale Veränderungen

Mit dem um 1800 v.Chr. nun auch in den abgelegenen Albsiedlungen „angekommenen" **Bronzezeitalter** werden die Menschen vor epochale Veränderungen gestellt. Wiederum aus dem Vorderen Orient war die Neuerung zu uns gelangt, wie man ein bislang völlig neues Metall herstellen kann. Kupfer war zwar bekannt, aber durch seine Biegsamkeit auch in kalten Zustand nicht als Werkzeug oder Waffe zu gebrauchen. Mit der Entdeckung, dass eine Beimischung von 10 Prozent Zinn mit 90 Prozent Kupfer ein neues, hartes Mischmetall entstehen lässt, nämlich die Bronze, wurde das Leben völlig umgekrempelt: Die Notwendigkeit, die Metallurgiekette zu organisieren, führte zu gesellschaftlichen Umwälzungen. Der Zugang zu den Rohstoffen in den Alpen, aus Cornwall und der Bretagne, die Kenntnis ihrer Verarbeitung, die Kontrolle der Transport- und Handelswege, führte zur Herausbildung von spezialisierten Handwerkern, zu einer Oberschicht und zu einer sozialen Differenzierung der Gesellschaft in Arm und Reich. Mit der Bronze war es erstmals möglich, Reichtum anzuhäufen, der leicht über große Entfernungen zu transportieren war. Bronzen wurden als Zahlungsmittel eingesetzt, Gottheiten in der Natur geopfert, mussten in Notlagen versteckt werden – und tauchen jetzt als Hortfunde zufällig wieder auf.
Besitz von Bronze führte zu Begehrlichkeiten, zu einer Zunahme kriegerischer und räuberischer Auseinandersetzungen. Ungeklärt ist bis heute, mit was das importierte Metall bezahlt oder getauscht worden ist: Mit Sklaven, mit Wolle, mit Leinen? Für die Bronzezeit – und natürlich mehr noch für die Steinzeiten davor – ist unser Kenntnisstand über das Leben der damaligen Menschen alles andere als gesichert.

Von der Klettgaualb stammt der erste Nachweis auf die Haltung von spätbronzezeitlichen Pferden. Die kleinwüchsigen Tiere erreichten die Größe von Ponys und waren die Reittiere der frühen Kelten.
Die bewaldete Alb wurde wohl nur durch die Zuflüsse von Neckar und Donau erschlossen. Dass die Höhen von Schwarz-

wald, der Mainhardter, Murrhardter und Welzheimer Wald hingegen so gut wie unbesiedelt blieben, liegt an der Unfruchtbarkeit ihrer Böden (Bunt- und Keupersandstein). In drei Abschnitte ist die Bronzezeit (1800 bis ca. 800 v. Chr.) unterteilt worden. Aus der **Frühen Bronzezeit** sind die archäologischen Siedlungsfunde recht dürftig

Erste Grabhügel und Höhenfestungen

Aus der **Mittleren Bronzezeit** (vor etwa 3500 Jahren) gibt es vor allem entlang der Flüsse und Bäche Hinweise auf auffallend viele Siedlungen. Die Besiedlungsdichte lag mitunter dichter als heute. Die Alb war von einem lockeren Eichenmischwald durchzogen, es war wärmer und feuchter. Um 1500 v. Chr. lässt sich das Wollschaf auf der Alb nachweisen. Nun kommt auch die, sich bis heute in den von der landwirtschaftlichen Nutzung ausgesparten Wäldern der Alb erhaltene Form der hohen Hügelgrabbestattung in Mode. Diese aufwendige Beerdigungsart, mal mit Steinabdeckungen, mal mit reinen Steinaufschüttungen, manchmal mit regelrechten Steinplattensärgen, aber meist mit Beigaben für die Reise ins Jenseits, blieb aber einer Oberschicht vorbehalten. Hunderte Jahre später bestatteten auch die Kelten in diesen Hügelgräbern ihre Toten.

Neben einstmals vielen hunderten Einzelhügeln haben einige größere Grabhügelfelder vor allem auf der Ostalb und der Mittleren Alb zwischen Schmiecha und Lauter die Jahrtausende überdauert. Auffallend sind die vielen kleinen Steinhügel, selten höher als einen Meter. Ende des 18. Jh. hielt man diese Gräber noch für geologisch bedingte Folgen des Albklimas. So schrieb der Böhringer Pfarrer Jeremias Hösling 1798 von „*Warzen, aufgeworfen von der großen Kälte*". Die Analyse, der aus den Grabhügeln gemachten Funde zeigt deutlich, dass sich die Albbewohner kulturell deutlich von denen im Vorland des Gebirges unterschieden. Während auf der Hochfläche ganze Sippen oder Familien in einem Grabhügel bestattet wurden, dominierten in den Tallagen die Einzelhügel.

Auch aus der **Spätbronzezeit** – wegen der nun aufkommenden Brandbestattung auch Urnenfelderzeit genannt (Beginn vor etwa 3300 Jahren) – sind viele Siedlungsreste erhalten. Die östliche und mittlere Alb gelten gar als Schwerpunkte im Land. Der erste Fund dieser Epoche von der Alb stammt aus dem Jahr 1609. Damals wurde ein „den Heiden" zugeschriebener bronzener Hortfund in Winterlingen gemacht. Mit der Spätbronzezeit setzte ein deutlicher Wandel in der Albkultur ein. In der Spätbronzezeit wurden nun die Toten auf Scheiterhaufen verbrannt, ihre Asche in Gruben gestreut und darüber ein Erdhügel aufgeschüttet. Im Laufe der Zeit kam die Asche dann in Urnen und es wurden mitunter auch nur Flachgräber angelegt. Schon in der Mittelbronzezeit war es auf der Alb zur Anlage befestigter Höhensiedlungen auf Anhöhen gekommen. Die bekannteste Höhenfestung wurde im 15. Jh. v. Chr. auf einem Bergsporn über der jungen Donau angelegt: Um 600 v. Chr. lässt sich in den verlassenen

Ein spätbronzezeitlicher Depotfund (Gefäßensemble,12. Jh. v. Chr.) bei Melchingen (Wanderausstellung Archäologische Denkmalpflege).

Wallanlagen ein mächtiger Keltenclan nieder. Es entsteht nicht nur der bedeutendste „Fürstensitz" der frühen Eisenzeit in Südwestdeutschland, sondern auch das erste Handelszentrum nördlich der Alpen: Die antike „Stadt" *Pyrene* – die Heuneburg.

Der Mythos Kelten

Die Kelten hat es eigentlich nie gegeben! Zwar haben sich um 800 v. Chr. in Mitteleuropa Gruppen und Stämme herausgebildet, die sich von den vorangegangenen Völkern durch neue kulturelle Gemeinsamkeiten unterschieden – und vor allem durch den Gebrauch des neuen Werkstoffes Eisen; aber dass diese Menschen sich selbst Kelten nannten, lässt sich durch die Forschung nicht belegen. Mit den Kelten verhält es sich wie bei den Germanen: Antike Geschichtsschreiber haben ihnen diese Bezeichnungen gegeben. Die Angehörigen jener frühen Epoche sahen sich ihren ethnischen Gruppen zugehörig und entwickelten vermutlich nur für ihren jeweiligen Stammeskreis ein Wir-Gefühl. Dass sich der wissenschaftlich-unpräzise Begriff „Kelten" dennoch etablieren konnte, liegt an der Faszination, die dieses geheimnisvoll und mystisch gebliebene Volk bis heute auf uns ausübt.

Das älteste bekannte Schriftdokument, in dem lapidar von „*Keltoi*" die Rede ist, ist ein in Fragmenten erhaltenes Segelhandbuch, wohl um 600 v. Chr. angefertigt. Darin heißt es sinngemäß, die Kelten seien ein Stamm im Hinterland der französischen Provence („*einem Land, das sie den Ligurern geraubt haben*").
Herodot, der berühmte griechische Historiker, legte die Heimat der Kelten 150 Jahre später etwas präziser (in den Kreis Sigmaringen) an „*die Donau, die von den Kelten und der Stadt Pyrene herkommt …*", und dehnte somit die geografische Zuordnung auf alle barbarischen Völker jenseits der Alpen aus. Genaueres wussten die Gelehrten der höchstentwickelten Kultur Europas offenbar auch nicht über diese weit verbreiteten Völker im Norden zu sagen, die sie *Keltoi* nannten und mit denen sie immerhin regen Fernhandel trieben. *Keltoi* heißt „die Erhabenen, Tapferen"; in anderer Lesart „die Bekleideten" (altirisch *celt* = Mantel), als Gegensatz zu den halbnackten germanischen Ureinwohner Europas. Der Name „*Germani*" stammt vermutlich auch aus dem Keltischen und heißt sinngemäß „Nachbar". Tatsächlich unterscheiden sich beide Volksgruppen nur wenig voneinander. Der griechische Geograph Strabon schreibt im Bezug auf die Germanen: „*… höchstens durch etwas wildere Sitten, größeren Körperbau und blonden Haarwuchs. Abgesehen davon ähneln sie sich sehr stark und man findet die gleichen Gesichtszüge, die gleichen Bräuche, die gleichen Lebensweisen.*"
Die Römer bezeichneten die Kelten als „*Celtae*" – nach Cäsar haben sie sich so selbst genannt – oder in negativ-abwertenden Form als „*Galli*".

Schriftlos und spirituell

Ein Grundzug verband alle keltischen Stämme: Ihre spirituelle Lebenseinstellung, „*durch die sie alle Lebensprozesse, welche Universum und Welt bewegen und miteinander verbinden, zu erfahren suchten*", schreibt Doris Benz in „Kelten, Kulte, Anderswelten". Der keltische Feldherr Brennus, der 279 v. Chr. vor den menschli-

Von wegen „wilde Kelten": Toilettenbesteck aus dem Bereich der Heuneburg (Ausstellung im Keltenmuseum Hundersingen).

chen Götterstatuen der Griechen im Heiligtum von Delphi stand, soll in Gelächter ausgebrochen sein. Das Göttliche war für die Kelten nicht in Stein gemeißelt darstellbar, sondern wurde durch den immerwährenden Kreislauf der ewigen Wiederkehr des Lebens symbolisiert. Da für sie Vergangenheit, Gegenwart und Zukunft ein zeitloses Ganzes bildeten, muss es ihnen sinnlos vorgekommen sein, durch Aufschriebe Geschehenes und Erlebtes einer Nachwelt zu erhalten. Zwar bewunderten die Kelten die griechische Tradition und deren Zivilisation, zogen selbst jedoch geometrische Figuren und Linien vor. Der frühe Stil (ca. 475–350 v. Chr.) setzte, regional unterschiedlich, auf ornamentale und figurale Darstellungen. Im Gebiet der Alb verschmolzen hallstattzeitliche geometrische Muster mit griechisch-etruskischen Vorlagen zu abstrakten Kompositionen. Allen bisher in den Gräbern gefundenen Ornamenten ist gemein, dass sie aus einem System von Kreisbögen bestehen.

Die zweite Stilphase (ca. 350–275 v. Chr.) wurde durch fortlaufende Rankenornamente charakterisiert. Auch die figürliche Kunst wurde durch griechische, aber auch etruskische, oberitalienische, skythische und persische Vorlagen geprägt. Zunächst stand der Naturalismus, dann folgten stilisierte, ja groteske Gesichtsdarstellungen und mystische Mischwesen. Der Versuch, diese Symbolsprache zu deuten, hat zu verschiedensten Interpretationen geführt.

Erschwerend kommt beim Versuch, Licht ins allgemeine Dunkel des ersten vorchristlichen Jahrtausend zu bringen, hinzu, dass die Ansammlung der unter dem Namen Kelten zusammengefassten Völker keine nennenswerte Zeile der Nachwelt hinterlassen haben. Kelten von Nicht-Kelten zu trennen, Latène-Kultur von Nicht-Latène-Kultur zu unterscheiden ist ein genauso sinnloses Unterfangen, wie die Grenze zwischen Meer und Strand festzulegen.

Überliefert sind nur Ort- und Gewässernamen, Eigennamen oder kurze Grabinschriften. Es ist schwierig, nach einem Ursprung der von ihnen gesprochenen Sprache zu forschen. Anfang des 6. Jh. v. Chr. tauchen im norditalienischen Gebiet bei Como die ersten Schriftquellen auf, die in einer Sprache verfasst wurden, die zur keltischen Sprachfamilie gehört – dem Lepotinischen.

Wir wissen zwar, dass das „Keltische" zur Großfamilie der indogermanischen Sprachen gehört und in der Antike eine Ähnlichkeit mit dem Griechischen, Lateinischen und Germanischen hatte. Eine urkeltische Sprache ist aber nicht überliefert.

Die keltischen Dialekte verbreiteten sich durch die großen Wanderzüge in den Norden bis nach Britannien und Irland und in den Süden bis nach Kleinasien. Dort, im Gebiet um das heutige Ankara, hatte sich ein Stamm aus der Mosel-Gegend niedergelassen – die im Brief des Paulus in Neuen Testament angeschriebenen Galater. Der weit gereiste Kirchenvater Hieronymus berichtet im 4. Jh. n. Chr. – also gut 600 Jahre nach der Auswanderung der Galater, – dass beim Volk in der Gegend von Trier, ein ähnlicher Dialekt wie bei den Galatern gesprochen würde.

Auszug der Kelten

Wie sich das Ende der keltischen Gruppen auf der Schwäbischen Alb zugetragen hat, lässt sich mangels der Schriftzeugnisse und einer offensichtlichen archäologischen Fundlücke nur vermuten. Ein Großteil der wehrfähigen Männer samt ihrer Familien dürfte bereits im Sog der Kimbernzüge um 113–101 v. Chr. nach Süden oder Westen abgewandert sein. Das germanische Volk der Kimbern war, wohl wegen der Klimaverschlechterung in ihrer Heimat im nördlichen Jütland, zunächst Richtung Alpen gezogen, hatte den Römern in Kärnten eine empfindliche Niederlage bereitet und war dann westwärts Richtung Gallien eingeschwenkt. Bei ihrem Zug, vermutlich entlang der Donau, passierten sie auch die Schwäbische Alb. Den durchziehenden Menschenmassen – angeblich über 150 000 – hatten sich neben weiteren germanischen Stämmen eben auch keltische Gruppen angeschlossen, wenn sie nicht vor ihnen geflüchtet oder von ihnen geplündert wurden. Im Juni 101 v. Chr. stoppten römische Legionen die für Rom bedrohlich werdende „Völkerwanderung" in Norditalien. Im Umfeld des Schlachtfeldes fanden Archäologen zahlreiche keltische Münzen, deren lokale Herkunft auf die Schwäbische Alb weist – auf die spätkeltische Großsiedlung *Riusiava* beim heutigen Grabenstetten.

Vermutlich seit den 70er-Jahren v. Chr. musste die „keltische" Bevölkerung in Südwestdeutschland den Durchzug von „Germanen" über sich ergehen lassen, wobei das Gebiet zwischen Hessen, Bayern und Mitteldeutschland ein Mischsied-

lungsland war, in dem eine bis in die Bronzezeit zurückreichende Urbevölkerung („Kelten“) neben und mit immigrierten Stämmen aus dem Osten lebte.
Der Germanenführer Ariovist aus dem Gebiet der Sueben (Gebiet im Bereich der Oder) stellte sich mit seinen Mannen als Söldner in die Dienste gallischer Stämme. Im Jahr 71 v. Chr. überschritten 15 000 Krieger den Oberrhein. Nachdem Ariovist um 61 v. Chr. die mächtigen gallischen Haeduer besiegt und tributpflichtig gemacht hat, ließ er weitere Germanen über den Rhein holen. Angeblich sollen 100 000 auf der Suche nach einem neuen, fruchtbaren Siedlungsgebiet dem Aufruf gefolgt sein. Im Jahr 58 v. Chr. vertrieben schließlich die Legionen Cäsars den ihnen zu mächtig und gefährlich werdenden Ariovist zurück auf die rechtsrheinische Seite.
Inwieweit die Alb-Kelten von Bewegungen durch ihr Gebiet betroffen waren, lässt sich nicht sagen. Auffallend ist, dass für die Zeit von Ariovists‘ Auftreten bis zum Beginn der römischen Eroberung um 15 v. Chr. eine archäologische Fundarmut auf der Alb vorliegt. Möglicherweise kann das vermehrte Aufsuchen von Höhlen im Alb-Donaugebiet in der spätkeltischen Zeit mit diesen Durchzügen in Verbindung stehen. In den 40er-Jahren n. Chr. befestigten die Römer die Südseite der Alb entlang der jungen Donau mit Kastellen in Hüfingen (*Brigobannis*), Tuttlingen, Ennetach, Emerkingen, Rißtissen, Unterkirchberg, Burlafingen, Nersingen; in den 70er-Jahren n. Chr. in Günzburg (*Guntia*) und Faimingen (*Phoebiana*) als Grenzlinie. Warum die auf Expansion bedachten Römer Jahrzehnte an dieser Linie verharrten und nicht auf die mitunter eisenerzreiche Alb und die fruchtbaren Gebiete des Voralblandes vorrückten, bleibt ein Rätsel.

Die „abenteuerlichsten Gallier“ im Dekumatland

Schließlich gelang von 74 n. Chr. an die schrittweise Eroberung der Schwäbischen Alb. Zunächst kam der Westteil unter römische Kontrolle. Durch den Bau einer Fernstraße vom Rhein bei Straßburg durch das Kinzig- zum Neckar- und schließlich zum Donautal wurde die Alb zwischen Rottweil und Tuttlingen für das Römische Reich erschlossen. Auch durch das Eyachtal bauten die Römer eine Straße; sicherten die Passhöhen in Lautlingen und Ebingen auf dem Weg zur Donauüberquerung bei Laiz. Letztlich wurde die Donaugrenze auf die Höhen der Alb vorgeschoben und entlang des Nordtraufes der Alb-Limes angelegt – eine mit Militärstützpunkten gegen Übergriffe gesicherte Fernstraße.
Dekumatland (*decumates agri* = Zehntland) nannten die Römer das Gebiet. Der römische Historiker Tacitus schrieb 98 n. Chr.: „*Nicht unter die Völker Germaniens möchte ich die Leute rechnen, die die agri decumates bearbeiten, obwohl sie sich jenseits von Rhein und Donau niedergelassen haben. Die größten Nichtsnutze von Galliern, die die Not kühn gemacht hat, haben den Boden, dessen Besitz umstritten war, besetzt; seitdem dann der Limes angelegt und die Grenzwachen weiter nach vorne verlegt worden sind, bilden sie einen vorgeschobenen Posten unseres Imperiums und einen Teil der Provinz.*“

Keltische Symbole und Zeichen bleiben für uns meist rätselhaft.

Römische Eroberung der Alb dauerte hundert Jahre

Ab 85 n. Chr. schützen die Römer diese Linie mit Kastellen in Burladingen, Gomadingen, Donnstetten (*Clarenna*), Urspring im Lonetal (*Ad Lunam*), Heidenheim (*Aquileia*) und schließlich Oberdorf am Ries. Es folgte der Bau eines von der Forschung völlig in Vergessenheit geratenen Limes an der Neckarnordseite vom Kastell bei Waldmössingen nach Köngen (*Grinario*). Von Donnstetten schoben die Römer eine Verbindung nach Norden zu ebendem Neckar-Kastell vor. Dieser Lautertal-Limes, der unterhalb der späteren Teckburg mit Gräben und Palisaden gesichert war, wurde erst um wenig vor 100 n. Chr. gebaut. Bei Dettingen/Teck war ein Militärlager, es bestand bis etwa 125 n. Chr., als der Limes von der Alb um 40 km nach Norden vorverlegt wurde und die Schwäbische Alb letztlich unter völliger Kontrolle der Römer gelangt war. Diese starke militärische Präsenz und die auffallend lange Zeitdauer von hundert Jahren, die das römische Militär benötigte, um vom Bodensee bis zum Mittleren Neckar vorzurücken, machen es wahrscheinlich, dass bis zum Ende des ersten nachchristlichen Jahrhunderts die Albhochfläche von zahlenmäßig nicht unbedeutenden gallisch-keltisch-germanischen Gruppen bevölkert war. Nach der wie auch immer erfolgten Befriedung der Region wurde der vormalige Alblimes/Albtrauf zwischen Lautlingen und Heidenheim zur innerrömischen Provinzgrenze. Das Gebiet südlich und östlich der Linie und damit der Großteil der Schwäbischen Alb wurde Teil der Provinz Rätien mit der Hauptstadt Augsburg

(*Augusta Vindeloricum*). Der westliche Teil mit der Südwestalb kam zur Provinz Obergermanien (*Germania Superior*) mit der Hauptstadt Mainz (*Mogontiacum*).
Anders wie links des Rheins, konnte sich in der neuen ländlichen römischen Provinz in Südwestdeutschland die gallo-römische Mischkultur nicht besonders entfalten. Zwar zeugen zahlreiche Namens-Inschriften und religiöse Traditionen von einem Miteinander der Kulturen, so die bis in römische Zeit reichende Verehrung der altkeltischen Pferdegöttin Epona. Fraglich ist aber, ob das tatsächlich immer Fortführungen einer einheimisch-keltischen Kultur waren oder ob die Bräuche auf gallische Neusiedler, die im Zuge der Besetzung aus Gebieten westlich des Rheins kamen, zurückzuführen sind.
Während die römischen Besatzer in Gallien und der heutigen Schweiz auf noch intakte Eliten mit Stammesgefolgschaften und ein engmaschiges Netz an stadtähnlichen Siedlungen (*oppida*) stießen, fanden sie auf der Alb und im Umland keine funktionierenden Strukturen mehr vor: *Riusiava*, das einzige, wenn auch größte *oppidum* auf der Alb, war schon um 100 v. Chr. zugunsten vieler namenloser Einzelsiedlungen aufgegeben worden.

Mit der Ansiedelung der Alamannen Ende des 3. Jh. verdrängen deren kriegerische Gottheiten die keltischen Götter des Himmels, des Feuers, des Wassers. Und mit der folgenden christlichen Missionierung verschwanden schließlich die keltische Kultur und Religion aus dem Leben der Menschen. Offenbar blieb aber die Mittlere Alb in den ersten Jahrhunderten nach dem Limesfall noch eine galloromanische Siedlungsinsel. Gerade in diesen abgelegenen ländlichen Gebieten erhielten sich in altüberlieferten Bräuchen bis in die Neuzeit auch Spuren keltischer Kulte. Dort, wo auch in nachchristlicher Zeit noch keltischstämmige Bevölkerungsgruppen lebten, konnte in Orts- und in vielen Flur- und Gewässerbezeichnungen keltisches Namensgut weiterleben.
In dem Weiler Belsen (mundartlich: *Bjälse*), einem großen spätkeltischen Zentrum am Fuße der Zollernalb, hat sogar keltisches Sprachgut bis in unsere Tage überdauert: Die Dorfbewohner sind jahrhundertelang von ihren Nachbarn gehänselt worden, weil sie deren Mundart nicht richtig verstanden. Aufgeschüttete Wälle, ausgehobene Gräben und aufgetürmte Totenhügel in den Wäldern der Alb haben hingegen die Jahrtausende überdauert.

Die frühen Kelten

Chronologie der älteren Eisenzeit

Mit der Eisenzeit wird die Periode der Urgeschichte bezeichnet, in der der Mensch begann, das Material Eisen zur Werkzeug- und Waffenherstellung zu nutzen. Sie folgt auf die Urnenfeldkultur (13. bis 9. Jh. v. Chr.), einer Übergangsphase am Ende der Bronzezeit, der wiederum die Steinzeit als älteste Gliederung der Menschheit vorausgegangen war. Da das Wissen um die Eisenverhüttung natürlich nicht zur selben Zeit in allen Teilen der Welt bekannt und angewendet wurde und es zudem einen fließenden Übergang von der Bronze verarbeitenden Epoche gab, wird der Beginn der Eisenzeit in den einzelnen Kulturkreisen zu unterschiedlichen Zeitpunkten angesetzt.

Funde als Leittypen

Aufgrund der typischen Funde, zumeist Keramik oder Schmuck, wird der Zeitabschnitt einer bestimmten Kultur abgegrenzt. Besonders hilfreich sind die Fibeln oder Gewandspangen – die Vorläufer der Sicherheitsnadel. Da die Gewandspangen laufend Veränderungen unterworfen waren, kann man sie auf etwa 50 Jahre genau zuordnen. Nach diesen Leittypen unterteilen die Archäologen auch die Eisenzeit in mehrere Perioden. Die Abschnitte können jedoch nicht immer klar voneinander getrennt werden. Die gesellschaftlichen und politischen Verhältnisse geben die Abstufung der Leittypen daher nur bedingt wieder. Hinzu kommt, dass neue „Trends“ nicht allerorts zur gleichen Zeit von der in unterschiedlichen Stämmen lebenden Bevölkerung übernommen wurden. Überdies muss die stufenweise Abgrenzung laufend korrigiert werden, weil verfeinerte Forschungsmethoden ständig detailliertere Abstufungen ermöglichen und neue Fundstücke das bisherige Wissensspektrum erweitern.

Aktuelles Beispiel: Bisher ging man davon aus, dass hierzulande keltische Schachtgräber (Grabkammer im Boden) frühestens in die Mitte des 6. vorchristlichen Jahrhunderts zu datieren sind. Nach der Hebung des im Dezember 2010 entdeckten Kammergrabs der „Keltenfürstin von der Heuneburg“ musste die bisherige Chronologie der älteren Eisenzeit wieder neu abgestuft werden: Die geborgenen, intakten eichenen Grabkammerdielen ergaben bei der dendrochronologischen (Datierungsmethode) Untersuchung ein höheres Alter, als für hölzernes Material in Zusammenhang mit Sargbauten eigentlich zu erwarten wäre.

Eisenmonopol in Kleinasien

Das mächtige Volk der Hethiter, das sich seit dem 17 Jh. v. Chr. über weite Teile Anatoliens und dem heutigen Syrien erstreckte, hatte das Monopol auf die Eisenverhüttung. Nach dem Zusammenbruch des Großreiches im 12. Jh. breitet sich die Technik über den Vorderen Orient und den Mittelmeerraum aus. In Griechenland führt das Auftauchen des neuen Metalls zu einer politischen Umwälzung. Die mykenische Welt der Bronzezeit wandelt sich in die archaische Epoche der griechischen Stadtstaaten. In Mittelitalien schafft das bisher unbedeutende Volk der Etrusker den Sprung zur Hochkultur. Die Phönizier (die späteren Karthager) erringen die Kontrolle über das westliche Mittelmeer und sperren die Straße von Gibraltar für fremde Handelsflotten.

In Konkurrenz mit den Griechen machen sich die prosperierenden jungen Staaten auf die Suche nach neuen Handelskontakten. Über die Rhône und Donau stoßen die griechischen, über die Alpenpässe die etruskischen Handelsagenten bis zur Schwäbischen Alb und von dort weiter nach Norden vor. Über diese Routen gelangen im Tausch Roheisen, Bronzegefäße, Textilien, Keramik, Bernstein und Wein als Handelsware von Süd nach Nord und umgekehrt. In Südwestdeutschland und den angrenzenden Regionen bildet sich die anfangs von wenigen Eingeweihten gehütete Kenntnis der Eisenverarbeitung erst im 8. Jh. v. Chr. heraus. Die Hallstattzeit bezeichnet einen Abschnitt der frühen Eisenzeit. Benannt ist diese Zeitepoche nach den Grabfunden in einem großen Friedhof beim antiken Salzbergbauort Hallstatt in Österreich.

Das Ende der hoch entwickelten spätbronzezeitlichen Metalltechnologie kommt – wie erwähnt – nicht von heute auf morgen, sondern der neue Werkstoff Eisen wird noch lange neben den Bronzen (die sich leichter in komplizierte Formen biegen lassen) und mit ihnen zusammen genutzt und verarbeitet.

Die Urnenfelder-Bronzezeit

Am Ende der späten Bronzezeit – der Urnenfelderkultur – sind die ersten Eisenbarren als Tausch über die Alpen gelangt. Der bislang wohl älteste spitzförmige Barren ist auf der Heuneburg bei Herbertingen entdeckt worden. Bei diesem frühen Handelszentrum am Beginn der

Am Ende der Bronzezeit werden verstärkt Höhensiedlungen wie auf dem Lochenstein an der Heubergalb angelegt.

schiffbaren Donau könnte der Siegeszug des neuen Metalls auf der Alb seinen Ausgang genommen haben. Indessen sind die urnenfelderzeitlichen Eisenfunde in Südwestdeutschland rar gesät: Auf dem Plettenberg bei Dotternhausen wurde ein Bronzemesser ausgegraben. In den fantasievoll geformten Griff ist Eisen eingearbeitet worden. Der wichtigste Fund stammt aber aus dem Hegau. Aus einem Grab bei Singen ist ein eisernes Schwert geborgen worden. Mit Hilfe einer weiteren Grabbeigabe, einer zeittypischen Vasenkopfnadel, ließ sich die Bestattung eindeutig in die Urnenfelderzeit datieren.

Der Wandel in der Bestattungskultur ist ein auffälliges Merkmal dieser neuen Kultur. Vielleicht hängt die Abkehr, Tote über dem Erdboden zu bestatten, mit dem Beginn der wärmsten Klimaphase seit dem Ende der Eiszeit zusammen, denn die Verstorbenen werden nun verbrannt und die Asche in Tongefäßen beigesetzt.

Aus dieser Zeit sind sehr viele Depotfunde bekannt geworden, die an markanten Felsen gefunden worden oder aus kleinen Höhlen stammen. Die vergrabenen oder in Flüssen und Mooren versenkten Waffen, Werkzeuge und Schmuckstücke müssen als Weiheopfer an Gottheiten verstanden werden. Eines der größten Depots mit 110 vergrabenen Bronzegegenständen war 1885 bei Albstadt-Pfeffingen entdeckt worden.

Auffallend in dieser Zeit ist der starke Anstieg an Höhensiedlungen auf exponierten Bergkuppen. Ein Klimasturz um 800 v.Chr. bringt kältere Temperaturen und mehr Regen. So versinkt Siedlungsland an Seeufern in den Fluten. Die Menschen müssen sich neues, höher gelegenes Terrain suchen. In diesem Zeitraum vollzieht sich in Mitteleuropa der Übergang von der Bronze- zur Eisenzeit. In der Schmuck- und (immer noch bronzenen) Waffentechnik kommt es zu Verfeinerungen im Formenreichtum, Kriegsgerät wird zu Repräsentationszwecken veredelt, Gefäße werden mit aufwendigen und geometrischen Mustern verziert.

Der Westhallstattkreis

Mit dem Ende der Spätbronzezeit wandelt sich die Kultur der Urnenfeldermenschen. Gleichwohl bleiben im Großen und Ganzen im Verbreitungsgebiet der Urnenfelderkultur die keramischen Formen und Ziermuster im Alltagsgeschirr erhalten, auch die Waffentechnik und der Schmuck zeigen keine wesentlichen Veränderungen in ihrer Entwicklung. Daraus lässt sich auf eine Kontinuität in der Bevölkerung schließen, „*auf ein einheitliches Substrat, aus dem sich dann entwickelt hat, was wir heute als „keltische Kultur“ bezeichnen*“, so der Schweizer Keltenexperte Felix Müller.

Tatsächlich sind im Talgebiet von Albstadt und auf der Münsinger Alb Siedlungsplätze nachweisbar, die von der Urnenfelderzeit bis in die Hallstattzeit hinein über 300 Jahre offenbar ununterbrochen bewohnt waren. Auf Höhe des vom Starzeltal nach Burladingen führenden Passes lag einer der größten nachgewiesenen Friedhöfe dieser Zeit.

Im 8. Jh. v.Chr. werden die Höhensiedlungen nicht mehr aufgesucht. Anstelle der bisherigen dörflichen Gemeinschaftssiedlungen werden vermehrt weilerarti-

Bronzene Lanzenspitze aus dem Fürstengrabhügel „Gießübel-Talhau" (Heuneburg) und ein Dolch mit Eisenklinge und Bronzegriff/scheide aus dem „Römerhügel" bei Ludwigsburg; beide ca. 650–500 v. Chr. (Ausstellung Museum Schloss Hohentübingen).

ge Einzelgehöfte und vor allem im Osten Herrenhäuser angelegt. Die gesellschaftlichen Schichten grenzen sich noch deutlicher als in der Bronzezeit voneinander ab. Am deutlichsten kommt das im Totenkult zu tragen: Während womöglich die Masse der Bevölkerung nach wie vor in schlichten und heute nicht mehr auffindbaren Aschegräbern beerdigt wird, lässt sich die Oberschicht in hölzernen Grabkammern unter repräsentativen Grabhügel mit unverbrannten wertvollen Beigaben und – ein Novum – die Männer mit ihren Waffen begraben.

Die Hallstattkultur weitet sich von Nordostfrankreich bis zum Nordwesten der Balkanhalbinsel auf. Aufgrund regional unterschiedlich entwickelter Bestattungsbräuche und kultureller Ausformungen ist die Wissenschaft aber dazu übergegangen, die Kultur in einen westlichen und einen östlichen Hallstatt-Teil aufzuteilen. Der Westhallstattkreis umfasst aufgrund der sich ähnelnden Grabfundbeigaben und -sitten das Gebiet von Baden, Württemberg, der Schweiz, Elsaß und Südhessens. Während Mähren, Niederösterreich, die Steiermark, das westliche Ungarn, Slowenien und das nördliche Kroatien dem Osthallstattkreis zugerechnet werden. In den Schnittpunkten, so im Übergang vom Ries nach Bayern, gibt es Mischzonen.

Im Westen legen die Eliten zunächst großen Wert auf prunkvolle Schwerter oder den Dolch. Mächtige lassen sich mit ihrem Wagen, Zaumzeug und Schwerter begraben. Im Osten gilt die Streitaxt als Statussymbol; den Toten werden zudem Helm, Panzer und Schild mit ins Grab gegeben. Ost und West vereint das Bedürfnis, Macht und Pracht zur Schau zu stellen.

All das lässt auf eine Umstrukturierung der Gesellschaft schließen. Sie zeigt sich am deutlichsten durch die Herausbildung von Machtzentren während des 6. und 5. Jh. v. Chr.

Dort, wo wichtige Fernhandelswege kreuzen, Pässe oder Furten zu queren sind, Waren umgeschlagen werden, da, wo bedeutende Eisenerzlagerstätten aufgefunden werden, Versorgungs- oder

Verarbeitungs- und Produktionszentren entstehen, gelingt es lokalen Clanchefs Herrschaft aufzubauen.

Machtzentren am Rande der Schwäbischen Alb

Der bedeutendste „Herrensitz" entsteht aus einer Ansammlung von Gehöften an der Heuneburg – die antik genannte „Stadt" *Pyrene* – am Beginn der schiffbaren Donau, der alten mitteleuropäischen Verkehrsachse. Vom Südrand der Schwäbischen Alb aus unterhält eine regelrechte „Fürstendynastie", durch Handel reich und mächtig geworden, enge Kontakte mit dem Mittelmeerraum.

Ein weiteres Machtzentrum bildet sich am anderen, östlichen Ende der Schwäbischen Alb, zwischen den beiden Zeugenbergen Ipf und Goldberg bei Bopfingen heraus; unweit der Erzlagerstätten am Verkehrsknotenpunkt der Neckar-Alb-Donau-Linie.

Ein dritter Fürstensitz, der zumindest für die Baar- und Hegau-Alb eine Zentralfunktion gehabt haben dürfte, sind Kapf (Siedlung) und Magdalenenberg (Grabstätte) bei Villingen. Hier stand, wie erst kürzlich wissenschaftlich nachgewiesen werden konnte, die weltweit älteste bekannte keltische Kalenderanlage, die auf den Mondzyklus ausgerichtet war. Rund um den mit 102 m Durchmesser auch noch größten Fürstengrabhügel Mitteleuropas, wurden weitere 136 Gräber angelegt, die nach nördlichen Sternenbildern angeordnet waren. Um 618 v. Chr. hatte sich dort ein Regionalfürst bestatten lassen.

Keramik der jüngeren Hallstattzeit aus der Donau-Heuneburg (Ausstellung Museum Schloss Hohentübingen).

Monumentale Grabhügel wie dieser sind auch kennzeichnend für die Keltendynastie an der Heuneburg. Unweit der Zentralsiedlung und im weiteren Umkreis sind mindestens ein Dutzend „Fürstengrabhügel" errichtet worden. Die Orte, wo sich Kultur am Ende der Hallstattzeit zu ihrer Blüte entwickelt hat, liegen ebenfalls in Süddeutschland: Am Hohenasperg und am Kleinaspergle (Ludwigsburg).
Die aufsehenerregende Entdeckung eines zweiten – 50 m breiten, quadratischen – Großgrabhügels bei Tübingen-Baisingen lässt auf einen „Fürstensitz" im Gäu schließen. Weitere „Fürstengrabhügel" bei Tübingen-Dußlingen, bei der Achalm (Reutlingen) und bei Esslingen-Schlaitdorf sind Indizien für Machtzentren am Albrand. Sie zerfallen zur Jahrtausendmitte.

Die frühen Kelten auf der Alb im kurzen Überblick:

FRÜHE HALLSTATTZEIT (Urnenfelderkultur):

Hallstatt A (HaA): ca. 1200 bis 1060 v. Chr.
Merkmale: Mehrhausgehöfte verdrängen Einhaushöfe, Flachbrandgrab verdrängt Körpergrab, Hiebschwert löst Stichschwert ab.

Hallstatt B (HaB): ca. 1060 bis 800 v. Chr.
Merkmale: Anlage von Höhensiedlungen, Brandbestattungen in Urnen- und Flachgräbern, Eisen taucht vereinzelt auf.

MITTLERE HALLSTATTZEIT:

Hallstatt C (HaC): ca. Anfang bis erstes Viertel des 8. Jh. v. Chr.
Merkmale: Aufgabe der Höhensiedlungen, Anlage von Weilern, Brandbestattung unter Erdhügeln, formenreiche Handwerkskunst, bunte Keramik, kaum Schmuck, folgenreicher Klimasturz.

SPÄTE HALLSTATTZEIT:

Hallstatt D1 (HaD1): Beginn zweites Viertel des 7. Jh. v. Chr.
Merkmale: Viele Höhensiedlungen, größere Weiler. Körperbestattungen unter Hügeln mit deutlich sichtbaren sozialen Abstufungen durch Größe und Beigabe.

Hallstatt D2 (HaD2): Beginn um 500 v. Chr.
Merkmale: „Fürstensitze", Herrenhöfe, Bauernhöfe, Glanzzeit der „Fürstengräber", schnell drehende Töpferscheibe.

Hallstatt D3 (HaD3): Beginn im ersten Drittel bis zweiter Hälfte des 5. Jh. v. Chr.; dauert bis zur Mitte des 5. Jh. v. Chr.
Merkmale: Ende von Fürstensitzen, Großgrabhügeln und Besiedlung der Höhen, katastrophaler Klimasturz.

Der große Regen

Klimasturz um 800 v. Chr beendete die Bronzezeit

Der Regen schien kein Ende mehr nehmen zu wollen. Auf der 2,5 ha großen Hochfläche des Lochensteins, jenem markanten hoch aufragenden Tafelberg am Rande der Zollernalb, lag ein spätbronzezeitliches Dorf. Doch seine Tage waren gezählt: heftige Unwetter, Stürme und ein merklicher Temperaturabfall machten es für Mensch und Vieh unmöglich, weiterhin auf dem 963 m hohen Vorberg am Albtrauf zu leben. Sie bauten ihre Häuser ab und verbrannten, was ihnen nicht wert war, mitgenommen zu werden. Unablässig prasselte das Wasser auf die Hochfläche, spülte die fruchtbare Ackerkrumme weg, löste die Humusschichten, nagte an den Kalkfelsen. Frost machte das Gestein mürbe, neuerlicher Regen spülte das auf Kiesgröße zermahlene Geröll zu einer halben Meter hohen Schuttschicht auf.

Schneefallgrenze sinkt deutlich

Um das Jahr 800 v. Chr. begann das Klima zu kippen. Gut 260 Jahre lang hatte auf der Alb die bisher wärmste Phase der Nacheiszeit vorgeherrscht. Diese Trockenperiode deckt sich mit der archäologisch definierten Epoche der Hallstattzeit B. Der Klimasturz, der sich nun abzeichnete, wirbelte die „alten Ordnungen" völlig durcheinander.
Die globale, sich über ein Jahrhundert hinziehende Abkühlung wurde von einem katastrophalen Vulkanausbruch im

Um das Jahr 800 v. Chr. waren Unwetter auf der Alb die Regel (Starkregen am Albtrauf im Sommer 2011 bei Mössingen).

Jahre 776 v. Chr. verstärkt, dem weitere Explosionen in den 740er- und 730er-Jahren folgten. Durch den Temperatursturz sank die Schneefallgrenze deutlich ab. Die Gletscher drangen in die inneralpinen Siedlungsstätten der Menschen vor. Diese mussten sich in tiefere Lagen zurückziehen, wo auch schon die Bewohner einiger Fluss- und Seeufersiedlungen den ansteigenden Gewässerpegeln, dem vermehrten Hochwasser und den Schneeschmelzen weichen mussten.

Eisenzeit bricht an

Wichtige Abbaustätten von Kupfer in den Alpen konnten wegen des Dauerschnees nicht mehr genutzt, geschweige denn problemlos erreicht werden. Durch das Steigen der Wasserpegel änderten sich Zu- und Abflüsse, verlagerten sich Quellen, Furten waren nicht mehr passierbar. Viele der alten Verkehrswege, Pässe, Talpfade konnten nicht mehr begangen, Siedlungsplätze mussten verlegt, neue Acker- und Weideplätze gefunden werden. „*Höher gelegene Räume mit wenig ertragreichen uns schwer zu beackernde Böden*“ wie auf der Hochfläche der Schwäbischen Alb, „*waren zeitweise unbewohnt*“, schlussfolgert der Archäoklimatologe Christian Maise in einer Untersuchung. Die Welt der Menschen nördlich der Alpen veränderte sich dramatisch durch das feuchte Wetter und durch das neue Metall Eisen. Und es wird kein Zufall gewesen sein, dass sich die dem Zeitalter den Namen gebende Bronze im Handel verknappte und vom Eisen und der neuen Epoche Eisenzeit abgelöst wurde.

Nach einem Jahrhundert der Verschlechterung, unterbrochen von kleinen Erholungsphasen, folgte im 6./5. Jh. v. Chr. wieder eine überdurchschnittliche Warmphase, die die äußeren Voraussetzungen daür schaffte, dass sich die ersten Fernhandelszentren bilden konnten.

Die späten Kelten

Chronologie der jüngeren Eisenzeit

Mit der ersten verlässlichen Schriftnotiz über das Volk der „Kelten“ beginnt die Epoche der jüngeren Eisenzeit. Der griechische Geschichtsschreiber Hekataois von Milet schrieb um 500 v. Chr., dass das Land der Kelten oberhalb (nördlich) der damals griechischen Handelsstadt *Massalia* (dem heutigen südfranzösischen Marseille) liege. Dieser Handelsposten am Rande des Rhônedeltas war sozusagen die Pforte in das flussaufwärts führende Mitteleuropa. Für die antiken Griechen lag dort ein unbekanntes „dunkles“ Land – das „*Babaricum*“.

Doch jenseits der Alpen blühte eine Kultur, die kurz vor ihrem Ende sogar an der Schwelle zur Hochkultur stand. Die Kelten bestimmten mehr als ein halbes Jahrtausend die Geschichte Mitteleuropas, bevor sie in der römischen Kultur aufgingen.

Das Heiligtum von La Tène wird epochebestimmend

Diese auch „jüngere Eisenzeit" genannte Epoche folgt auf die ältere Eisenzeit – der Hallstattkultur – und wird aufgrund der typischen Funde auch Latènezeit bezeichnet. Der namensgebende Fundplatz La Tène liegt am moorigen Ostufer des Neuenburgersees und ist der berühmteste archäologische Fundort der Schweiz. Bei Ausgrabungen im 19. Jh. sind dort im Wasser über 2 500 Objekte in einem ehemaligen keltischen Heiligtum entdeckt worden. Die Funde aus Holz, Leder, Eisen und Stoff waren nebst Skelettresten gut erhalten und machten dadurch eine dendrochronologische Datierung möglich. Vor allem die üppigen Waffenfunde gaben der Forschung unschätzbare Hinweise. Mehr als die Hälfte der 166 Schwerter steckte noch in den Scheiden, die andere Hälfte war verbogen und zerhackt worden; über 250 Lanzenspitzen gehörten zum Fundus, dazu 30 hölzerne Schilde. Als wichtigste Datierungshilfe gelten jedoch die rund 400 entdeckten Fibeln – die künstlerisch ansprechenden Vorläuferinnen der Sicherheitsnadeln.

Kulturgrenze Schwäbische Alb

Die Latènekultur (um 450 v. Chr. beginnend) entwickelt sich unter mediterranem Einfluss aus der hallstattzeitlichen Kultur. Ihr Merkmal ist ein Stil, der florale Ornamente und Tier- sowie Menschenbildnisse in den Mittelpunkt stellt, fantastische Fabelwesen und dämonische Fratzen hervorbringt, die das mythisch-rätselhafte der keltischen Kultur begründen. Der Latène-Stil verbreitete sich in wenigen Jahrzehnten und prägt die keltische Kunst bis zu ihrem Verschwinden.
Die Schwäbische Alb bildet dabei das Kerngebiet einer Zone, die vom Genfer See bis zum Main und vom Pariser Becken bis nach Ungarn reichte. Die Besonderheiten der Kultur sind Schmuck aus Glas, wie Arm- und Fingerringe und Perlen. Kulturell grenzt sich das auf Baar, Hegau und der Südwestalb ausgedehnte Siedlungsgebiet des mächtigen Stammes der Helvetier Richtung Rheingebiet und Gallien ab. Die Bewohner der Mittleren und der Ostalb und die der Donauseite bis zum Bodensee und hinein ins Bayerische tendieren flussabwärts nach Osten und liegen im Einflussbereich des großen Stammes der Vindeliker.

Flucht in den Süden

Die Latènezeit wird in drei Hauptabschnitte geteilt: Während in der Späthallstattzeit die reichen Fürstengräber noch mit wertvoller Importware aus Griechenland und Etruskien (heute Toskana, Umbrien und Latium) bedacht werden, kommt es mit dem Beginn der **Frühlatène** zu Nachahmungen der Geschirr- und Schmuckstücke. Daraus entwickelt sich ein eigener Kulturstil, den sich auch weniger begüterte Familien als Beigaben für ihre Toten leisten konnten.
Mit der Klimakatastrophe um 400 v. Chr. begannen einzelne Verbände mit Frauen und Kindern ihre Dörfer zu verlassen, um gen Süden aufzubrechen – in das verheißungsvolle Land „wo Milch und Honig fließt". Wahrscheinlich haben die Kelten von ihren italienischen Handelspartnern

Verführerisches über den Süden gehört und wagten den Weg über das Gebirge, um den unwirtlichen Norden zu verlassen. Die Eindringlinge gebären sich wie Eroberer, plündern, verdrängen und ermorden die Bewohner Oberitaliens. Aber zwischen ihnen und den Schätzen der antiken Zivilisation steht der mächtigste Mann der damaligen Zeit: Alexander der Große. 335 v. Chr. treffen Abordnungen der keltischen Stämme den Feldherrn. Doch erst nach dessen Tod trauen sie sich mit dem Marsch auf den Norden Griechenlands, auf Makedonien.

Erste Keltenmünze stammt von der Alb

Mit Beginn der **Mittellatène** macht sich der Klimasturz auch flächendeckend in der Archäologie bemerkbar: Reich ausgestattete Gräber fehlen. Hügelbestattungen werden durch Flachgräber ersetzt, die Leichen verbrannt, meist fehlen Beigaben.

Die älteste bekannte keltische Goldmünze süddeutscher Prägung stammt aus der zweiten Hälfte des 3. Jh. v. Chr. Sie wurde in Giengen im Brenztal gefunden. Entweder stammt sie von einem Fürstensitz auf der Riesalb oder aus dem *oppidum* Manching. Sie markiert den Beginn der keltischen Münzprägung. Die ersten Vorbilder waren die Statere der Makedonierkönige. Der Stater galt als wichtigste griechische Münze: Sein Name bedeutet so viel wie „derjenige, der wiegt" und weist damit auf die früheste Funktion von Münzen als genormte Gewichte hin. Als Zahlungsmittel dienten diese frühen Goldstücke jedoch nicht. Vielmehr ist an

Spätkeltische Kunst: Massive, wohl kultische Wenderinge (Tourques).

eine Funktion als Hortungs- und Prestigeobjekt oder auch eine Nutzung für religiöse Opfergaben anzunehmen.

Die Eindrücke und Erfahrungen aus den Zügen nach Süden fließen durch Veteranen, ehemalige Söldner und deren Kinder und Nachfahren zurück in die Heimat nördlich der Alpen. Jene in die Heimat ihrer Vorfahren zurückkehrenden Kelten hatten „die Welt gesehen", hatten die griechische Zivilisation bestaunt, die etruskische Lebensweise genossen und die straffe römische Verwaltung kennengelernt. Zusammen mit ihren eigenen Traditionen eifern sie den antiken Hochkulturen nach, kopieren sie, und schaffen doch letztlich etwa völlig Neues: die ersten großstadtähnlichen Wohn- und Handelszentren jenseits der Alpen – die oppida. Sie markieren den Beginn der **Spätlatène**.

Größte Stadt nördlich der Alpen

Sechs dieser Anlagen, wo sich Macht und Handel konzentrieren, entstehen im heutigen Baden-Württemberg. Die weitaus größte befestigte Siedlung bildet sich dabei mitten auf der Schwäbischen Alb heraus. Es ist der „Heidengraben" nördlich von Bad Urach. Im Zentrum einer umwehrten Fläche von 1770 ha entwickelt sich aus einem bereits 350 Jahre zuvor gegründeten mittleren Handelszentrum ab 130 v. Chr. die Stadt *Riusiava* – die größte befestigte Siedlung nördlich der Alpen.

Eines von vielen gefundenen, rituell verbogenen Mittellatèneschwertern (Wanderausstellung Archäologische Denkmalpflege).

Der Zentralort und sein großes Einzugsgebiet werden eine Generation lang zum Mittelpunkt des spätkeltischen Lebens auf der Mittleren Alb. Der Südwesten hingegen gerät in den Einfluss des *oppidum* (so nannte Cäsar die befestigten gallischen Städte) von Altenburg-Rheinau, einem bedeutenden antiken Fernhandelszentrum unterhalb des Rheinfalls nahe Schaffhausen. Den Dreifaltigkeitsberg bei Spaichingen, den Gräbelesberg über dem Eyachtal, die Festung von Althayingen, den Ipf bei Bopfingen und den Burgberg bei Heroldingen könnte man ihrer baulichen Form wegen auch als *oppida* oder kleinere *castella* einstufen – jedoch fehlen bislang eindeutige Funde von Importwaren oder Münzen als Beweis für ihre Funktion als Handelsstätten.

Um 111 v. Chr. ziehen die germanischen Völker der Kimbern aus Dänemark durch Süddeutschland. In ihren Sog geraten auch keltische Teilstämme der Helvetier von der Schwäbischen Alb. Sie fallen gemeinsam in Gallien ein und machen sich auf, die Poebene zu erobern, werden aber in Aix-en-Provence und im norditalienischen Vercellae von den Römern gestoppt. Nach 100 v. Chr. verlassen aus bis heute unbekannten Gründen viele Menschen aus den keltischen Siedlungsgebieten in Süddeutschland ihre Heimat. Gründe könnten die Zerstörung wichtiger Handelswege durch die Germanen sein, aber auch Seuchen, Missernten oder Überfälle feindlicher Stämme.

Um 80 v. Chr. bricht der Fernhandel in Südwestdeutschland zusammen. Nach dieser Zeit gelangt keine Amphorensendung vom Mittelmeer mehr auf die Alb. Wegen des Fehlens von Importware, wird auch kein neues Geld mehr geprägt. Weil die Grundlage des Handels wegfällt, werden die meisten *oppida* aufgegeben. Lediglich im *oppidum* Altenburg am Rhein bleibt bis zum Anrücken der ersten römischen Truppen um 16 v. Chr. ein Markt bestehen.

In die Entstehungszeit der *oppida* fällt auch die Anlage von **Viereckschanzen**. Mag ein gewisser Teil dieser Rechtecke rein kultischen Zwecken gedient haben, so geht die Forschung doch dahin zu behaupten, dass die Anlagen meist umwehrte Mittelpunkte und Sitze des politischen Vorstandes oder geistlichen Führers einer ländlichen Siedlungsgemeinschaft waren: vergleichbar dem heute auf dem Land noch anzutreffenden Komplex von Kirche/Rathaus/Wirtschaft.

In den letzten Jahrzehnten vor Christi Geburt kommt es vermehrt zum Aufsuchen von Höhlen – vor allem in donaunahen Gebieten der Schwäbischen Alb, was römische Militärvorstöße nahe legt. Ob die Grotten als dauerhafte Wohnverstecke oder nur zeitweilige Zufluchtsstätten genutzt wurden, lässt sich schlecht deuten. Gräber aus dieser Zeit sind so gut wie keine entdeckt worden. Obwohl die Funde der letzten Jahrzehnte vor der Geburt Christi nicht zahlreich sind, belegen diese dennoch eine Siedlungsaktivität auf der Schwäbischen Alb.

Die **späte Eisenzeit** auf der Alb lässt sich wie folgt in Kürze gliedern:

FRÜHE LATENÈZEIT:

LT A: Beginnt Mitte bis zweiter Hälfte des 5. Jh. v. Chr.

Merkmale: Meist Nachbestattungen in bestehenden Grabhügeln, verstreute Einzelgehöfte, Höhensiedlungen, figürliches Schmuck- und Geschirr-Design.

LT B: Beginnt in der ersten Hälfte des 4. Jh. v. Chr.

Merkmale: Flachgräber verdrängen Hügelbestattungen, starker Rückgang von Siedlungen, erster Glasschmuck.

MITTLERE LATENÈZEIT:

LT C: Beginnt um 250 v. Chr.

Merkmale: Asche von auf Scheiterhaufen verbrannten Toten wird mit unverbrannten Beigaben in Flachgräbern beerdigt; Aufgabe der Höhensiedlungen; inmitten von Kleinsiedlungen bilden sich vereinzelt Viereckschanzen als Zentral- und Kultorte heraus (ca. um 180 v. Chr.); Lanze und Schild in der Bewaffnung; Beginn der Prägung von keltischen Goldmünzen (ca. 220 v. Chr.) und Silbermünzen (ca. 180 v. Chr.) als reine Prestigeobjekte.

SPÄTE LATENÈZEIT:

LT D1: Beginnt um 120 v. Chr.

Merkmale: vermutlich Flachgräber, Fundarmut bei Bestattungsplätzen; Zentralisierung von Macht, neben den Viereckschanzen als Mittelpunkte ländlicher Siedlungen auch in stadtähnlich befestigten *oppida*, um 125 v. Chr. Anlage der Großsiedlung *Riusiava* („Heidengraben") bei RT-Grabenstetten; (Nauheimer) Fibeln, bei denen Bügel und Fuß fest miteinander verbunden sind; Herausbildung einer Geldwirtschaft auf der Schwäbischen Alb.

LT D2: Beginnt um 40 v. Chr., endet mit dem römischen Alpenfeldzug um 15 v. Chr.

Merkmale: Keine Grabnachweise, Ende der *Oppida*-Zeit, Aufgabe der Viereckschanzen, vermehrtes Aufsuchen von Höhlen, generelle Fundarmut, keine Münzfunde auf der Alb, Zusammenbruch der keltischen Geldwirtschaft

Exkurs:
Die Anzahl der bisher auf der Alb einer sicheren Fundstelle zuordenbaren Münzen ist mit etwa 160 recht überschaubar. Meist kamen sie gehäuft in den *oppida*, vereinzelt im Bereich von Handelswegen oder als Hortfunde und Weihegaben an abgelegenen Orten zum Vorschein. Ihre Fundstellen sind in den nachfolgenden Kapiteln genannt. Hier eine Übersicht über alle keltischen Münztypen, die im Gebiet der Schwäbischen Alb verbreitet waren:

1. Frühe GOLDNOMINALE:

a) Süddeutsche 1/24 Statere
Erste in Deutschland geprägte Münze überhaupt; um 260 v. Chr. Prägestätte wohl *oppidum* Manching. Fundstätte: Giengen/Brenz. Die Bezeichnung gibt die Stückelung auf einen ganzen Stater wieder. Der Stater war das wichtigste, genormte gewogene Geldstück der griechischen Antike.
1 Stater = 8 Gramm;
1/24 Stater = ca. 0,35 Gramm.
b) Schweizerische Viertelstatere.
c) Schweizerische Vollstatere.

2. Späte GOLDNOMINALE (Regenbogenschüsselchen)
Weit verbreiteter Typ seit 220 v. Chr. Die gewölbten und unbeschrifteten, mit abstrakten symbolischen Mustern wie Kugeln, Punkte, Sterne oder Vögel und Schlangen versehenen Goldstücke sind nicht als Münzen zu erkennen. Die meist beim Ackern an die Erdoberfläche gelangten Geldstücke wurden bei Regenfällen sauber gespült und aufgrund ihres metallenen Glanzes entdeckt, meist in Zusammenhang mit der Stelle, wo ein Regenbogen auf den Boden auftritt. Da man bis in die Neuzeit ihre Herkunft nicht erklären konnte, galten sie beim Volk als Glücksbringer. Sie bilden den Kern des Volksmärchens „Sterntaler."
a) Typ Glatte 1/4-Statere: Prägestätte im *oppidum* TBB-Finsterslohr.
b) Typ I (Rolltier), **Typ II und III** (Vogelkopf), **Typ IV** (Blattkranz); **Typ V** (Kreuzrückseite) Prägestätten vermutlich gleichzeitig im Raum Württemberg und Bayern.
c) Typ II D, Vollstatere (Vorderseite Vogelkopf, Rückseite: Tourques mit fünf Kugeln): Äußerst weiträumige Verteilung. Prägestätten unbekannt.

3. SILBERNOMINALE
a) Kreuzmünzen (Denare bzw. Quinare, nach röm. Vorbildern),
Typ Schönaich (ab 190 v. Chr.). Prägestätte in Manching und im Bereich des Oberen Neckars (Hortfund von 1852 mit 18 Münzen in BB-Schönaich).
b) Büschelquinare (Denare bzw. Quinare, nach römischen Vorbildern, „Büschel" meint die teilweise bis vollständig aufgelöste Aversdarstellung eines Kopfes auf der Münze), ab 120 v.Chr.
c) NINNO-Quinare (Nachahmung des römischen Rebublik-Denars mit einem Eber auf der Rückseite). Seit 78 v. Chr. im Umlauf.
d) Kleinsilbermünzen (Viertelstücke zu den Büschelquinaren)

e) **KALETEDOU-Quinare** (Nachahmung des römischen Denars mit Romakopf und Biga). Seit 150/120 v. Chr. im Umlauf. Prägestätten vermutlich im französischen Jura und der Westschweiz.

f) **Häduer-Quintare;** wohl ab 100 v. Chr. im Umlauf. Prägestätte im Gebiet des größten gallischen Stammes der Häduer (*oppidum Bibracte*, heute Autun in der Region Burgund)

4. POTINMÜNZEN

Gegossene, nicht geprägte Münzen aus Potin, einer Bronzelegierung mit relativ hohem Zinnanteil.

a) **Leukerpotins** (mit Eber-Rückseite), ab 120 v. Chr. im Umlauf. Prägestätte u.a. in der Region der Neckarmündung.

b) **Remerpotins** (Typ Bär/Schlange); ab 120 v. Chr. im Umlauf. Prägestätte Luxemburg/Pfalz?

c) **Potinmünzen** (Typ Zürich). Benannt nach einem Schatzfund beim Börsenbau in Zürich, wo im Jahr 1890 rund 18 000 Münzen aus der Zeit um 100 v. Chr. zutage kamen. Prägestätte im *oppidum* ZH-Üetliberg.

d) **Senonenpotins** (Typ Stubbelkopf). Prägung im Stammesgebiet der gallischen Sennonen (Département Yvonne). Im Umlauf ca. ab 80 v.Chr.

e) **Lingonenpotins** (Typ Januskopf). Letzte bekannte keltische Münzprägung. Prägestätte im Stammesgebiet der Lingonen an der oberen Seine, Marne und Sâone, ca. um 50 v. Chr.

Typisches Keramikensemble der späten Latènezeit im 1. Jh. v. Chr. aus dem oppidum Altenburg-Rheinau (Museum Schloss Hohentübingen).

Flucht in den fruchtbaren Süden

Klimakatastrophe um 400 v. Chr. mobilisiert Kelten

„Achtzehnhundertunderfroren" nannte man das Jahr ohne Sommer. Die Temperaturen waren 1816 so niedrig, dass es zwischen Januar und Dezember mindestens jeden Monat einmal auf der Mittleren Alb schneite; im Juli sogar bis in tiefere Lagen. Schwere Unwetter ließen die Flüsse in Mitteleuropa wochenlang über die Ufer treten; nach den enormen Schneeschmelzen weitere Male. Die Blüte- und Erntezeiten hatten einen Monat später als normal eingesetzt: die Ausbeute war katastrophal. Wer sich die verdreifachten Getreidepreise nicht leisten konnte, musste darben: Furchtbare Hungersnöte waren die Folge. Leute verzehrten *„die unnatürlichsten Sachen, um ihren Heißhunger zu stillen."* Kinder hätten *„im Bergland oft im Gras geweidet, wie die Schafe"*. Maulwürfe waren begehrte Delikatessen. Tausende Menschen suchten ihr Heil in der Flucht und wanderten nach Nordamerika aus.

Zwei folgenreiche Vulkanausbrüche

Auslöser dieser kältesten Phase seit 500 Jahren war der Ausbruch des Vulkans Tambora in Indonesien, der im April 1815 rund 150 Kubikkilometer Asche und Schwefelverbindungen in die Luftschichten der Erde schleuderte. Nur sechs Jahre zuvor ereignete sich bereits irgendwo ein bislang unbekannter schwefelreicher Vulkanausbruch, wie der Archäoklimatologe Christian Maise aus einer Untersuchung von arktischen Eisbohrkernen interpretieren konnte. Zu diesen beiden Ereignissen kam allen Übels auch noch der Rückgang der Sonnenaktivität zwischen 1795 und 1815 hinzu.

Dieses Szenario muss man sich vor Augen halten, wenn wir die Zeit um 400 v. Chr. betrachten. Laut Maise hat sich damals ein Klimasturz ereignet, *„der schlimmer gewesen sein dürfte als der in der Neuzeit"*, und im Leben der Bevölkerung zu epochalen Veränderungen führte.

Bis dahin war es in Mitteleuropa außergewöhnlich mild, auf der Alb schon 150 Jahre lang „einen Kittel wärmer". Schlagartig setzte kurz vor 400 v. Chr. eine Kälteepoche ein, die weder eine Erholungsphase wie beim Klimasturz um 800 v. Chr. kannte noch schrittweise vonstatten ging. Ursache dafür, so Maise, war offenbar der um 420 v. Chr. begonnene Rückgang der Sonnenaktivität und zwei schwefelreiche Vulkanausbrüche irgendwo auf der Welt um 413 und 406 v. Chr.

Schlagartige Verschlechterung

Die Menschen waren von der vorangegangenen lang anhaltenden klimagünstigen Phase über Generationen in ihrem Lebensstil geprägt. Kontinuierlich hohe Ernteerträge auch in Höhenlagen und wirtschaftlicher Wohlstand waren die Regel. Vermutlich wurden beträchtliche landwirtschaftliche Überschüsse erwirtschaftet. Hatte man den ersten schlechten Sommer vielleicht noch in irgendeiner Form „aussitzen" und die Vorratshaltung durch Handel überbrücken können, zeichnete sich wohl bald ab, dass keine Besserung in Sicht ist. Missernten in Folge, notgeschlachtetes Vieh, hungernde Menschen. Diese einschneidende Verknappung an Ressourcen spiegelt sich in zeitgenössischen Berichten und archäologischen Funden indirekt wieder:

Auswanderungswelle nach antiker Wirtschaftskrise

Die Besiedlungsdichte und die intensive Landnutzung auf der Albhochfläche nahmen im Vergleich zur Endphase der Hallstattzeit ab; die Klimaverschlechterung erzwang eine Verlegung des Ackerbaus in tiefere Lagen. Deutlich wird der Bruch daran, dass die anhand von Importwaren (Wein, Öl, Feigen und entsprechende Gefäße) zeitlich datierbaren Siedlungen vor 400 v. Chr. enden; ebenso – von Ausnahmen abgesehen – die durch Beigaben zeitlich zuzuordnenden Fürstengräber. Diese einschneidenden Änderungen sind eine Zäsur:

Demnach muss ein Teil der historisch überlieferten, sogenannten Keltischen Wanderungen, in den Mittelmeerraum um das Jahr 400 v. Chr. eingesetzt haben. Aber nicht wie bisher von der Forschung angenommen *„als Raubzug beutesuchender Kriegergruppen"*, so Maische, *„sondern als Auswanderung landsuchender Verbände."*

Die keltischen Scharen, die in den 390/380er-Jahren v. Chr. in die Poebene vordrangen und 387/386 v. Chr. Rom plünderten, waren getrieben von purer Existenznot, Landmangel, Überbevölkerung und inneren Streitigkeiten. *„Das sind typische Merkmale einer plötzlichen Ressourcenverknappung, wie sie in der Folge einer Klima- und Wirtschaftskrise um 400 v. Chr. nordwestlich der Alpen auftrat."*

Antikes Handelszentrum am Albrand

Kelten begründeten die Schweizer Bankwirtschaft

Mit der Klettgaualb und dem Randen (224 km²) reicht die Schwäbische Alb bis in den Schweizer Kanton Schaffhausen hinein. Die Klettgaualb, auch Kleiner Randen genannt, ist der zum Schweizer Jura überleitende bis zu 700 m aufsteigende hohe Bergrücken am Hochrhein zwischen Blumberg, Schaffhausen und Waldshut-Tiengen. Die eingelagerten Eisenerze vor allem im Durachtal bei Schaffhausen stellten für die Keltenzeit wie für das frühe Mittelalter, einen begehrten Rohstoff dar.

Der nur in seinen Tälern besiedelte Bergzug des Randen, weist Traufhöhen von 200 bis 300 m auf. Der höchste Punkt ist der Hohe Randen bei Blumberg (930 m). Weil das Mittelgebirge im Regenschatten des Schwarzwaldes liegt, zählt es zu den trockensten Gebieten der Schweiz und wird als Weinanbaugebiet genutzt.

Spätkeltische Metropole am Beginn der Alb

In der Bronzezeit sind die Siedler tief in die Täler der Rheinzuflüsse vorgedrungen. Während der Urnenfelderzeit werden befestigte Höhensiedlungen angelegt, die aber – in den Burganlagen von Werrach und Gutenburg entdeckt – im Hotzenwald liegen. Das im Süden angrenzende Rheintal weist als West-Ost-Fernhandelsroute von der Hallstattzeit bis zur römischen Besetzung zwangsläufig keltische Siedlungsspuren auf. Gräber fanden sich in den Talorten Geißlingen, Kadelburg, Oberlauchringen, Rechberg und Dangstetten.

Möglicherweise stammen die Wallanlagen bei **Grießen** und **Willmendingen** ebenfalls aus dieser Epoche. Für die am äußersten Westrand der Alb liegende mittelalterliche **Küssaburg** wird ebenfalls eine keltische Vorgängeranlage angenommen.

Ein wohl schon in der Spätbronzezeit angelegtes Schutzrefugium war der bis zu 900 m hohe **Lange Randen** im Osten von **Gächlingen**. Die von dichtem Wald umgebene, mehrere Hektar große Hochfläche ist durch Wall und Graben geschützt. Als dauerhafte Höhensiedlung ist der **Staufenberg** nördlich von **Schleitheim** anzusprechen. Auch der **Hemming** zwischen Neukirch und **Guntmadingen** scheint eine frühkeltische Bergsiedlung gewesen zu sein. In Schleitheim-Brühlgarten und Schaffhausen-Berslingen lagen spätkeltische Siedlungen.

Die Südwestalb liegt im unmittelbaren Einzugsgebiet des Doppel-*oppidum* von **Altenburg-Rheinau**, das in einer Schlinge des Hochrheins liegt. Auf den beiden Halbinseln (dem deutschen Altenburg und dem schweizerischen Rheinau) lag von etwa 150 bis 15 v. Chr. ein bedeutender handels- und verkehrsgeografischer Knotenpunkt an einem alten Flussübergang. Das belegen auch die große Münz-

Ein mächtiger Wall zeigt den Verlauf der ehemalige „Stadtmauer" des großen spätkeltischen Handelszentrum bei Altenburg-Rheinau an.

reihe und der Fund von Amphorenscherben und anderen Importartikeln. Drei Wälle haben sich erhalten: Am östlichen Ortsrand von Altenburg, wo ein 750 m langer deichartiger Wall die komplette Breite der deutschen Halbinsel durchzieht. Dahinter begann nach einem Abstand von 60 m die stadtähnliche Siedlung; sie reichte aber nicht bis zu dem 700 m weiter beginnenden heutigen Wald. An der südlichen Plateaukante der Insel läuft ein 580 m langes Randwall(stück), vielleicht war sie einst ganz umwehrt. Am südlichen Ortsrand der schweizerischen Halbinsel von Rheinau wurde die alte Stadtmauer auf den Wall gebaut.

Drehkreuz des antiken Fernhandels am Rheinübergang

Das *oppidum* umfasste Werkstätten, die Glas, Buntmetall und Eisen verarbeiteten. Auffälligerweise fehlen im Fundgut Waffen, dafür fand man viele Scherbenstücke von importierten Weinamphoren oder Geschirr aus dem römischen Mittelmeerraum. Die Großsiedlung war ein antiker Marktplatz; es gab eine eigene Münzprägung vor Ort. Viele ortsfremde Münzen belegen Kontakte nach Bayern, in die *Belgica* und zu gallischen Stämmen über eine Fernhandelsroute entlang des Bieler, Neuenburger und Genfer Sees ins Rhônetal zum Mittelmeer. Tatsächlich lässt sich ein vom Zürichsee über Oberwinterthur und einer Furt bei der Thur in Andelfingen führender Altweg rekonstruieren, der sich nach der Flussquerung bei Rheinau in drei Richtungen gabelt: Über Singen nach Osten ins Hegau/Donautal – Fernziel: die oppida Heidengraben und Manching. Nach Norden über den Randen ins Neckargebiet und nach Westen in den Klettgau.
Der Kelten-Experte Michael Nick stellt fest, dass „die Münzfunde im weiteren Umkreis um das *oppidum* einen recht beachtlichen Zustrom von Münzen durch den Fernhandel erkennen lassen". Ein entdecktes Goldmünzendepot in Schaffhausen zeigt, dass der Ursprung des Schweizer Bankwesens bereits bei den Helvetiern lag, die Münzen zur Wertanhäufung auf heimatlichen Boden angelegt haben.

Im Land der Latobiker

Es wird gemutmaßt, dass im Bereich des Klettgaus der Stamm der Latobiker oder Latobriger (lat. *Latobrigi, Latobici*) ansässig gewesen sein könnte. Sie waren ein Nachbarstamm der Helvetier, die im schweizerischen Mittelland und im südwestdeutschen Raum siedelten, teilweise wohl auch auf der Alb. Von Cäsar sind wir darüber unterrichtet, dass um 61 v. Chr. die Helvetier ihre gallischen Nachbarstämme bedrohten. Sie *„zündeten alle Städte, etwa zwölf, die Dörfer, etwa 400 und die übrigen Gehöfte an, ebenso legten sie Feuer an das gesamte Getreide, mit Ausnahme dessen, das sie mitnehmen wollten, um so jede Hoffnung auf Rückkehr zunichte zu machen."* Dann überredeten sie ihre Grenznachbarn mit ihnen zu ziehen – *„mit Knaben, Frauen und Greisen im ganzen 368 000."*
Auf Bitten der bedrohten gallischen Stämme stellte sich Cäsar mit sechs Legionen gegen die land- und beutegierigen Invasoren. Nach dieser ersten Schlacht

des Gallischen Krieges, die 58 v.Chr. bei Bibracte (Region Burgund) stattfand und der anschließenden Verfolgung der rund 130 000 Überlebenden, wurden die Besiegten gezwungen, in ihre Heimat zurückzukehren *„und die Städte und Dörfer, die sie verbrannt hatten, wieder aufzubauen“*. Cäsar wollte verhindern, *„dass die Gebiete wüst blieben, und so die Germanen … wegen der Güte des Bodens einen Anreiz böten, aus ihrem Gebiet in das der Helvetier hinüberzuziehen.“*

Der Druck, der aus dem Elbe-Oder-Gebiet nach Süden drängenden Germanen muss aber wenige Jahrzehnte später so groß geworden sein, dass die Latobiker erneut auswanderten. Sie zogen in das heutige Kärnten und siedelten an den Donauzuflüssen Raab, Save und Drau in Slowenien. Der Wegzug der Kelten und der bereits früh erfolgte Vorstoß römischer Truppen an den Rhein spiegeln sich in der Fundarmut aus der Spätlatène-Zeit wieder. Während oder nach Abschluss des römischen Alpenfeldzuges (25 – 15 v.Chr.), der die Reichsgrenze bis an die Donau vorschieben ließ, entstand am Fuße der Klettgau-Alb das erste römische Militärlager auf deutschem Boden in **Dangstetten**. Die Hinterlassenschaften der hier stationierten Soldaten der Legio XIX., die 9 n. Chr. in der legendären Varusschlacht vernichtet wurde, spiegeln die Beziehungen zwischen Römern und Kelten wider. In der Legion leisteten Reiter Dienst, die aus Gallien kamen. Als Hilfstruppe des Heeres traten sie unter keltischer Führung mit nationaler Ausrüstung und eigenen Waffentypen an. Ein zweiter Fundkomplex zeigt die Kontakte zwischen „Besatzern“ und Einheimischen auf. Demnach waren die Römer auf Nachschub aus der Bevölkerung angewiesen. Ware kam aus dem nahen *oppidum* Altenburg in das Lager. Die Keltenstadt am Hochrhein muss demnach zeitgleich mit dem Römerlager und nicht länger als bis zu seiner Auflösung existiert haben. Die Kelten lieferten zumeist Lebensmittel in keramischen Behältern, wie Honig, Fett oder Käse, aber auch Schlachttiere, wie Rinder und Schweine. Ferner lieferten die Kelten spezielles Geschirr; im Fundgut des Lagers ist es zwischen Keramik, die aus früheren Standorten in Gallien stammt, entdeckt worden.

Der Archäologe Gerhard Fingerlin hat nachgewiesen, dass vor den Lagertoren große Schlackenmengen auf die Verhüttung von Erz durch einheimische Arbeitskräfte hinweisen. *„Solche Arbeitsleistungen, auf die das römische Heer genauso angewiesen war wie auf die Lieferung von Nahrungsmitteln, konnten statt durch Münzen aus Edelmetall ebenso gut mit Naturalien abgegolten werden.“*

Das Bergland der Höhenfestungen

Wallanlagen auf der siedlungsfeindlichen Baaralb

Die unruhig gegliederte Baaralb schließt mit ihren vielen, bis zu 200 m tief greifenden Tälern und Einzelbergen im Westen an die Hochfläche der Landschaft Baar an. Sie reicht im Norden bis nach Spaichingen, im Südosten bis nach Tuttlingen und wird durch das Tal der Prim (B 14) von der Hohen Schwabenalb (Heubergalb) getrennt. Im Süden trennt das Tal der Aitracht zwischen Blumberg und Geisingen die Baaralb von der Hegaualb. Die Höhen der Baaralb reichen bis in den 950 m-Bereich, die Täler gehen bis 650 m herab. Von den durch Erosion vom Albtrauf abgetrennten, einzeln herausragenden, sogenannten Zeugenbergen ist der Hohenlupfen mit 977 m der Höchste („Lupfen-Bergland"). Die Höhen der 219 km^2 umfassenden Baaralb sind fast ausnahmslos dicht bewaldet. Im Vergleich zur benachbarten Hegaualb herrschen hier von der Bodenbeschaffenheit und vom Klima her ungünstigere Verhältnisse vor.

Auffallende Dichte an Höhensiedlungen

Sie hüten die Geheimnisse der Vorzeit: Die dicht bewaldeten, archäologisch nahezu unerforschten Höhen der Baaralb. Im Gegensatz zur restlichen Alb gibt es dort heute keine Siedlungen. Aber vielleicht war es den Kelten gelungen, auf den nur wenigen Zentimeter tiefen Humusschichten der hohen Geisinger-Spaichinger Waldberge den Boden in halbwegs ertragreiches Ackerland umzuwandeln, wie noch in den Hungerszeiten des 19. Jh. wo man auf dieser wasserarmen Hochfläche Acker- oder Weidewirtschaft betreiben wollte.

So bleibt es ein Rätsel, ob die auf Anhöhen immer wieder anzutreffenden kleinen Steinhügel als Grabhügel zu deuten sind oder Lesesteinhaufen sind.

Beidseitig des Talbach-Tals zwischen Ippingen und Immendingen finden sich auf Lindenberg und Dellenberg derartige Hügel.

An der Baaralb fällt aber generell deren räumliche Dichte an Wallanlagen auf. Gleich vier Wallanlagen liegen auf den **Geisinger Bergen**, einer Albinsel, die auf ihrer West- und Südseite von der A 81 umfahren und im Osten vom Amtenhauser Tal begrenzt wird.

Die Anlagen im Folgenden:

1. Rund 2,1 km n **Geisingen** springt ein Bergrücken nach Südwesten vor, der **Ehrenburg** genannt wird (wohl von *„erre Burg"* = alte Burg). Die Spitze des Sporns, eine 120 m lange Fläche, wird von einer rundum laufenden Befestigung geschützt. Ein bis zu 6 m hoher und 12 m breiter Schildwall aus Kalksteinen wurde zu unbekannter Zeit aufgetürmt; davor liegt ein 15 m breiter und 4 m tiefer Sohlgraben. Es folgt eine 175 m lange Fläche – die „Vorburg". Davor quert wieder ein 1,5 m hoher und 5 m breiter Vorwall mit 4 m breitem Graben, beide 77 m lang. Archäologische Funde liegen nicht vor.

2. Nördlich der Ehrenburg, 200 m über dem Amtenhauser Tal, liegt das **Schänzle** (3,7 km n Geisingen). Dieser hochragende und zugleich breite Sporn wird von einem bogenförmigen Steinwall mit vorgelagertem Spitzgraben umschlossen. Der antike Zugang zu der viereckigen Fläche liegt an der Nordseite. Die gut 110 m lange Westseite wirkt am wehrhaftesten; mitunter ist die Anlage durch Wegebau beschädigt worden. Zum Alter der Anlage ist keine Aussage möglich, Funde sind keine bekannt.

3. Südwestlich des „Schänzle", an dem nach Süden vorspringenden Sporn der Geislinger Berge, liegt der **Hörnekapf**. (2,75 km nnw Geisingen) im vielsagenden Waldbezirk „Heidengraben". Die Bezeichnung „Kapf" lässt sich von „*kapfen*" = „gaffen, Ausschau halten" ableiten; wohl im Bezug auf Mondbeobachtungen in vorchristlicher Zeit.

Bereits 400 m von der Spitze entfernt, an der heute eine Festhütte und ein Gleitschirmstartplatz liegen, zieht ein gerader, 190 m langer, 1 m hoher und 4 m breiter Wall mit vorgesetztem Graben über die Hochfläche. Im Osten klafft jedoch eine 60 m lange Lücke bis zur Hangkante. Der verflachte und deshalb alte Wall hat mehrere, wohl antike Durchlässe und merkwürdige wannenartige Grabenabschnitte. Der Archäologe Christoph Morrissey sieht den äußeren Wall aus drei deutlich unterschiedlichen Abschnitten aufgebaut, wobei der mittlere Teil wohl vorgeschichtlich, der östliche frühgeschichtlich sein könnte. Der westliche Wall läuft unterhalb, statt oberhalb einer Kuppe, was verteidigungstechnisch wenig Sinn macht.

Nach etwa 270 m (60 m vor dem Sporn) zieht ein zweiter Wall über das Plateau. Der Steinwall ist mächtiger und wohl frühgeschichtlich und hat eine Höhe von bis zu 2 m und ist 5 m breit. Auch er endet 60 m vor der Hangkante. Der antike Zugang scheint eine 4 m breite Lücke in der Mitte gewesen zu sein. Die Walllücken zum Osthang lassen großen Zweifel an einer Wehrfunktion aufkommen.

4. Auch die mutmaßliche vierte Wallanlage, gelegen auf der **Blatthalde** im Norden der Geisinger Berge (1,9 km oso **Unterbaldingen**), läuft nach Osten zu ins Leere. Ursprünglich hieß der Wald „Blutthalde", was „kahl" oder „entwaldet" meint und auf die Notzeiten verweist, in denen man auf dieser ertragsarmen Hochfläche Acker- oder Weidewirtschaft betreiben wollte. Ein 275 m langer, verflachter Wall zieht im leichten Bogen über das Plateau und grenzt so ein 3,55 ha großes Dreieck ab. Die Sperrlinie hat mehrere, wohl auch antike Lücken. An einer abgeflachten Stelle im Nordosthang, 35 m unter der Hochfläche, konnte hallstattzeitliche Keramik des 8.–6. Jh. v. Chr. aufgesammelt werden.

5. Auf dem Bergsporn oberhalb des ehemaligen **Klosters Amtenhausen** (2,4 km nw Zimmern) liegt eine weitere Wallanlage. Dem 8 m breiten und bis zu 4 m hohen bogenförmigen Wall ist ein 5 m breiter und bis 2,5 m tiefer Graben vorgelagert. Die Mächtigkeit der archaisch wirkenden Anlage lässt eine frühmittelalterliche Anlage vermuten. Es gibt jedoch keine archäologischen Funde. Der Weg vom Zimmern durch das Amtenhauser Tal nach Öffingen bot sich, entlang eines Bachlaufes, als bequeme Albquerung an.

6. Im oberen Bereich des Amtenhauser Tals liegt der Hofweiler Talhof. Obwohl erst um 1700 angelegt, dürfte er 2500 Jahre ältere Wurzeln haben. Oberhalb liegt eine keltische Wallanlage auf dem **Darrendobel**. Der nach Süden reichende Bergsporn wird von einer 70 m breiten Befestigung gesichert, der zwei Gräben und zwei verflacht wirkende Wälle vorgelagert sind. Dahinter liegt eine geschützte Fläche, der ein zweiter Abschnittswall folgt. Diese innere Abschnittsbefestigung läuft „C"-förmig von Hangkante zu Hangkante. Verblüffend ist die beeindruckende Breite von bis zu 32 m. Am Ostende des Walles liegt eine terrassenförmige Fläche, die bis zur Spornspitze reicht.

Auf der gesamten inneren Fläche streuen Scherben aus der Zeit um 550 bis 700 v. Chr., während die äußere Fläche nur wenige Funde bot. An der höchsten Stelle im Westen ist eine Wallerhöhung zu beobachten, hier führt ein Altweg aus dem Tal direkt in die Innenfläche der Anlage. Die planierte, teils verfallene Trasse weist eine Steigung von 17 % auf, was ein typisches Merkmal für sehr alte Steigen ist. Die nachgewiesene keltische Siedlung dürfte, so Morrissey, *„eine Größe besessen haben, die es rechtfertigte, eigens einen Weg ins Tal und somit auch zur vermutlichen Wirtschaftsfläche anzulegen."*

7. Die schon dem Namen nach an Vor- oder Frühgeschichte erinnernde **Heidenburg** (2 km so **Ippingen**) liegt auf einem Bergausläufer in 900 m Höhe, steil über dem zur Donau fließenden Ippinger Talbach. Ein Fahrweg führt direkt zur Schanze, die zunächst aus einem 2 m hohen Wall mit tiefem Graben besteht, der den Sporn auf seiner Breite abriegelt. Dann folgt ein zweiter, 170 m langer, 12 m breiter Wall der von der Grabensohle aus auf fast 6 m Höhe ansteigt. Den antiken Zugang vermutet Morrissey an der Stelle der heutigen Waldwegzufahrt.

8. Der **Kohlberg** ist ein Bergrücken, der zwischen den auf je 700 m Höhe verlau-

Abschnittsbefestigung auf dem Kohlberg bei TUT-Eßlingen.

fenden Sohlen von Elta und Krähenbach liegt. Er trennt zudem die beiden Ortsmarkungen vom 850 m wsw entfernten **Eßlingen** und von Seitingen-Oberflacht. Dort, wo sich die beiden Bäche x-förmig nähern, liegt ein dem Sporn tief vorgesetzter Geländesattel. Er steigt wieder auf zum Konzenberg, der die im 13. Jh. erbaute Konzenburg trägt. Die „Kohlberg"-Spornspitze wird von zwei frühgeschichtlichen Abschnittsbefestigungen abgeriegelt. Sie liegen 90 m auseinander. Der bogenförmige äußere, verflachte Wall mit Graben ist fast 90 m lang und knapp 80 cm hoch bzw. tief. Der innere Wall, bis 1,5 m hoch, ist fast 40 m lang. Durch Wegebau sind beide Befestigungen in der Mitte durchbrochen worden. Die nördlichen Hälften sind zudem viel weniger verschliffen, wie die südlichen. Offensichtlich wurden sie nachgearbeitet.

9. Zweifelsohne in Zusammenhang mit den frühen Albpassagen, die die Täler der Berge der Baaralb zwischen Donau und Neckarland boten, steht auch die undatierte **Wallanlage auf dem Aienbuch** bei Wurmlingen. Die **Schwedenschanze** liegt auf 840 m, 1,45 km nw **Wurmlingen**. Sie sichert die 1 ha große Bergsüdspitze mit der hier 85 m langen Abschnittsbefestigung ab; eine Rundumrandsicherung am Hang ist noch verflacht zu sehen. Vor dem Haupthindernis liegen im Abstand von 15 m zwei Wälle mit Gräben. Sie beginnen im Westhang des Berges, enden aber mitten auf dem Plateau-Scheitel. Eine umlaufende Terrasse am Hang ist besonders an der Ostseite ausgeprägt. Ihre Entstehungszeit in der frühen Hallstattzeit hält Morrissey aufgrund des verschliffenen Zustandes für am Naheliegendsten.

10. **Schanzgraben** heißt der Wald, auf dem der zum Donautal ragende Bergsporn des „Mühleberg" bei **Möhringen** liegt. Der markante Berg mit weiter Sicht

Der Burgberg des Hohenkarpfen war in der Vorgeschichte besiedelt.

wird 100 m vor seiner Spitze von einem mächtigen Querwall abgetrennt, in dem bis zum Osthang jedoch eine Lücke von 25 m klafft. Ob hier in antiker Zeit Palisaden oder Bauten standen, bleibt mangels archäologischer Grabungen spekulativ. Von der Umwehrung der Spornspitze ist nur noch die Südwestseite erhalten. Der vorgelagerte Graben, so er noch zu erkennen ist, maß 4 m in der Breite. Die wenigen Scherbenfunde vom Südhang unterhalb der Randbefestigung zeugen von einer Siedlungstätigkeit zwischen dem 8. und 5. Jh. v. Chr.

11. Der Lupfen (1,7 km nno Talheim) weist am Nordende eine größere Fläche auf, die aber nur wenige Scherben barg. Auf der 750 m langen Hochfläche stand im Westen eine mittelalterliche Burg. Rund 440 m o verengt sich der Berg zu einem Grat, der von drei Abschnittsgräben abgeriegelt wird. Mitten auf dem Grat (250 m o Ruine) lag wohl eine hallstattzeitliche Siedlung. Der Archäologe Jörg Biel vermutet im Osthang einen stark verschleiften Wall zu entdeckt zu haben. Auf dem gesamten Ostteil des Berges fand er urnenfelderzeitliche Scherben.

12. Der Hohenkarpfen ist ein frei stehender Kegel (1,5 km ssw Hausen). In den Resten der mittelalterlichen Burg fand sich ein verschollenes Bronzemesser.

Zu den Höhensiedlungen, die in der späten Bronzezeit wieder aufgesucht und in keltischer Zeit, zu welchem Zweck auch immer, ausgebaut wurden, gehört auch der Dreifaltigkeitsberg.

Höhensiedlungen am Aitrachtal

Im Blumberg-Fürstenbergischen-Bergland sind es zwei Höhensiedlungen, deren Zeitstellungen unklar sind:

1. Südlich des von der West-Baar in den Hegauraum führenden Kiltetals und westlich der Mündung des Flusses Aitracht in die Donau, liegt ein lang gezogener Höhenrücken – die „Länge". Dort, wo er steil auf den Ort Kirchen abfällt, ist zu unbekannter Zeit eine Schanze angelegt worden. Sie hatte diese vor- und frühgeschichtlich wichtigen Fernrouten im Blick. Die Anlage sichert die Bergspitze des hier „Längenwald" genannten Bergendes. Zahlreiche flache Steinhaufen im Inneren der Anlage könnten sowohl Lesesteinhaufen, Grabhügel oder Depots von Schleuder- oder Wurfsteinen sein.

2. Die Heidenlöcher (2,5 km w Leipferdingen) liegen auf einem nach Osten vorspringenden Sporn zwischen dem Neuver- und dem Aitrachtal. Die geschützte Fläche wird von einem 130 m langen, 5 m breiten und bis zu 1 m hohen Kalksteinwall umgeben. Ein antiker Durchlass liegt auf der Höhe des Rückens. Der Archäologe Morrissey hat innerhalb der Anlage „mehrere, meist flau-rundliche Mulden" festgestellt, sowie „zwei lang gezogene, nahezu rechteckige und podienartig eingetiefte Verebnungen an der NO-Seite des Berges." Außerhalb der Anlage wurde eine hallstattzeitliche Gefäßscherbe aufgelesen.

Viereckschanzen im Albvorland

In rechteckiger Form, mit Steinen und Erde zu Wällen aufgeschüttete sogenannte Viereckschanzen, konzentrieren sich im Vorland der Baaralb, bei der Donau-Heuneburg und auf der Ostalb. Sie dienten spätkeltischen Siedlungsverbänden als kultische wie auch profane Zentren. Sinn und Zweck der Anlagen am Fuße der Westalb sind mangels archäologischen Untersuchungen bis heute unklar.

1. Das **Schänzle** liegt an einem Wanderparkplatz zwischen Tuningen (2,2 km o) und **Talheim**. Die Anlage ist gut erhalten. Der Eingang war im Nordosten. Entwässerungsgräben belegen, dass auch diese Schanze wie nahezu alle anderen in feuchtem Gebiet angelegt worden sind. Im Gelände ist heute ein Wallgeviert von etwa 60 x 70 m erkennbar, welches von einem Graben umgeben wird. Die Ecken sind leicht überhöht; eine Grabenbrücke im Wall gewährt Eintritt ins Innere.

2. **Walters Weide** nennt sich der Wald (2,6 km n **Trossingen**), in dem in einem flach nach Norden abfallenden Hang eine fast quadratische Anlage liegt (94 x 89 m). Die Wälle sind nahezu abgetragen, aber noch deutlich zu sehen, so auch der gut 1 m tiefe Graben. Neuzeitliche Entwässerungsgräben wurden angelegt.

3. Nur 600 m voneinander entfernt liegen etwa 3 km s **Aldingen** im Wald „Scheerers Allmand", am Fuße des **Staufelberg**, zwei dieser Anlagen. Die westliche, auf einer flachen Kuppe angelegt, misst 67 m n, 61 m o, 66 m s und 55 m w. Wälle und Gräben sind verflacht. Das Tor lag im Osten.

4. Die Nachbaranlage (78 x 66 m) wirkt eindrucksvoller, weil sie terrassenartig dem Hang aufgesetzt wurde. Die Schanze an der Straße zwischen **Lauffen ob Rottweil** und **Aixheim** (2,1 km w) liegt im dichten Unterholz im **Eichhofwald**. Mit je 60 m Seitenlänge ist die Anlage quadratisch, das Tor lag wohl im Osten. Rund 100 m o finden sich fünf flache, wahrscheinlich Hallstattgrabhügel beidseitig des Waldweges.

5. Im Wald **Längendorn** (1,7 km sw **Wellendingen**) liegt eine schlecht erhaltene Viereckschanze von 60 m Seitenlänge. Die Südseite hat sich nicht mehr erhalten.

Die frühen Kelten haben noch weniger Siedlungsspuren hinterlassen: Die von tiefen und engen Tälern durchschnittene Baaralb hat sich – bis auf das breite Prim-Tal zwischen Spaichingen und Wurmlingen – in der Vorzeit nicht unbedingt als bevorzugtes Siedlungsgebiet empfohlen. Die zur Donau hin entwässernden Bachtäler sind als Transitwege zum und aus dem Schwarzwald-Neckar-Gebiet genutzt worden. Vor allem die Passstrecke von Spaichingen über den höchsten Punkt bei Balgheim weiter nach Tuttlingen mit einer mittleren Steigung von gerade mal 40 Höhenmetern war eine bequeme Passage. Vorrömische Siedlungsspuren gibt es in Tuttlingen und Rietheim den „Tännlesäckern" (2 km nw **Seitingen**), gehäuft im Stadtgebiet von **Spaichingen**, wo in einem 1 km breiten Areal im südlichen Bereich des Bahnhofes die Fundamente von einigen Einzelhöfen aufgedeckt wurden.

Hünenwald und Hexenwiesen

Heidnische Spuren entlang der Donausüd-Fernroute

Die 413 km² große Hegaualb wird im Südwesten vom Tal der Aitracht und nahe der nach Schaffhausen führenden B 27 vom Randen begrenzt. Im Süden geht sie auf der Linie Engen-Aach in das Vulkangebiet des Hegaus über. Im Osten endet die Alb mit dem Abschnitt der B 313 zwischen Sigmaringen und Meßkirch. Im Norden trennt das Donautal zwischen Geisingen und Tuttlingen und teilweise die A 81 die Hegaualb von der Baaralb, zu der noch das Durchbruchtal der oberen Donau bis Sigmaringen zählt.

Im ackerbaulich bevorzugten Norden liegen mit etwa 800 m die höchsten Flächen, im Süden fallen sie auf rund 500 m ab. Im Westen ist die Hegaualb durch ein dichtes Netz an Tälern zerschnitten. Südlich befinden sich steile Wiesentrockentäler, aber auch die wasserreichste Karstquelle Deutschlands, der Aachtopf. Der östliche Teil der Hegaualb, der eine tiefreichende Verkarstung erkennen lässt, liegt auf der Wasserscheide.

Fundarmut auf der westlichen Hegaualb

Der Hegaualb kam besonders in vorgeschichtlicher Zeit die Funktion einer Transitroute zu. Zwischen Schwarzwald und dem Bodensee, liegt hier eine Pforte zwischen Süddeutschland, dem Donautal und dem Schweizer Mittelland. Ganze Völker- und Kriegsscharen haben die Hegaualb gequert. Hüfingen auf der Baar war wohl Knotenpunkt zweier Handelslinien. Das lässt sich aus den vielen gefundenen ortsfremden keltischen Münzen schließen. Es kreuzte sich eine West-Ost-Linie, die vom *oppidum* Breisach am Oberrhein über das oppidum *Tarodunum* (Kirchzarten im Dreisamtal) ins Donautal verlief mit einer Nord-Süd-Linie. Diese führte vom Hochrhein (keltisch *Rhenos*) ins Obere Neckartal (keltisch *Niker*). Darauf lassen die ebenfalls ortsfremden Münzen gleichen Typs in Schwenningen, Rottweil und Sulz schließen. In jedem dieser Orte sind regionale Oberzentren zu vermuten, möglicherweise Stationen einer bedeutenden Salzhandelsroute.

Die bronzenen Tonnenarmbänder aus den keltischen Grabhügeln von Mauenheim belegen eindrucksvoll den hohen Stand des eisenzeitlichen Kunsthandwerkes. Ihre Trägerinnen zeigten mit diesem Schmuck den Wohlstand der Familie (Foto: Archäologisches Hegau-Museum).

Siedlungsfunde hingegen gibt es vom westlichen „Durchzugsgebiet" der Hegaualb kaum zu vermelden.
Die Umgegend des **Hohentwiel** (keltisch *twiel* = Fels) war eine bedeutende Siedlungszone in der Vorzeit, den gefundenen Artefakten und vielen Grubenhäusern nach ein handwerklich geprägtes Zentrum; allein in den Waldgürteln um Singen liegen noch über 130 Grabhügel der Hallstattzeit.

Alb-Hegau-Keramik

Im Stadtteil **Leipferdingen** (und im Donautal bei Tuttlingen) förderte ein verflachtes Grab Keramikscherben zutage, die innerhalb der späthallstattzeitlichen Kultur einen eigenen Kunststil haben: Meisterhaft gefertigte Töpferarbeiten, deren Oberfläche durch kontrastreiche rote und schwarze Farben auffallen. Diese „Alb-Hegau-Keramik" ist zudem mit Graphit silbrig glänzend verziert. Eingestempelte oder gekerbte Muster bilden geometrische Ornamente.

Die zu den Friedhöfen dazugehörigen hallstattzeitlichen Siedlungen harren noch ihrer Entdeckung.
Nördlich und nordwestlich der Stadt **Engen** sind indirekt Siedlungsspuren durch hallstattzeitliche Gräber nachweisbar. So im Waldgebiet „Bargener Hölzer", wo mehrere nicht datierte Grabhügel liegen; im Gewann „Hasenbühl" bei dem Aussiedlerhof **Hauserhof 1** wurde einem aufgedeckten Grab eine Bronzemesserklinge entnommen. Die Siedlungen liegen im Einzugsgebiet der alten Passstrecke über die Hegaualb, die von Engen über Neuhöwen nach Hausen im Kirchtal führte.
Am Südrand der Hegaualb sind 14 Grabhügel im Waldstück „Langholz", zwischen Blumenfeld und Weil erforscht worden. Sie enthielten Skelettreste, Keramik, Bronzeschmuck und Perlen.

Über zwei Dutzend Grabhügel liegen inmitten des Bohnerzfeldes bei Emmingen.

Siedlungskonzentration auf der östlichen Hegaualb

In einem breiten Streifen südlich des Donautals von Mauenheim bis Buchheim zeugen mehrere Grabhügelgruppen von untergegangenen Siedlungsstätten. Beim Autobahnbau 1969 wurde eine 26 Hügel umfassende Gräbergruppe mit 98 Bestattungen zerstört, rund 1,5 km s **Mauenheim**. Hier muss ein Stammesverband wohl im Bereich einer Handelsstraße über die Hegaualb gelebt haben. Aus den jüngeren Gräbern (Ha D) sind reiche Wagenbestattungen nachgewiesen. Die Funde sind im Museum Singen ausgestellt. Der mächtige **Hungerbühl** könnte eine hallstattzeitliche Familiengruft gewesen sein. In einem Grab im Gewann der „Unteren Lehr" gab es für die Verstorbenen halbe Schweine als Wegzehrung ins Jenseits. Vier vormals stattliche Hügel liegen im „Köhlerhau-Wald", rund 1 km so der **Ruine Sundhausen**.

Südlich des benachbarten, 798 m hohen Vulkankrater **Hewenegg** (2,9 km s Immendingen) lag eine Höhensiedlung (400 m s Ruine Hewenegg). Durch die Anlage eines Steinbruchs wurde die Höhenburg am südlichen Steilhang 1917 zerstört, dabei kamen Hallstattscherben zum Vorschein.

Antiker Friedhof auf der Hegaualb

Zwei hallstattzeitliche Grabhügelgruppen (7. bis 5. Jh. v. Chr.) heben sich vom Bild, das die ansonsten recht fundarme südliche Hegaualb liefert, augenfällig ab: 1,3 km no des Engener Teilorts **Bittelbrunn** liegen im geschützten Wald „Buckhäule" neun unterschiedlich große Hügel im Abstand von 200 m beieinander. Vier davon erbrachten reiche Funde. Dass hier über Jahrhunderte die Verstorbenen bestattet wurden, beweist ein knapp 500 m südlich liegendes Gräberfeld. Im Wald „Bubenholz" sind über zwanzig kleinere Hügel anzutreffen; ihrer kleineren Größe nach zu urteilen sind sie allesamt älter.

Bei **Tuttlingen** muss ein Nord-Süd-Altweg die Donau überschritten und über den Pass bei Hattingen die Hegaualb erklommen und nach Engen abgestiegen sein. Entlang der alten „Hochsträß", die von Tuttlingen auf die Alb führt, liegen auf dem bewaldeten Höhenzug des **Witthoh** (3,5 km s) einige Grabhügel; geborgen wurden Skelette mit Bronze- und Bernsteinschmuck.

Von Tuttlingen führte ein zweiter Pass über das Bohnerzzentrum von Lipptingen hinab in den Bodenseeraum nach Stockach. Eher klein das Grabhügelfeld im Wald „Einschlag", 3,5 km so **Nendingen**, wo 1891 sieben Hügel ausgegraben wurden. Dabei wurden Skelette, u.a. mit Bronzenägeln und besetzte Eisenschwerter ausgegraben. Eine spätkeltische Siedlung lag etwa 3,5 km südöstlich von **Nendingen** auf einer naturgegebenen Terrasse. Markant liegt ein Grabhügel auf der kahlen Kuppe des Berg, östlich von Altental.

Herausragend sind die zwei Dutzend Hügel im mit Bohnerzgruben durchsetzten Wald **Hennenleh** nahe **Emmingen** (2 km o; außerdem 2,5 km so). Der keltische Friedhof war schon in der Urnenfelderzeit angelegt worden.

Der West-Ost-Weg südlich der Donau steuerte auf Neuhausen zu, um über Worndorf, Meßkirch durch das wegsame Ablachtal auf Mengen (Fund eines keltischen Wagens in einer Kiesgrube) und die Donau-Heuneburg zu halten. Die **Hexenwiesen** (2,5 km ono **Neuhausen ob Eck**) lassen schon anklingen, dass dieser Platz den Leuten nicht geheuer war. Hier haben sich drei Dutzend Grabhügel erhalten, die zwischen 6 und 22,5 m im Durchmesser variieren. Der kleinste ist knapp 20 cm hoch, der größte misst 2,3 m. Ende des 19. Jh. wurden sieben Hügel ausgegraben. Die „Hexenwiesen" zählen zu den größten und am besten erhaltenen Grabhügelfeldern der Alb.

Die Südwestseite der spätkeltischen Schanze bei Leibertingen.

Nach Osten finden sich vier weitere große Hügelgruppen im Wald **Tannenbrunnen**: 1,6 km wnw, 1,2 km wsw, 2 km wsw sowie 2 km nw Worndorf; beeindruckend die zwei Großgrabhügel auf freiem Feld am Weg von Breitenfeld zum **Hilbenbenhof** (1 km so). Eine größere Grabhügelgruppe zwischen **Kreenheinstetten** (2,2 km oso) und Langenhart direkt an der erhaltenen Römerstraßen-Trasse im Wald „Straßenhau".

Aus spätkeltischer Zeit stammt der noch ansehnliche Rest einer Viereckschanze 2,3 km s **Leibertingen** direkt beim Mühleichenhof. Von diesem mutmaßlichen Siedlungszentrum unweit der südlich des Donautals verlaufenden West-Ost-Fernroute hat sich noch die SW-Seite (Länge 130 m) und ein Teil der SO-Seite (60 m) erhalten. Im Inneren der Umwehrung hat sich ein Teich gebildet. Keine 500 m sw finden sich Grabhügel der Hallstattzeit. Rund 1,2 km so von Leibertingen auf den „Hartwiesen" drei verflachte Hügelgräber.

Eine zweite Schanze liegt 2,2 km sw **Rohrdorf**. Das Viereck im Wald „Birkstock" (73 m, O 90 m, S 62 m, W 93 m mit Tordurchlass) liegt ebenfalls in sumpfigen Gebiet. Bei **Aach-Linz** (1,8 km sw) steht im Wald „Gertholz" nur noch die Osthälfte einer keltischen Schanze. Die 9 m breite Toröffnung lag in der Mitte der Wallseite.

Die um 1100 erbaute Burg Benzenberg (800 m n **Rohrdorf**) liegt am Rande eines Seitentals der Ablach. Vorgeschichtliche Spuren fanden sich auf dem felsigen Geländesporn, 30 m über der Talsohle.

Der Donausüdweg querte offenbar 300 m oberhalb der heutigen Brücke von Mengen an einem natürlichen Donauübergang den Fluss.

Auf der Donaunordseite Höhe **Altheim** zweigte ein Ast des Höhenwegs ab, um auf Laiz und Ebingen zuzuhalten.
Die Fortführung des keltischen Donau-Süd-Weges führt auch an zwei Friedhöfen im „Granheimer Holz-Wald“, 2 km s **Mengen** und im „Stangenhau“ (2,5 km s) vorbei, deren Funde verschollen sind. Der Ennetacher Berg liegt als spätbronzezeitliche bis frühkeltische Höhensiedlung an diesem Weg (oberirdisch nicht mehr sichtbar). Im Mündungsgebiet der Ablach Grabhügel in der „Burrenwies“ (1 km n **Beizkofen**).

Der nicht zur Heuneburg führende Verkehr nutzte offenbar einen südufrigen Weg zwischen Hohentengen, Herbertingen und Ertingen. Von Ertingen aus führte er westlich an Erisdorf vorbei nach Neufra und Unlingen. Die Lage der Siedlungen muss in Zusammenhang mit den Bohnerzlagerstätten der Alb gesehen werden. Im Bereich des Südrands der Alb fand der wohl umfangreichste Abbau in der Neuzeit statt.

Keltenburgen auf den Zehn Tausendern

Am Westwall der Hohen Schwabenalb

Es ist die Region der „Zehn Tausender“, der höchsten Berge der Alb: Der westliche Teil der insgesamt 567 km² umfassenden Hohen Schwabenalb. Das auch Großer Heuberg oder Heubergalb genannte Gebiet wird im Westen durch das Tal des ersten Neckar-Nebenflusses, der Prim begrenzt, die am Fuße des Dreifaltigkeitsberges entspringt, sowie vom Faulenbach, der in Tuttlingen mit der Elta in die Donau fließt. Im Norden bei Hausen am Tann markiert die Schlichem mit ihrem Tal die Landschafts- und zugleich Wasserscheide zum Voralbland respektive zum Rhein.
Im Osten ist es das Tal der bei Tieringen entspringenden und bei Fridingen in die Donau fließenden Bära, die die Heubergalb vom Hardt trennt. Die Heubergalb endet mit dem Durchbruchstal zwischen Tuttlingen und Fridingen.
Die Bezeichnung Heuberg lässt die überwiegende großflächige Weidenutzung erkennen; Wald gibt es fast nur in den Talhängen. Das Klima auf den Höhen der Tausender-Bergen ist rau, kühl und niederschlagsreich.

Kelten auf den höchsten Berghöhen Deutschlands

Perlenschnurartig reihen sich die Berghöhen von Nord an Süd, gleich einer undurchdringlichen Festungswand am westlichen Abtrauf: Die Tausender-Berge der Westalb waren schon immer begehrte Schutz- aber auch Machtrefugien und Kontrollpunkte an Albaufstiegen in einem vornehmlich durch die Eisengewinnung und -verarbeitung geprägten Handelsnetz, welches das Wirken der keltischen Stammesverbände bestimmte.
Der bereits im Albvorland liegende **Staufenberg** (2,5 km no **Göllsdorf**) mit seiner Burgruine wird am Berghals von einem

Abschnittswall vorrömischer Bauart gesichert. Auf dem **Oberhohenberg** (2,2 km sso **Schörzingen**) haben die Grafen von Hohenberg ihre nach 1150 errichtete mittelalterliche Burg inmitten eines keltischen Domizils gebaut – die am höchsten gelegene Burganlage Deutschlands!

Der **Hochberg** gehört zum Bergzug zwischen Oberhohenberg und Lemberg. Nach Süden hin liegt auf einem Sporn 1,7 km ssw **Delkhofen** das **Schänzle**. Es bietet ausgezeichnete Sicht ins Bäratal, einer alten Verkehrstraße, die von **Schömberg** (vorbei einem Grabhügelfeld 700 m s) über die Passhöhe bei Deilingen weiter nach Fridingen an die Donau führte. Die 70 m lange Wallanlage trennt eine 0,45 ha große Fläche vom Hinterland. Bereits 70 m vor dem gut erhaltenen 3,25 m hohen und 16 m breiten Erde-Stein-Hindernis läuft ein sehr flacher, daher alter, aber künstlicher Wall über den Rücken. Etwas weiter nördlich der Stelle, wo diese Vorbefestigung im Osthang endet, erreicht ein Altweg die Höhe. Er passiert an der Kante eine durch Wall gesicherte Stelle, die auch eine natürliche Abrutschkante sein kann.

Dort, wo der Sendeturm des **Plettenberg** steht, liegt eine mit einem 230 m langen Wall gesicherte Kuppe. Vermutlich spätbronzezeitlich. Die Hochfläche zeigt an zahlreichen Stellen Siedlungsreste, auch Eisenschlacken; hier befand sich die offenbar am höchsten gelegene Erzverhüttungsstelle Deutschlands.

Auf dem Plateau des **Lochensteins** (2,3 km nno **Hausen am Tann**) liegt mit einem rechteckigen Hausgrundriss der bislang einzige hallstattzeitliche Gebäudenachweis im Gebiet des Zollernalbkreises vor. Gesiedelt wurde auf der 2,5 ha großen Gipfelfläche schon 2500 v. Chr. in der Jungsteinzeit, zahlreicher sind die Funde aus der Zeit um 1600 v. Chr. Die umfangreichsten Spuren (Hüttengrundrisse, Herdstellen und Zisternen) hinterließen spätbronzezeitliche Menschen, die hier

Höher geht's nicht: Blick von der spätbronzezeitlichen Siedlung auf den Schafberg (987 m) zu den ehemaligen Nachbargehöften auf dem Plettenberg (988 m).

eine Siedlung angelegt hatten. Ein richtiges Dorf entstand in der frühkeltischen Zeit, das erst um 400 v. Chr. wieder aufgegeben wurde.
Auf dem westlich benachbarten **Schafberg** riegelt ein vormals holzverstärkter Erdwall mit Tordurchlass und nordwärts vorgelagertem Graben den Zugang zum Plateau ab. 1923 wurden bei Grabungen urnenfelderzeitliche Scherben und Eisenschlacken gefunden. Am Vorderen Schafberg (1,95 km n **Hausen am Tann**) liegt eine Abschnittsbefestigung von 20 m Länge und bis zu 6 m Breite. Vielleicht korrespondierte sie mit der 300 m so gegenüberliegenden Hochadelsburg auf dem **Wenzelstein**. Die liegt auf dem Gipfel einer Spornkuppe des Schafbergs, 1,9 km no von Hausen. Auf dem Gelände der Ende des 11. Jh. erbauten Burg lassen sich eisenzeitliche Tonscherben finden.
Südöstlich des Schafbergs, beim Oberhauser Hof, liegen auf der Kuppe des **Burzel** die traurigen Reste der Ortsburg (*Bur*[g] *stel*[le]). Bei Grabungen 1939 wurde eine Vielzahl hallstattzeitlicher Scherben geborgen. Hier erklomm ein Altweg durch das Tal der Schlichem die Anhöhe. Am Einstieg ins Tal liegt ein 19 m breiter Grabhügel, auf dem die Ottilienkapelle (1 km o **Weilen u. d. R.**) errichtet wurde. Das ist einerseits ein eindrückliches Beispiel für die symbolische Errichtung einer Totenstätte an einem Weg, anderseits ein bemerkenswertes Beispiel dafür, wie die Kirche eine heidnische Stätte „aus dem Verkehr" zog.
Auf der Höhe finden sich Siedlungsspuren am Fuße des **Strombelsberg** (1,8 km wsw **Tieringen**) und steinerne Grabhügel zwischen „Heidenhof" und „Härtle" (1,3 km sw). Im Hinterland der Hochfläche des **Hörnle** (1,6 km nno) wurden spätlatènezeitliche Scherben gefunden.
Der von Hallstattscherben gesäumte **Burgbühl** bei **Obernheim** (1,75 km wnw) ist von ringförmigen Böschungen und Terrassen umgeben, fälschlicherweise wird hier die Ortsburg vermutet. Der Volkssage nach fanden hier „heidnische Bräuche statt". Die mit 1015 m höchste Anhöhe der Schwäbischen Alb ist der **Lemberg** (1,6 km n **Gosheim**). Auf der Nordostseite des steil abfallenden Berges sichern Wall und Graben eine Fläche von 4 ha. Unterhalb des Osthanges, wo der antike Zugang vermutet wird, entspringt eine Quelle. Am Fuße des Lembergs verlief eine Albquerpassage über Denkingen zur Passhöhe nach Gosheim hinab ins Donautal nach Fridingen bzw. über Meßstetten nach Winterlingen zur Donauquerung bei Zwiefaltendorf.
Bäratal aufwärts liegen an der ersten Strecke zwischen zwei Seitenbächen bei Harras die Überreste dreier mittelalterlicher Burgen unterschiedlicher Zeitstellung auf der **Schlosshalde** (2,2 km o Wehingen). Auf dem schmalen Höhensporn lag aber auch eine Höhensiedlung der Kelten. Die Burgenbauer von „Alt-Wehingen" haben sich wohl direkt in eine vorgeschichtliche Siedlung einquartiert. „Neu-Wehingen" ist ohne Scherbenfunde. Die dritte „Hintere Burg", auf dem insgesamt 250 m langen Höhenrücken, zeigt wieder keltische Spuren; der äußerste Graben ist vorgeschichtlich.
Auch im südlichen Teil der Heubergalb haben viele Jahrhunderte bevor der Ritteradel auf die Idee kam, sich auf exponierte Spornlagen zu begeben, Kelten die Felshöhen als Schutzrefugien erkannt.

Die von den Herren von **Michelstein** im 11. Jh. gegründete gleichnamige Burg (auch unter „Granegg“ bekannt) auf 920 m Höhe, liegt rund 800 wsw von **Egesheim**. Ein wahrscheinlich vorgeschichtlicher, weil stark verschleifter, halbrunder Graben trennt den Burgturm von der Hochfläche. Das Gelände ist mit keltischer Keramik durchzogen. Die **Beilsteinhöhle** liegt westlich (950 m s Egesheim) im Hang unterhalb einer Kuppe, die steil ins Tal abfällt. Auf der Hochfläche rund 100 m so des geräumigen Höhleneingangs, lag eine späturnenfelderzeitliche Siedlung.

Vom Anhauser Tal getrennt liegt der Hohenrücken der **Oberburg**, gleichfalls oberhalb der Albpassage durch das Bäratal. Während die Seiten steil in die Täler abfallen, gibt es von der Hochfläche über einen 50 m tiefer liegenden Sattel einen Zugang. Er wird durch drei verschleifte Querwälle, die bis zu 300 m in den Südwesthang umlaufen begrenzt. Am Südosthang entspringt eine Quelle. Einzigartig ist die imposante Felsbrücke im Nordosthang:

Die Kultstätte „Heidentor“ – ein bedeutender Opferplatz

Mit dem 6 m hohen und 4 m breiten **Heidentor** bei Egesheim hat die Heubergalb einen nicht nur geologisch herausragenden Kultplatz. Hier opferten hauptsächlich Keltinnen zwischen dem 7. und 4. Jh. v. Chr., also in einer Entwicklungsstufe, in der die Bevölkerung noch keinen festen Gotteshäuser in den Siedlungen kannte, sondern Naturdenkmäler unter freiem Himmel außerhalb der Wohnstätten verehrte.

Die Lebensbedingungen für keltische Familien waren hart. Meist ging es ums nackte Überleben. Im Schnitt lag die Lebenserwartung zwischen 30 und 40 Jahren. Die Analyse von Skelettfunden zeigt, dass der Tod im Kindbett zum Alltag gehörte. Infektionskrankheiten und eine permanente Mangelernährung rafften die Heranwachsenden dahin, wenngleich gelehrige Frauen um die Wirkung von Heilpflanzen wussten. Kinder und Frauen trugen zur Abwehr von Unheil meist Amulette und Talismane oder baten ihre Gottheiten um Hilfe.

Ähnlich wie bei den Felstoren an der „Eremitage“ bei Inzigkofen und dem „Teufelstor“ bei Neufra (Sigmaringen) war das „Heidentor“ ein Opferplatz. Der Fund einer Viertelstater-Münze zeigt, dass Goldmünzen mit hohem Wert weniger als Zahlungsmittel, denn als Wertanhäufung und als Gaben eingesetzt wurden.

Die Auswertung von über 150 hier gefundenen Schmuckstücken belegt, dass die Frauen ihre verzierte Spangen, Ohr- und Fingerringe durch das Tor den Hang hinab warfen. Die Fibeln standen in der Magie der Kelten für das „Bannen und Festmachen“. Die Archäologin Sybille Bauer vermutet, dass an diesem durch Felsabbrüche und Erdrutsche geprägten „starken Ort“ Fruchtbarkeitsrituale stattfanden: *„Die offene Form des Felstores war für einen Kontakt mit Naturgottheiten prädestiniert“*. Die Kelten-Expertin Doris Benz weist auf die Ähnlichkeit mit dem weiblichen Geschlecht hin: *„Im Bild des in der Natur gewachsenen Tores war eine Muttergöttin greifbar anwesend.“*

Älteste Höhenfestung der Alb bei Spaichingen

Die bequemste Albpassage vom Neckarvorland zur Donau führte von Spaichingen über Balgheim nach **Tuttlingen**, am **Honberg** wieder zur Hegaualb hinauf.

Es ist daher nicht verwunderlich, dass an den vier Orten wichtige Höhenfestungen lagen:

1. Der **Dreifaltigkeitsberg** (2 km no **Spaichingen**, früher Baldenberg) ist von Natur aus mit steil abfallenden Hängen gesichert. Lediglich an der mit der Albhochfläche verbundenen Nordseite bedurfte es menschlicher Baukunst, um den 250 m breiten Zugang mit Wällen und Gräben zu erschweren. Fünf Abschnittsbefestigungen verschiedener Zeitstellungen riegeln den Sattel ab. Die vorderste Wall-Graben-Sperranlage ist noch gut 2 m breit bzw. tief. Diesem Außenwall folgt nach 120 m ein Hauptwall mit wuchtigen 6 m Höhe und bis zu 6 m Breite. Ihm vorgelagert sind zwei Gräben und ein Vorwall. Er wurde im Kern im 9. Jh. v. Chr. angelegt und bis in die späte Hallstattzeit genutzt. Wohl im 10. Jh. n. Chr. wird der Hauptwall baulich erhöht. Gruben zeugen von Vorratsspeichern. Die Hochfläche ist auf 430 m Länge frei von Befestigungswerken. Erst 170 m n der Spornspitze verläuft wieder eine verschleifte Wall-Graben-Barriere. Sie ist uralt. Keramikfunde erlauben ihre Datierung in das 4.–3. vorchristliche Jahrtausend. Somit liegt hier eines der ältesten bekannten Sicherungswerke der Schwäbischen Alb vor – errichtet von jungsteinzeitlichen Menschen. Rund 80 m n des Sporns liegt ein zur Mitte geknickter Wall mit Torstelle. Schließlich ist auch noch die etwa 20 m lange Spornspitze mit tiefem Graben abgesichert, fälschlicherweise einer mittelalterlichen Burg Baldenberg zugeschrieben, die es aber nie gegeben hat. Wegen der unwirtlichen Höhenlage ist davon auszugehen, dass der Dreifaltigkeitsberg nur ein auf das Sommerhalbjahr begrenztes Siedlungsareal gewesen sein könnte.

2. Die Bezeichnung **Burghalde** (1,5 km no von **Dürbheim**) für den 920 m hohen Bergvorsprung bezieht sich auf drei niedere Wälle die zusammen mit flachen

Vor 2500 Jahren eine Kultstätte: Das Heidentor bei Egesheim.

Gräben quer über den Bergrücken ziehen und hier ein Plateau abriegelten. Der erste Wall (50 cm hoch) beginnt 300 m vor der Spornspitze, ein zweiter, wohl der jüngste, weil noch 1 m hoch, setzt nach 220 m an, der dritte schließlich nach 150 m (30 cm hoch). Aufgrund der unterschiedlich stark verschliffenen Erhaltungszustände ist an einen mehrperiodigen Ausbau bzw. eine Vergrößerung der Schutzfläche zu denken.

3. Die **Schwedenschanze** (1,45 km nw Wurmlingen) sicherte den Passübergang bei Weilheim.

Mystischer Ort: Der Götzenaltar bei Königsheim.

4. Auf einem nördlichen Höhenzug linksseitig der Tuttlinger Donau liegt auf 800 m die Anhöhe **Altenburg**. Der kleine, 70 m lange Bergvorsprung ist durch einen mäßig hohen Wall gesperrt. Am Fuße des Berges liegt ein hallstattzeitliches Gräberfeld (Flur „Am steinernen Kreuz“, 700 m nw Ludwigstal), das sich vor dem Hofgut Bleiche ausbreitet.

5. Die **Burghalde** (1 km s **Kolbingen**) liegt auf einer Spornhöhe, die zum Donautal vorspringt. Ein 70 m langes Erd-Steine-Bollwerk aus zwei Wällen und zwei Sohlgräben schützt die Bergspitze. Der fortgeschrittene Verfall lässt an eine vorgeschichtliche Anlage denken. In zwei Burgstellen am Rande des Ursentals im Südosten der Heubergalb fanden sich Hallstattscherben. Die mittelalterlich ausgebauten Spornanlagen (Burgstall **Altenrietheim**, 4,2 km w **Mühlheim**, und **Wallenburg**, 3,4 km so **Dürbheim**, stammen demnach bereits aus vorgeschichtlicher Zeit.

Der Götzenaltar – ein zentraler Opferplatz der frühen Kelten?

Mystische Orte haben die Kelten angezogen. Ein gespaltener Felsblock aus Jurakalk, mannshoch, ringförmig von Gesteinsblöcken umgeben, mitten auf einer flachen, bewaldeten Kuppe – der **Götzenaltar** (1,2 km sw **Königsheim**). Um ihn ranken sich viele Sagen. Kein Wunder: Der mächtige Block scheint so ausgerichtet zu sein, so dass der ihn teilende Felsspalt direkt in Nord-Süd-Richtung verläuft. Außerdem ruht der Block auf einem zweiten 1,5 m hohen, 5 m langen und 2 m breiten Sockel. An dessen Südseite sind unschwer zwei künstlich geschaffene halbschalenartige Vertiefungen erkennbar, die Spitze des gespaltenen Block weist viele muldenförmige Eintiefungen auf. Das lässt viel Spielraum für Fantasie. Eine Tafel des Schwäbischen Albvereins bezeichnet den Ort als vorgeschichtliche Opferstätte. Tatsächlich sind im näheren Umkreis Scherben der Spätbronzezeit bis in die Frühlatène aufgelesen worden. Dieser dickbauchige „Menhir" markiert den Mittelpunkt eines Kranzes von Grabhügeln. Sie liegen beiderseits des Opfersteins. Dies gruppieren sich oft in 15°-Schritten um den Kultort (freilich mit einigen Lücken, weil viele Hügel eingeebnet worden sind) und liegen u.a. an prominenter Stelle auf der Anhöhe des „Wachtbühls" (1 km sw **Königsheim**), im Wald „Sohl" (0,7 km) und auf der Anhöhe **Scheibenbühl** – der Name weist auf heidnische Sonnenverehrung hin; den uralten Brauch des Scheibenschlagens (0,5 km sw). Die Zahl 15 ist wichtig für die Kalender- und Zeitrechnung mittels des Mondstandes; insbesondere lebensnotwendig für die Ermittlung von Aussaat und Ernte. Bekanntlich braucht der Mond einen Monat (30 Tage) für den vollen Umlauf auf seiner Bahn um unserer Erde. Am Tag schafft er bis zu 15°; 15 Tage nach Neumond ist Vollmond. Das hat nichts mit esoterischem Kelten-Kult zu tun: Erst im Sommer 2011 war dem Wissenschaftler Allard Mees der sensationelle Nachweis geglückt, dass es sich bei dem keltischen Großgrabhügel „Magdalenenberg" in Villingen um eine riesige Kalenderanlage handelt, die am Mondzyklus ausgerichtet ist.

Medizinisches Wissen der Kelten in der Frauenheilkunde

Eben hier finden sich zwei abgeflachte Hügelgräber, dicht an den Gärten zweier Neubauhäuser (0,5 km wsw). In einem späthallstattzeitlichen Grab wurde 1884 u.a. ein tönerner Ring entdeckt. Er ähnelt Tonringen, die man in einem Dutzend Gräber des Elsaßes und Südwestdeutschlands im Beckenbereich weiblicher Skelette gefunden hat. Die Reutlinger Archäologin Diane Scherzler sieht in ihnen Ähnlichkeiten mit modernen Stützpessaren, die bei der Therapie von Senkungen des weiblichen Genitals verwendet werden. Sie geht davon aus, dass Keltinnen *„schweren körperlichen Belastungen und häufigen Geburten ohne Wochenbett"* ausgesetzt waren und es wahrscheinlich ist, *„dass ein großer Teil von ihnen an den Folgen von Senkungen des Uterus und der Blase zu leiden hatten und Abhilfe in Form mechanischer Barrieren ersann."* Demnach gab es bei den Kelten medizinisches Wissen und eine arztähnliche Versorgung.

Das Rätsel der Steinhügel

Von den schätzungsweisen 1500 Grab(stein)hügeln, die allein im Landkreis Tuttlingen liegen, gibt es ausgerechnet im widrigsten Gebiet mit nur dünnen ackerbaulich nutzbaren Humusschichten, ohne fließende Gewässer eine Fundkonzentration. Vielleicht war die einfache Zugänglichkeit der relativ flachen Hochflächen und Senken ausschlaggebend. Steinhaufen sind für viele Archäologen Lesesteinhaufen, also Ansammlungen von Feldsteinen, die beim Acker bestellen oder Bohnerzgraben im Weg lagen und deshalb an verschiedenen Stellen zu Haufen aufgeschichtet wurden. Der mögliche Grabhügelcharakter dieser Steinhügel wurde bisher kaum erkannt. Die „klassische“ Bestattung erfolgt – ob nun Ganzkörper oder Urne – doch immer unter Erde oder Erdhügeln. Nun sind aber vor allem auf den bewaldeten Höhenrücken zwischen Baar- und Westalb viele steinerne, nahezu humusfreie Hügelgruppen anzutreffen.

Im „Steintaler Bühl“ (0,8 km s **Bubsheim**) hat sich auf dem Untergrund des stark zerklüfteten Kalksteins, über dem nur eine dünne Humusschicht liegt, über viele Jahrhunderte eine markante Steinhügelgruppe erhalten. Im Umfeld der drei zentralen „Bühle“ – etwa je 3,50 m breit und 0,50 m hoch – liegen weitere Erhebungen. Ausgrabungen brachten 1998 Gewissheit: Nach Abtragung der Grasnarbe in den zentralen Hügeln, war deutlich eine künstliche Kalksteinschüttung auszumachen. Dazwischen lagen kleine Keramikscherben, die sich nur ganz grob als metallzeitlich dem 2. und 1. Jhts. v. Chr. zuordnen lassen. Dieses Grabungsergebnis lässt die Annahme zu, dass wir es in den Regionen der Albhochfläche, wo Steinhügel gesetzt werden, mit einer anderen kulturellen Bevölkerungsgruppe einer unbekannten Zeitepoche zu tun haben. Zwar könnte man einwenden, die steinhaltigen Böden auf der Hochfläche hätten den Bestattern gar keine andere Möglichkeit gelassen, Gräber aufzuschütten. Doch die Situation der Beigaben – entweder zerschlagene Keramik oder gar keine Funde – unterscheidet sich deutlich von den sonst bekannten Gräbern. Möglicherweise spiegelt sich in der Anlage von Steinhügeln ein religiöser Brauch wieder, bei dem es überhaupt nicht zu Erd-Bestattungen kam; vielmehr nur geringe Aschereste verstreut wurden. Vielleicht handelt es sich bei den Hügeln auch um reine Gedenkstätten, deren Größe daraus resultiert, wie viele Besucher sie (immer wieder) aufgesucht und einen Stein zum Gedenken hinterlegt haben. Fast 360 kleine unerforschte Steinhügel sind auf der gesamten Hochfläche des **Rußberg** beim Weiler **Risiberg** (1 km n) oberhalb Dürbheims in den Wäldern anzutreffen.

Ein „normaler“ Grabhügel ist der markante **Schnarz**, der heute als Höhenmesspunkt (940,60 m) dient. Er liegt als gut sichtbare Erhebung am Kreisverkehr der L 438 (1 km s Kirche **Bubsheim**). Unweit der weithin sichtbaren Kuppe des „Fohlenstein“ (1 km nw vom „Schnarz“) liegt ein weiteres Grab. Der im Großhügel **Sandbühl** (1 km s) bestattete keltische „Heide“ wurde wie bei Ottilienkapelle in Weilen quasi exorziert: Ein großes christliches Kreuz hat den vermeintlichen Grabstein ersetzt; der Hügel wurde zu unbestimmter Zeit ausgegraben, die Funde wurden vermutlich „beiseite geschafft“.

Die Siedler vom Alten Berg

Ein Großhügel mit 25 m Durchmesser am südlich ansteigenden Rande eines geschotterten Wanderparkplatzes liegt in prominenter Lage am Nordhang des 980 m hohen **Alten Berg** (0,5 km s **Böttingen**). Der Namensteil „alt“ steht hier für „vorchristlich“.

Der 1948 geöffnete Hügel barg zwei Körperbestattungen aus dem 6. Jhd. v. Chr.

Offensichtlich fand die Bestattung in einem bereits 500 Jahre zuvor aufgeschütteten Hügel statt. Davon zeugte ein Brandgrab, von dem sich nur noch schwarze Keramik und der Schmelzklumpen einer Gold-Silber-Legierung erhalten hatte.
Ein weiterer Grabhügel liegt 0,3 km sso, eine ganze Gruppe von elf Hügeln 1,2 km sso vom Großgrab entfernt, direkt an der Straße nach Mahlstetten. Alle sind relativ klein; Funde daraus sind verschollen. Etwas weiter östlich, in der Flur „Reicher Teufel“ (südlich der Straße zum Allenspacher Hof) kam 1957 Eisenschlacke zum Vorschein. Der Flurname „reich“ bezieht sich auf die Bodenqualität; der negativ behaftete „Teufel“ wird in der Regel mit „heidnischen“ Stätten oder/und Orten, an denen es „nicht geheuer“ ist, gleichgestellt.
Sieben Hügel finden sich verteilt im Waldgebiet „Schönholz“ (3,5 km oso Kirche). Sie messen zwischen 8 und 12 m im Durchschnitt und wurden im 7. Jh. v. Chr. angelegt. In wenigstens einem von ihnen wurde 300 Jahre später eine Frau nachbestattet: drei frühlatènezeitliche Fibeln belegen das.
Acht Grabhügel liegen in der Flur „Grube“ (2,2 km w Kirche). Diese Hügelgruppe ist von Dolinen umgeben. Das mag auf den ersten Blick Zufall sein, allerdings ist die Nähe von keltischen Totenstätten zu Erdfällen auch an einigen weiteren Gräberfeldern auf der Alb zu beobachten. Es scheint daher nicht abwegig, die Öffnungen im Boden als „Zugänge zur Unterwelt“ verstanden zu wissen.

Drei Türmchen eines Schlosses

Das Schloss „Mahlstatt“ soll hier gestanden haben. Wie sonst ließen sich die drei „Grundmauern von runden Türmchen“ am Ortsrand des Bauerndorfes Mahlstetten erklären? Dass es Steinkränze sind, die drei frühkeltische Grabhügeln umfassen, konnte die Bevölkerung vor 150 Jahren nicht wissen:

Eines der letzten Rätsel der Vorzeit: Steinhügelhaufen ohne Grabbeigaben wie hier bei Bubsheim.

Der **Ringertsbühl** – heute Neubaugebiet (0,3 km so **Mahlstetten**) – bestand aus drei hohen rundlichen Hügeln. Das ausgehobene Grab enthielt noch ein Skelett mit Halsring, Ohrring, und Reste von, ihrer Form wegen so genannten Tonnenarmbändern. Der schönste Fund war eine halbmondförmige Fibel, an der 13 kleine Kettchen angebracht, an deren Ende wiederum flache, bronzene Dreiecksbleche befestigt waren. Der Schmuck, der bei jeder Bewegung seines Trägers Geräusche macht, wird von den Archäologen als „Klapperbleche" bezeichnet. Mit ihnen sollten wohl „böse Geister" vertrieben werden. Nicht weit entfernt auf der Anhöhe **Bühle** (1 km so) deckte 1874 ein Landwirt einen Steinriegel ab; er beinhaltete ein Skelett, mit bronzenen Armspangen-Schmuck. Die Toten stammen aus der späten Hallstattzeit.

Ein weiterer Steinhaufen (1,5 km w Mahlstetten, 40 m nahe des Tafelkreuzes bei der Wallfahrtskirche von **Aggenhausen**) entpuppte sich bei dessen Abdeckung im Jahr 1846 als Grablege. Darunter hatte sich ein Skelett erhalten, das ein verziertes bronzenes Tonnenarmband um das Handgelenk trug; daneben lag eine große Fibel mit Klapperblechen und eine Urne. Im „Kohlwald" (2 km sso) liegt eine unerforschte Grabhügelgruppe.

Keltenstamm über dem Bäratal

Von *„kalten Nebeln und rauhen, windigen und schädlichen Frosten"* klagten die Bewohner von **Renquishausen** im 19. Jh. Heute stehen hier Windkraftanlagen. Weniger die *„herrlichen Aussichten auf die Tiroler- und Schweizeralpen"* dürften es gewesen sein, die keltische Siedler bewogen, auf steinreichen und lehmigen Bogen Fuß zu fassen. Wohl eher die reichen Bohnerzvorkommen in Hanglage zum Bäratal. Ebendort im „Kirchholz", wo die alte Steige vom Weiler Bärenthal von 670 auf 870 Höhenmeter hinaufführt, liegen Grabhügel im Wald. Hier liegt der versiegte „Geigersbrunnen".

In entgegengesetzter Richtung (2,5 km w Kirche) haben sich in einem kleinen Tannenwäldchen oberhalb der „Ziegelhütte"-Bauernhöfe viele Steinhügel erhalten. Im „Khaiwäldle" (1,5 km so), auf ringsum exponierter Höhenlage, liegt eine dritte, wohl auch noch ungestörte Grabhügelgruppe, im Mittelpunkt ein 18 m breiter Haupthügel. Renquishausen und das vom milderen Donauklima profitierende Kolbingen liegen auf einer ringsum von Wald und auf drei Seiten von tiefen Tälern umschlossenen Berghalbinsel. Die Überlegung, dass sich hier ein gesonderter frühkeltischer Stammesverbund niedergelassen haben könnte, wird von einem augenfälligen Hügel in der geografischen Mitte dieser Heubergalbfläche gestützt: Zwischen dem „Lugtenbühl" und der Anhöhe „Hohen" liegt die Flur „Todtmilde" und der hier genau platziert scheinende **Bürglebühl**: Ein stattlicher Großgrabhügel (1,2 km nnw **Kolbingen**), in dem wir die Ruhestätte eines möglichen Stammesführer vermuten dürfen. Er misst heute noch 12 m im Durchmesser und 2,5 m in der Höhe. Ausgegraben wurde er bereits 1894 vom Hobbyarchäologen Johannes Dorn aus Haid. Funde und Aufzeichnungen sind verschollen.

Keltenfestung hoch über dem Eyachtal

Das Hardt birgt vorgeschichtliche Geheimnisse

Die bei Tieringen entspringende Obere Bära und die sich mit ihr vereinende Untere Bära trennen durch ihr Tal die Heubergalb vom Hardt. Das Hardt-Gebirge reicht im Norden bis zum Albtrauf oberhalb des Eyachtals zwischen Lautlingen und Ebingen. Im Osten ist es die Schmiecha, die auf ihrem Weg von Ebingen nach Süden zur Schmeie wird, und das Hardt zwischen Albstadt und Sigmaringen von der Mittleren Alb scheidet.

Das Hardt ist eine Landschaft, die bis zur Einführung der Stallfütterung für Nutztiere über Jahrhunderte als Waldweide genutzt wurde. Schweine, Ziegen, Schafe und Rinder tummelten sich zwischen lichten Baumgruppen und ernährten sich vom Aufwuchs und den Waldfrüchten, was zum Absterben der Wälder führte. Das Klima auf dem Hardt gleicht dem des Heubergs.

Das Hardt wird heute fälschlicherweise zum Großen Heuberg, also der Heubergalb, gezählt. Verbockt wurde das vom Militär: Bei der Gründung des Truppenübungsplatzes bei Stetten a. k. M. im Jahr 1910 wollten die badischen Generäle eine namentliche Unterscheidung vom bereits bestehenden württembergischen Truppenübungsplatz auf dem Münsinger Hardt. Mit der Eintragung des als „Truppenübungsplatz Heuberg“ bezeichneten Gebiets in die amtlichen Karten hat sich die Falschbenennung gefestigt.

Unerforschtes Gebiet im Herzen des Hardt

Eine Fläche von fast 5 000 ha ist auf dem Hardt wegen des Truppenübungsplatzes nicht zugänglich; sie bleibt ein weißer Fleck in der Forschung. Lediglich ein 12 m breiter Grabhügel mit in den gewachsenen Bergkies eingetiefter Grabkammer im **Pfaffental** (5 km s Kirche **Ebingen**) konnte 1929 untersucht werden. Ohrringe und Bernsteinperlen bargen die Ausgräber damals. Der 6 km w **Straßberg** liegende **Große Hohle Fels** und die 1 km entfernte Nachbarhöhle **Kleiner Hohler Fels** können nur mit Erlaubnis der Standortverwaltung aufgesucht werden.

Unsicher ist, ob die recht verschliffene angebliche Viereckschanze beim Weiler **Heidenstadt** tatsächlich eine spätkeltische Anlage ist. Die Anlage wäre die einzige keltische Viereckanlage auf der gesamten westlichen und mittleren Alb! Indessen ist der schon im Mittelalter bezeugte Gewannname „Ob der Haidenstatt“ ein Fingerzeig auf eine vorchristliche (heidnische) Stätte.

Begräbnisstätte über Jahrhunderte

Nahe **Hossingen** (1,8 km o) zeugen sechs außerordentlich reiche Gräber der frühen Kelten von einer hier über mehrere Generationen bestatteten Elite. Noch in der Spätlatène wurden diese Grabhügel, die sogar aus der Urnenfelderzeit stammen, als letzte Ruhestätte in Anspruch genommen. Dieser am höchsten gelegene antike Friedhof des Hardt liegt auf einem alten Passsattel zwischen dem Abstieg ins Eyachtal und dem bei Hossingen beginnenden Burtelbachtal – einem Zufluss der Oberen Bära. Von mindestens sechs Hügeln sind noch vier im Gelände zu erkennen. Ihre Durchmesser liegen zwischen 10 und 25 m, die Höhe annähernd bei bis zu 2 m.

Nicht nur seiner exponierten Lage wegen, sondern vor allem aufgrund der bedeutenden Funde, ist dieser hallstattzeitliche Friedhof etwas Besonderes. Auf der Suche nach Gold wurde hier schon in den 1840er-Jahren gegraben. Die dabei entdeckten Bronzegefäße sind zwischenzeitlich verschollen. In den 1860er-Jahren nahm sich ein Meßstetter Pfarrer der Gräber an, weil ein Ausbau der hier vorbeiführenden Straße anstand. Insgesamt neun Skelette – von Steinen umkränzt und bedeckt – legen er und seine Helfer frei. Zutage kamen auch drei ältere Brandbestattungen mit reichen Keramikbeigaben, und in den jüngeren Gräbern (die bis in die Späthallstattzeit reichen) außergewöhnlich wertvolle Beigaben wie ein „Geschirrset“, Eisenschwerter, Arm-, Hals- und Ohrringe, Gürtelschmuck, eine Truhe mit Bronzescharnieren und Toilettenbesteck. Noch jünger (5. Jh. v. Chr.) ist der Fund einer gut 20 cm breiten, verzierten Bronzeblechtasse aus einem weiteren Grab. Sie stammt aus dem Osten und steht für den während des 8./7. Jh. v. Chr. belegten regen Kontakt zwischen dem West- und Osthallstattkulturkreis. Aus der frühen Latènezeit stammt eine bronzene Vogelkopffibel. 1892 kam bei einer Nachgrabung ein steinbedecktes Körpergrab zutage, das wegen der beigelegten Kugelkopfnadeln in die ältere Urnenfelderzeit zu datieren ist.

Die Fundzusammenstellung macht deutlich, dass der Bestattungsplatz über einen Zeitraum von 700 Jahren immer wieder genutzt wurde. Wo jedoch die Siedler lebten, ist nicht bekannt. Der Reichtum

Blick vom möglichen castellum auf den „Gräbelesberg“ zu der Höhensiedlung auf der „Schalksburg“ bei Burgfelden.

in den keltischen Gräbern kann kaum aus der Produktion der kargen Landwirtschaft stammen. Vielmehr dürften die Kelten aus den unweit des Riedhofs obertägig vorkommenden Bohnerzlagern Profit geschlagen haben. Eisenschlacken sind nordwestlich des Hügels gefunden worden.

Unweit auf der südlich gelegenen Anhöhe **Weichenwang** (1,5 km nw **Meßstetten**) sind Siedlungsscherben im Abraum eines kleinen Steinbruchs entdeckt worden. Die Anhöhe lässt im Namen (wih = heilig) eine alte Kultstätte anklingen. Die Landwirtschaft auf dem Hardt hat viele Hügel zerstört oder zumindest so verflacht, dass sie heute nicht mehr zu sehen sind. Siedlungsspuren sind beim Bau des Sportplatzes auf dem „Kählesbühl" (1,8 km so Meßstetten) zutage getreten.

Entlang von Eyach und Schmeie

Als Naturheiligtum verehrt worden ist wohl der **Vogelfels** (2,4 km sw Lautlingen). Er liegt versteckt in einem Seitental der Eyach, dem Brunnental, ragt aber schwindelerregend in 870 m Höhe aus dem bewaldeten Hang heraus. Obwohl an dieser abenteuerlichen Stelle in der zweiten Hälfte des 11. Jh. eine Burg gestanden hat, ist nicht anzunehmen, dass die Kelten auf dem 10 m breiten und 60 m langen Felssporn eine Wohnstätte errichtet haben. Vielmehr ist von einer Kultstätte auszugehen.

Anders verhält es sich mit der Burgstelle des **Altentierberg** (1,6 km sw **Lautlingen**). Ein großer Graben und ein verflachter, vermutlich vorgeschichtlicher Graben schützen hier eine um 1200 gebaute Anlage auf 863 m Höhe über dem Eyachtal. Die Anlage korrespondiert mit dem südlich ansteigenden, 982 m hohen **Oberen Berg**, der höchsten Erhebung Albstadts mit exzellenter Fernsicht auf das Schmeietal. Vereinzelt finden sich hier oben dunkle Topfscherben keltischer Machart. Sie liegen in einer merkwürdigen Anlage eines 35 m langen und bis zu 18 m tiefen Grabens. Die Fläche, die er umschließt, könnte eine antike Höhenfestung gewesen sein, deren Ausbau im Mittelalter begonnen, aber nicht zu Ende geführt worden ist.

Wo die Schmiecha zur Schmeie wird

Am Ostrand des Hardt liegt der **Ziegelkapf** zwischen **Kaiseringen** (600 m n) und Straßberg. Zwei Wälle im Abstand von 30 m sichern die nach Norden abfallende Spitze des Plateaus. Von dort hat man das Schmeietal gut im Blick. Am Fuß der Felswand liegt die kleine **Kaiseringer Höhle** (350 m nnw Allerheiligenkapelle). Hier wurden Spätlatènescherben, ein menschlicher Oberschenkelknochen sowie Reste einer Drehmühle gefunden.

Die Häufung von keltischen Plätzen entlang des Flusses macht eine frühe Nord-Süd-Verbindung sehr wahrscheinlich. Auch der dem Tal gegenüberliegende **Kapffelsen** (1,1 km so **Straßberg**) trägt eine merkwürdige Wallanlage. Die Befestigungen sind mutmaßlich vorzeitlich. Bei Straßberg stieg die albquerende Römerstraße vom Kastell bei Lautlingen Richtung Donauübergang bei Laiz vom Schmeietal auf die Hochalb. Auf dem fels-

spornartigen Burggelände der zu Beginn des 12. Jh. erbauten **Schalksburg** (1,3 km n Straßberg) war ein keltischer Platz. Die kleine Burgfläche bot zwar Platz für einen mittelalterlichen Turm, jedoch nicht für eine Siedlung, so dass die vorgeschichtlichen Scherbenfunde eher an einen Ort denken lassen, wo die Kelten den exponierten Fels als Naturdenkmal unter freiem Himmel verehrten. Gegenüber steht die Burg Straßberg. In einer nicht zugänglichen Höhle am Fuße der Burgmauer sind vorrömische Scherben geborgen worden. Die **Burghaldenhöhle** liegt im Südhang eines östlichen Seitentales kurz vor dem südlichen Ortsende Straßbergs. In der kapellenartigen Grotte wurde seit Menschengedenken gehaust.
Am Hang über **Storzingen** liegt 500 m so die „Griebenloch-Höhle". Der Innenraum ist durch einen Deckeneinbruch mit Versturz bedeckt. Hier wurden zahlreiche spätkeltische Keramikstücke aufgelesen. Ebenso in der nach Süden orientierten „Großen Felsengrotte" und der „Nordgrotte". Südlich von **Blättringen** (1 km sso) passierte die Heerstraße eine ehemalige Keltensiedlung. Bei **Oberschmeien** (1,1 km sso) hat um das Jahr 1100 ein Ortsadliger seine Burg in eine Höhle gebaut, die rund 50 m über der Talsohle in einer Felswand liegt. Die Grotte bot aber auch schon Kelten eine Zufluchtsstätte.
Rund 400 m nw von **Unterschmeien** liegt der **Burgstall** – eine Bergkuppe in einer Flussschlinge der Schmeie. Das Plateau wird von einer 3 m hohen Böschung mit aufliegenden Steinriegeln abgetrennt. Der **Gorheimer Berg** (1 km wnw **Sigmaringen**) trug eine frühkeltische Siedlung.

Ein *castellum* auf dem Gräbelesberg?

Am Nordrand des Hardt, wo mächtige Wälle und Gräben die 5 ha große Fläche des **Gräbelesberg** von der Hochfläche abriegeln, drängt sich geradezu der Gedanke an ein spätkeltisches *castellum* auf, wie Cäsar die befestigten Stätten der Gallier nannte, was aber mangels Funden reine Spekulation ist.
Die Felsburg über dem Eyachtal wird an ihrer engsten Stelle von einem 150 m langen, doppelten Wall- und Grabensystem abgeriegelt, vermutlich einer ehemaligen Trockenmauer, die mit Holzeinbauten verstärkt war. Beidseitig des Wallabschnitts konnten bisher nur spärliche Lesefunde aus dem 7./6. Jh. v. Chr. gemacht werden. Nördlich des Walles lag eine Siedlungsstelle. Etwa 250 m südlich der Engstelle erweitert sich die Hochfläche Richtung Hossingen. Hier läuft ein langer, stumpfwinkliger Wall. In der Fläche zwischen beiden Befestigungswerken liegt eine Quelle. Am Hangfuß des Gräbelesberg, auf der ansteigenden Südseite des Eyachtales, halten die alten Flurnamen „Hardtsteig" und „In der alten Gasse" die Erinnerung an eine bereits vorrömische Straße aufrecht.

Höhlen und Höhenfestungen entlang der Bära

Zwei alte Passwege erklommen in Schömberg die Alb: Über die Passhöhe bei Deilingen und über die bei Tieringen führte die Nord-Süd-Route über Meßstetten nach Winterlingen und durch das Bäratal zum Donauübergang bei Fridingen. Den Weg begleiten einige Siedlungen:

Im klimatisch geschützt gelegenen Tal bei **Oberdigisheim** sind frühkeltische Siedlungsspuren nachgewiesen: Scherben in der „Meswies" (2 km w) ebenso über dem Vohbachquell (500 m nw **Geierbad**) und über dem Kohlstattbrunnen (1,3 km wnw). Verschliffene Grabhügel liegen in den „Wiedenäckern" (1,2 km no **Unterdigisheim**), rund 2,2 km no befindet sich ein Grabhügel am Waldrand „Wiedenäcker". Aus der mittelalterlichen Wüstung **Ensisheim** (2,4 km nnw **Bärenthal**) liegen spätkeltische Verhüttungsspuren vor. Bronzezeitliche und spätkeltische Scherben wurden 1983 in der **Tannenfelshöhle** entdeckt sowie urnenfelderzeitliche im „Kachental-Felsüberhang" (1,5 km no Friedhofskirche **Nusplingen**). Als Wohnplätze sind beide zu klein, vielleicht wurde hier Naturgottheiten im Berg geopfert.

Unterhalb der **Burg Lengenfels** (1,2 km sso **Bärenthal**) liegen zwei in die Anlage mit einbezogene, imposante Höhlen, nicht weit von der Steige aus dem Tal in Richtung Beuron. Die **Lengenfelshöhle** sowie die Durchgangshöhle. In beiden wurden spätkeltische, aber auch urnenfelderzeitliche Keramikfunde gemacht.

In einem Seitenzweig des Bäratals liegt auf einem felsigen Bergrücken die nach 1250 erbaute **Burg Pfannenstiel** (2,2 km w Kloster **Beuron**). Zwei Felsgräben riegeln die Burgfläche ab, ein dritter trennt sie von einer Voranlage, die, so der Burgenforscher Christoph Bizer *„seitlich stufenförmige Absätze einer vorgeschichtlichen Anlage und unsichere Mauerspuren aufweist."* In diesem Bereich konnte er über 60 vorgeschichtliche, aber keine mittelalterlichen Scherben auflesen.

Landschaft wie vor 2 800 Jahren: Das Irndorfer Hardt

Die Landschaft des **Irndorfer Hardt** sieht heute so aus, wie um 800 v. Chr. Damals lichtete das grasende fressende Vieh der keltischen Bauern, die die Hochfläche vormals bedeckenden Buchenwälder aus. Nur einzelne Baumgruppen prägten die Landschaft. Die Waldgebiete waren auf die Kuppen und die Steilhänge des Traufs und der Täler begrenzt. Ein Altweg durch das Hardt in Nord-Süd-Richtung wird von Beuron, über Irndorf nach Meßstetten (Abstieg nach Ebingen) angenommen.

Kultstätte der Vorzeit: Die Lengenfels-Durchgangshöhle im Bäratal.

In diesem Gebiet (besonders in der Nähe von kleinen Dolinen) zeugen rund 20 Grabhügel von keltischen Dörfern: Im Gewann-Namen **Butzen** (1,8 w **Irndorf**) klingt das Unheimliche, Geisterhafte an („Der Butz(enmann) geht um"). In diesen Wiesen liegen schon 1932 eingeebnete Grabhügel mit Steinen, Leichenbrand und zahlreichen Tongefäßen. Die „Drei Kreuze" (1,5 km nw) markierten den Platz eines heidnischen Friedhofes. Ganz im Norden (4 km nw) des Naturschutzgebietes Irndorfer Hardt liegt eine weitere Grabhügelgruppe im und am Rande des „Dürrenwald". Auch 800 m o der Kirche in der bezeichnenden Flur „Lehle" (altdeutsch für Gräber) sind unter Steinhügeln ab und an „Erzringe", Skelette, Dolche und Schwerter zum Vorschein gekommen. Die Gegend ist jedoch überackert. Im Garten der **Schwenninger** Bäckerei Maier liegt das neuzeitlich vermauerte Portal einer geräumigen Wohnhöhle (jetzt Vorratsraum), in der 1991 Scherben einer Besiedlung von der Bronzezeit bis ins Mittelalter nachgewiesen werden konnten.

Transitwege durch das Gebirge

Siedlungshäufung an den Pässen über die Zollernalb

Die Zollernalb hat ihren Namen vom alten Herrschaftsgebiet der Grafen von Zollern. Im Süden trennt das tiefe Eyachtal zwischen Balingen und Lautlingen, und das Schmiechatal zwischen Ebingen und Straßberg (die ab hier Schmeie heißt) die Zollernalb vom Hardt. Nach Nordwesten zu bildet der bis zu 300 m aufragende Albtrauf zwischen den Balinger Vororten und Mössingen die natürliche Trennmarke. Wie sonst nirgends auf der Alb, hat die Erosionskraft der neckarseitigen Gewässer teils alpin anmutende Felslandschaften geformt. Dadurch wurden ältere, der Donau zufließende Flüsse gekappt. Sie fließen jetzt nach Norden und schufen dadurch breite Täler, die seit Menschengedenken als verkehrsgünstige Routen quer über die Alb genutzt werden. Zugleich bilden die Passhöhen die europäische Wasserscheide zwischen Rhein und Donau. Während Eyach und Starzel zum Neckar fließen, plätschern ihre Nachbarflüsse Schmiecha und Vehla zur Donau hin. Im Norden und Osten geht die Zollernalb beim Laucherttal unmerklich in die Reutlinger Alb über. Südlich, ungefähr zwischen Winterlingen und Gammertingen, beginnt mit der flacheren Hochfläche die Flächenalb. Diese Linie ist zwischen Winterlingen und Harthausen deutlich in der Landschaft zu sehen. Sie zeigt heute noch an, wo vor Urzeiten die Küstenklippe eines Meeres verlaufen ist. Geologisch gesehen ist die Zollernalb Teil der entlang des Traufes verlaufenden, rund 7 km breiten Schichtstufenalb, die in die Kuppenalb übergeht. Die Zollernalb gilt als recht niederschlagsreich.

Konzentration von Siedlungen in den Erzgebieten

Im Vergleich zu anderen Gegenden der Alb ist die Zollernalb nicht nur von den Bronzezeitmenschen, sondern auch in der Epoche der Kelten auffallend kontinuierlich und dicht besiedelt gewesen. Obwohl der Nachweis von keltischer Eisenerzverhüttung bislang nicht erbracht werden konnte, ist es doch auffällig, dass die hallstattzeitlichen Siedlungshäufungen im Gebiet „Bernloch", dem Degerfeld und dem Quellbereich der Lauchert in der Nähe der reichen Bohnerzvorkommen lagen. Das Schmiecha-Eyach-Tal ist eine von vier Albpassagen über die Zollernalb gewesen. Die lang gezogene Steigung von Balingen über die Passhöhe bei Lautlingen bis nach Laiz machten diese Gebirgsquerung halbwegs einfach.
Ein zweiter Weg führte über Hechingen durch das Tal der Starzel und nach dem Pass bei Burladingen das Fehlatal entlang nach Süden. Ein dritter Weg kam von Bisingen, erklomm beim Zellerhorn über Onstmettingen auf 825 m die Höhe, zog durch das Degerfeld über Neuweiler bis Winterlingen und dort wohl grob auf der späteren Trasse der B32 zum alten Donauübergang bei Laiz.
Die vierte Hauptroute führte über Mössingen zur Passhöhe Melchingen (734 m) und durch das Laucherttal nach Sigmaringen.

Gräber und Opfer am Zugang zur Unterwelt

Beidseitig der schnurgeraden römischen Heerstraße, die heute als Feldweg quer über das Fluggelände **Degerfeld** genutzt wird, liegen keltische Friedhöfe. Im Gewann „Herrenberg" sind zwei Dutzend, meist abgeflachte Kuppen (2,5 km w **Bitz**) zu sehen. Sie wurden 200 m nw in der Nähe von zahlreichen Dolinen – dem Eingang zur „Unterwelt" – angelegt. Ein 30 m breiter Hügel, und ein kleinerer Nachbarhügel sind die Reste einer größeren Grabhügelgruppe. Etwa 500 m n, am südlichen Waldrand des „Niemandsbol" lagen noch vor Jahrzehnten, gut sichtbar, über 15 weitere Grabhügel. Rätsel gibt ein 1988 freigelegter Massenfund auf, der aus mehr als drei Tonnen, pflasterähnlich in den Boden gebrachter Alb-Hegau-Keramik im Gewann **Kritter** bestand. Die zerschlagenen und vergrabenen Gefäßreste stammen wohl von einer 2 km sw benachbarten Dorfgemeinschaft (Fundamente von Gehöften). Die Bewohner haben hier offenbar Opfergaben der weiteren menschlichen Nutzung entzogen, und sie einer Gottheit, verkörpert durch eines der vier Elemente – hier der Erde – übergeben.

Wagengräber und Pferdebestattung

Einer von etwa 8 Grabhügeln (2 km oso **Truchtelfingen**, 20 m s des letzten Gebäudes am Aussiedlerhof) in der Flur „Unter Wegen" enthielt neben Skelettresten auch Teile eines Pferdegeschirrs. Auf der Alb sind solche Funde aus der frühkeltischen Zeit recht selten. Sie stammen aus dem Osten, wohl über keltische Reiter-Stämme, die im nordbayerisch-böhmischen Gebiet ansässig waren. Nach 300 m liegt rechts ein zweites, großes Grabhügelfeld „Räuhe" im Wiesengelände.

Es reicht östlich bis zur Wegkreuzung und nach Süden über den Wald „Bernloch" hinaus und umfasst über 40 Hügel (8./7. Jh. v. Chr.).
Mächtige Männer waren es, die zusammen mit ihren vierrädrigen Wagen bestattet wurden. Einer von einem halben Dutzend Funden auf der Zollernalb wurde zwischen **Ehestetten** und der Eselmühle 1933 in einem verflachten Gräberfeld in der Mitte der hier 400 m breiten Talsohle gemacht. Darunter das Skelett eines fast 70jährigen – für die Keltenzeit ein hoch betagter Mann. Auf der Nordseite des Hügels fand man Knochenreste eines etwa 12jährigen Kindes, in der Nähe lag ein 35jähriger Krieger. Gut 50 m nw von diesem „Herrschaftsgrab" lagen unter einem 12 m breiten Hügel etwa 15 Skelette Verstorbener zwischen 25 und 50 Jahren. Südwestlich davon Spuren einer spätbronzezeitlichen Siedlung.
Weitere Hallstattgräber 1 km flussaufwärts: Aufgesucht wurde auch die **Ehestetter Torhöhle** (250 m wnw). Rätselhaft bleibt der Ursprung der südöstlich des Ehestetter Hofes liegenden sogenannten **Alten Stadt**, die auf halber Strecke der wichtigen Albquerung errichtet worden war: Rund 50 m über dem Tal ziehen sich Hangterrassen, kleinere Wälle und künstliche Podien etwa 100 m die Höhe hinauf. Sie erwecken den Anschein einer hier planvoll angelegten Siedlung. Das Wagengrab bei **Hermannslust** liegt inmitten der einst größten Grabhügelgruppe der Zollernalb, 1 km w der Hofanlage, die wohl am gleichen Platz eines keltischen Gehöfts steht. Der Friedhof umfasst 15 bis 30 m breite Hügel im und am Wald **Dürrenbühl** – an einer größeren Doline. Im „Stangenhäule" (3,5 km nw **Winterlingen**) ist ein Grabhügel sichtbar. Hier kreuzte die Nord-Süd-Albpassage über das Zellerhorn nach Laiz mit einer West-Ost-Passage von Rottweil über Deilingen, Meßstetten und Straßberg weiter zum Donauübergang bei Zwiefaltendorf.

Höhensiedlungen und Höhlenschlupfe

In den Albstadter Tälern sind keltische Spuren größtenteils überbaut. Westlich des **Tailfinger** Natur-Freibades finden sich am Waldrand des Hangs „Unter der Halde" noch 13 Hügel. Am Hang der römischen Straße über den Mönchsteig (150 m o **Truchtelfingen**) auf die Hochfläche fand man hallstattzeitliche Kulturreste. Entlang der Verkehrswege liegen Höhensiedlungen oder Schutzareale mit Scherbenfunden aus frühkeltischer Zeit: So auf der **Schalksburg** (1,5 km n **Laufen**). Diese wegen ihrer steilen Felswände nahezu unbezwingbare rund 320 m lange und bis zu 150 m breite Berghalbinsel ist lediglich über einen schmalen Sattel mit der Hochfläche verbunden.
Am Nordhang führt ein Pfad 30 m östlich des Turms hinab zur **Wannentalhöhle**; im Steilhang darunter liegt die Höhle **Raubtierschlupf** mit vorrömischer Keramik. Auch der Oberhang des **Katzenbuckel** (w **Ebingen**), zeigt mit einer künstlich im Halbrund angelegten Terrasse und Scherbenresten bis in die Spätlatène, Spuren früher Besiedlung. Auf dem benachbarten **Schnecklesfels** (im Volksmund „Hexenplatz") liegt auf der NNO-Seite, der von der Hochfläche abgesetzten recht steilen Kuppe, eine kleine Kultstätte.

Anders lässt sich der Fund von einem Zentner Keramik auf einer kleinen Fläche nicht erklären. Die Keramik wurde bei einer Grabung 1925 neben dem Grundriss eines 9 x 4 m großen Gebäudes aufgedeckt - unterhalb liegt eine Quelle.
Auf dem **Kreuzbühl** (450 m w „Katzenbuckel") liegt die **Menesbochhöhle**. Vorzeitliche Scherbenfunde könnten hier mit einer Höhensiedlung zusammenhängen. Der Geländerücken ist von einem fast eingeebneten Wall durchzogen. Die Bauart spricht gegen eine Befestigungsanlage; stand hier eventuell ein repräsentativer Wohnsitz?
Rund 300 m w „Katzenbuckel" liegt über einem Seitental der Eyach die **Giggentalhöhle**. Vor dem nahezu völlig zusedimentierten Eingangsportal wurden vorrömische Scherben aufgelesen. Auf dem **Martinsfelsen** hielten sich Kelten auf; zeitgleich waren aber auch die darunter liegenden Tallagen besiedelt. In der Ruine, der um 1220 erbauten Burg **Wildentierberg** (1 km o **Margrethausen**) liegen Hallstattscherben. Die mittelalterliche Burg **Häringstein** (1,1 km no **Ebingen**) wurde anfangs des 12. Jh. auf dem Felsgipfel einer steilen Kuppe in eine keltische Stätte hineingebaut. Ebenso ist eine keltische Höhensiedlung auf dem **Schlossfels** 1 km sso **Tailfingen** im frühen 11. Jh. zu einer Burg ausgebaut worden Auf die vorgeschichtliche Umnutzung lässt die untypische, bogenförmige Form der Anlage schließen. Auf der bewaldeten Kuppe des **Staufen** (1 km ono) finden sich obertägig immer wieder vorrömische Scherben. Rund 20 m tiefer liegt im Südhang eine weitere Siedlungsstelle unterhalb eines Brunnens.
Die Hochfläche um den **Raichberg** gehört zu den bedeutendsten Fundorten der Bronzezeit. Auf dem **Schollerrandelbühl** ragen die bekannten „Backofenfelsen" hervor, an deren Südosthang lag eine Siedlung; ebenso am Fuße des Aussichtsturmes. Rund 450 m no **Zollersteighof** liegt in den Wiesen ein Friedhof mit zwanzig flachen Grabhügel. Sie stehen in Zu-

Entlang der Albpassage durch das Eyach-Schmeie-Tal liegen viele Höhensiedlungen (Blick vom Schlossfels bei Ebingen zum „Katzenbuckel").

Hinter dem alten Albaufstieg über die Filsenberghochfläche (vorne) hebt sich die vorgeschichtliche Höhenfestung des Farrenbergs aus dem Nebel.

sammenhang mit den großen Bohnerzlagern am **Gockler**. Am Hang unterhalb der Felsburg ist eine fast 200 m lange Spalte aufgelassen, auf der zwei Schachtgruben aufsitzen. Auf dem **Heiligenkopf** (3,8 km wnw Onstmettingen) lag eine frühkeltische Siedlung, rund 500 m so von der Schmiecha-Quelle entfernt. Im Osten von Onstmettingen liegt der „Bennenbühl". Ein kleines Felsdach – die **Bennenbühlhöhle** – hat wohl in der Bronze- wie in der Frühlatènezeit als Rastplatz gedient. Das Auffinden von Scherben in den Felsritzen lässt aber eher an ein bewusstes Depot mit kultischem Hintergrund denken, quasi ein vorgeschichtlicher „Opferstock". Der **Hundsrücken** trägt eine Burganlage (1,2 km o **Streichen**), die Ende des 13. Jh. in eine urnenfelderzeitliche Anlage hineingebaut wurde.

Urnenfelderleute an der Wasserscheide Starzel-Fehla

Quellbereiche waren auffällig oft gewählte Plätze, an denen sich Kelten niedergelassen haben. Im **Weiler Tal** zwischen Hausen und Tailfingen (3,3 km ono) liegt eine einstige Höhenfestung auf einem vorstehenden Fels über dem heute als Brunnen gefassten Wasseraustritt. Nach 1150 wurde hier die **Weilersburg** errichtet. Eisenzeitlich scheint die Abschnittsbefestigung am Rand des **Himberg** – dem „Kapf" – oberhalb von **Starzeln** zu sein. Gegenüber, im Osthang der um 1100 erbauten **Burg Azilun**, oberhalb von **Hausen** (1,9 km ono), deuten Scherben auf eine bis in die Spätbronzezeit zurückreichende Befestigung hin. Ein Felssturz hat 1987 einen Teil der Burgfläche abbrechen lassen. Nicht betroffen davon waren die treppenartigen Flächen, die etwas unterhalb des Burgplatzes liegen. Hier hat sich die vorgeschichtliche Anlage erhalten.

Der bisher größte nachgewiesene Friedhof aus der jüngeren Urnenfelderzeit liegt in der Sohle des Fehlatals bei **Burladingen**. Später errichteten die Römer hier ein Kastelldorf. Der Flussname **Fehla** könnte zur Namensgruppe der Flurbezeichnungen „*Fäulen, Fauläcker* und *Auf*

Feilen" (= Eisenschlacke bzw. unfruchtbarer Boden) gehören, die auf der Alb dort vorkommen, wo Bohnerz verhüttet wurde.

Abseits neuzeitlicher Wege liegt am Albaufstieg von Burladingen nach **Ringingen** (1,6 km sso) der um 1180 erbaute Burgturm **Ringelstein**. Die Lage auf einem herausragenden Felsen macht es wahrscheinlich, dass hier ein Naturheiligtum unter freiem Himmel verehrt wurde; eine, der auf der Alb nachweisbaren vielen Kultstätten an landschaftlich herausgehobenen Stätten außerhalb fester Siedlungen.

Weit im Blick hat man das Fehlatal von der **Hochwacht** aus – einem Bergfelsen 500 m n **Burladingen**. Nach 1100 entstand hier inmitten eines einst von Kelten aufgesuchten Platzes eine Burg. In einem Seitenzweig 1,1 km ono Burladingen liegt die um 1100 erbaute **Hintere Falkenburg** auf einem Felshang über dem Annatal. Ein halbrunder Doppelgraben trennt die kleine Burgfläche vom Hinterland. Die Bogenform könnte ursprünglich vorgeschichtlich sein. Fünfzig Meter entfernt liegt mit der **Vorderen Falkenburg** eine mittelalterliche Schwester-Anlage. Zwei halbrunde Gräben sichern die quadratische Burgfläche, im Fundgut war auch vorgeschichtliche Keramik dabei.

Letzte Reise auf der Fehla zur Donau

Fehlatalabwärts liegt **Gauselfingen**. Knapp 500 m w auf einem Bergsporn erkennt man die Überreste der nach 1150 erbauten **Burg Leckstein**. Ein imposanter Graben schützt die Anlage, in der sich vorgeschichtliche Keramik findet. Unterhalb der auch „Schlössle" genannten Ruine liegt eine kleine Höhle mit Kelten-Keramik. Rund 1 km wnw liegt eine unbekannte Burg, die um 1200 inmitten einer keltischen Höhensiedlung entstanden ist. Die rund 100 m lange spornartige Burgfläche wird von einem 40 m langen, stark verschleiften Wall gesichert, dem 30 m davor nochmals eine Wall-Graben-Sperre vorgesetzt ist. Über 150 vorgeschichtliche Keramik-Stücke belegen das hohe Alter der Festung, die im Volksmund **Frazenhaas** heißt.

Mitten in der Talsohle haben Kelten in bewusster Nähe zum Fluss einen ihrer Mächtigen bestattet, der vermutlich Herr der Höhensiedlung war, und symbolisch auf die letzte Reise flussabwärts geschickt: *„Bei der* ***Gauselfinger Mühle*** *drei vom Sumpf umgebene Hügel"* notierte ein Ausgräber 1854 und bar viele Reste von Bronzeschmuck und Waffen und Teile eines Wagengrabs.

Im Bereich des Zusammenflusses der Fehla in die Lauchert querte ein Altweg in West-Ost-Richtung (vgl. Sigmaringer Alb). In dessen Verlauf begleiten ihn Siedlungen, angezeigt durch Friedhöfe (4 km sso **Neufra**) am Weg zum Hof Stollbeck. Nahe **Harthausen** lagen drei Grabhügel im „Roppelauwald". Im weiteren Verlauf nach **Freudenweiler** sind Funde aus dem Wald „Schwandel" (1,25 km nnw) „Kolbenloch" (2,2 km so) und hinter dem „Ebinger Berg" (Urnengrab,1 km nnw) bekannt. In der 12 m langen, 6 m breiten und 3 m hohen **Hohlefels-Höhle** (1 km sw) gibt es Scherbenfunde der Urnenfelderzeit.

Höhenfestungen entlang der Lauchert

Völlig unklar ist, wie die 36 ha umfassende Hochfläche des **Farrenberg** bei **Talheim** zur Keltenzeit besiedelt war. Vermutlich standen dort mehrere Gehöftgruppen. Der Fahrweg hoch zum Fluggelände führt im Bereich der letzten Kehre durch einen von zwei Gräben, die in ihrer Substanz vorgeschichtlich sind, und an dieser engen Stelle einerseits das große Hochplateau, anderseits den 500 m langen Felssporn abriegelten. Eine Siedlung lag auf der südlichen Seite des Zeugenbergs, wo die Reste der um 1282 gebaute Burg **Andeck** (1,5 km w **Talheim**) zerfallen. Hier lassen sich mühelos keltische Scherben am Boden finden.

Auf dem markanten **Kornbühl**, der die bekannte Salmendinger Kapelle trägt, wollten vielleicht schon Urnenfelderzeit-Menschen den Göttern ganz nahe sein – wenigstens haben sie hier Keramik liegen lassen. In **Ringingen**, wo aus der Zeit der Rössener Kultur (Mitte des 5. Jh. v. Chr.) die bislang ältesten Funde dieser Epoche auf der gesamten Alb vorliegen, haben Bronzezeitmenschen auf dem Heufeld (2,7 km w Kornbühl) vier größere Grabhügel, von heute 20 bis 35 m Breite und einer Höhe von 2 m angelegt. Sie dienten über einen Zeitraum von gut 1000 Jahren als Friedhof. Als besonderer Fund gilt eine Fibel, die slowenische Kultureinflüsse zeigt. Entlang des in die Lauchert mündenden Ringinger Bachs zeugen Siedlungsspuren von einer über Jahrhunderte andauernden Kontinuität zwischen Spätbronze- und Keltenzeit.

Auf dem **Käpfle** 1,5 km ssw **Melchingen** lässt die Beurteilung der schwachen Umwallung („Burghalde“) auf der W- und S-Seite nicht auf einen wehrhaften Charakter schließen. Hier ist eher an ein eingefriedetes Heiligtum zu denken (Waldname „Burghalde“). Im Woog-Tal (Ringinger Bach) lassen sich Siedlungsstellen aus der Bronze- bis Latènezeit nachweisen. Auf der von einer Wallstufe durchzogenen **Buchhalde** (3 km wnw **Stetten u. H.**) liegen künstlich aufgetürmte Steinhügel im Wald. Auf dem **Hasenberg**, dessen Nordrand sich 60 m über das Tal erhebt, lassen sich Scherben vom Anfang des 6. Jh. v. Chr. auflesen. Vom felsigen Rand der **Burg Hohenmelchingen** (500 m oso **Melchingen**) liegen wenige, nicht datierbare vorgeschichtliche Scherben vor. Oberhalb des Lauchert-Dorfes **Stetten u. H.** ragt die mächtige **Burg Hölnstein** über die Kuppenalb. Der Name rührt von den „hohlen Steinen“, sprich Höhlen, die am Fuße des Felsengipfels liegen. Die um 1100 erbaute weitläufige Burgfläche und der Talgrund waren schon in der Hallstattzeit besiedelt, wie Funde auf dem Plateau, vor den Höhlen, und bei der Melchinger Brücke zeigen.

Eine vielleicht vorgeschichtliche Anlage unbekannter Zeitstellung liegt auf der gegenüberliegenden Berganhöhe – dem 853 m hohen **Kobel**, sw Stetten. Der rund 10 m breite Wall mit Graben ist noch gut ausgeprägt, aber zu flach für eine Burg. Auch auf der Süduferseite der Lauchert bei Hörschwag lebten Kelten.

Späte Kelten auf der Zollernalb

Funde aus der frühen Latènezeit sind auf der Zollernalb rar gesät. Auffällig ist das Aufsuchen von Wasserscheiden als Siedlungsplätze. Eine solche liegt innerhalb der Umwallung des aufgegebenen Kastellgelände von Lautlingen in der Flur „Totland" (o **Badkap**). Ein Aufenthaltsort war die 13 m lange **Bernlochhöhle** (2,2 km o **Truchtelfingen**), die fast zu allen Epochen von Menschen aufgesucht oder als Totenstätte genutzt wurde, wie eine Bestattung aus der Zeit um 3500 v. Chr. zeigt. Unterschlupf boten auch die seit der Eiszeit von Menschen sporadisch aufgesuchten drei **Kühstellenhöhlen** (2,8 km sso **Bitz**) nahe einem Trockental.

Das **Höllloch** (500 m n **Burladingen**), unweit der Höhensiedlung auf der Hochwacht, barg im Inneren Spätlatènescherben, so auch die **Schlössleshöhle** unterhalb der Ruine Leckstein bei **Gauselfingen**. Entlang der Lauchert und ihrer Zuflüsse saßen kleine keltische Gruppen, deren Spuren sich mit römischen vermischen und dann auflösen. Als Wohnhöhle könnte die **Sommerkirchhöhle** (1,2 km o **Melchingen**) gedient haben.

Außergewöhnliche Plätze

Reste von Gefäßen im **Heilenbergschacht** bei Erpfingen (vgl. Reutlinger Alb) und in der Höhle **Buloch** (2,4 km wnw **Neufra**) beim Messpunkt 852,1 m stammen eindeutig von Weihegaben. Eine Opfergabe liegt der Deponierung von vier vollständig erhaltenen Gefäßen zugrunde, die 1934 in einer Felsspalte bei **Winterlingen** (5,5 km nnw, im **Dürrenbühl**) entdeckt worden sind.

Eine vorgeschichtliche Kultstätte, die einem Wallfahrtsort geglichen haben mag, liegt im abgeschiedenen **Teufelstal** 1,5 km w **Neufra**. Über 40 kg gut erhaltene Scherben von (ähnlich den heutigen Polterabenden) zu Boden geschleuderten Gefäßen fanden Ausgräber in den 1930er-Jahren unterhalb der wuchtigen Höhlenruine „Teufelstor". Im Namen spiegelt sich die Vorstellung der Bevölkerung, dass sich hier „unchristliche Vorgänge" abspielten.

Das größte spätkeltische Zentrum lag am Fuß des „Dreifürstenstein" in **Belsen** (1 km s). Die 1971 in einem Feuchtgebiet entdeckte gut erhaltene Anlage misst je 125 m im Geviert. Ihr Ausmaß und die Aufwendungen, die für ihre Errichtung getätigt worden sind, lassen Rückschlüsse auf eine hohe Bevölkerungszahl oder eine mächtige Herrschaft zu. Auffällig ist die Lage inmitten eines Erzgürtels im Braunjura des Voralblandes.

Im Bereich des Albaufstiegs im Umfeld des verlassenen römischen Kastells auf der Passhöhe an der Wasserscheide Strazel/Fehla finden sich Spuren nachlimeszeitlicher Galloromanen. In dem Kastelldorf lag der Handwerkerort **Burichingen**; während die alamannischen Bauern – Steinbauten meidend – sich im gebührenden Abstand rund 1,5 km östlich in Burdleidingen (heute **Burladingen**, abgeleitet vom Namen *Burdleid* = Bauernführer) niederließen. Ein deutliches Beispiel dafür, dass die Mittlere Alb in den ersten nachchristlichen Jahrhunderten eine von den Alamannen ausgesparte galloromanische Siedlungsinsel geblieben ist, in der sich die keltischen Nachfahren mit der Bohnerzverhüttung (unter alamannischer Aufsicht) befasst haben.

In den Erzgebieten des Laucherttals

Keltische Zentren auf der Sigmaringer Alb

Mit der Sigmaringer Alb beginnt im Westen mit dem Schmeietal die 1107 km² große Flächenalb. Obwohl die lehmreichen und agrarisch gut nutzbaren Böden große Vorteile gegenüber den ertragsarmen Kalksteinböden der Kuppenalb bieten, sind beide geologischen Teilbereiche gleichermaßen von den Kelten als Siedlungsflächen ausgesucht worden. Die Sigmaringer Alb wird im Norden von der Klifflinie, dem einstigen Strandverlauf eines Urmeeres auf der Linie Winterlingen–Neufra–Bronnen–Harthausen–Pfronstetten begrenzt. Im Osten geht sie zwischen Langenenslingen und Riedlingen in die Zwiefalter Alb über. Im Süden beziehen wir die Region des keltischen Machtzentrums an der Heuneburg mit ein und dehnen die Alb auch auf das Donautal aus. Die Niederschlagsverhältnisse begünstigen auf der Sigmaringer Alb den Ackerbau gegenüber dem Grünland.

Über Jahrhunderte Sitz der Mächtigen

In der aus der Albhochfläche herausgeschnittenen Talweitung von **Gammertingen** liefen zu allen Zeiten die Wege zusammen. Es gibt kaum einen anderen Ort, wo Mächtige kontinuierlich über viele Jahrhunderte bis ins Mittelalter Spuren hinterlassen haben. Das reichste Skelettgrab der Spätbronzezeit in ganz Süddeutschland wurde 1937 eben hier im Laucherttal aufgedeckt. Keltische Spuren fanden sich 1 km nno der Kirche in der „Kanzel" und südlich der Stadt im „Schrot". Ein ungewöhnlich reiches frühkeltisches Brandgrab wurde 1954 bei Bauarbeiten entdeckt; bereits 1902 deckten Forscher ein alamannisches Fürstengrab mit reichen Beigaben auf – wieder einer der bedeutendsten Funde in ganz Südwestdeutschland.

Unsere keltische Spurensuche beginnen wir im weiteren Umfeld der bedeutendsten eisenzeitlichen Großsiedlung – bei der **Heuneburg an der Donau**. Nördlich des Flusses lässt sich ein dichtes Netz an Friedhöfen mit wohlhabenden Bestatteten aufzeigen – meist ohne die Lage der dazugehörigen Gehöfte zu kennen. Zweifelsohne lebten die Menschen dieses antiken „Ballungsgebiets" im und vom wirtschaftlichen Einflussbereich des Machtsitzes. Denn die reichen Grabbeilagen brechen mit dem Niedergang der Heuneburg – der antiken Stadt *Pyrene* – ab.

Die größte Konzentration von Grabstätten liegt im Norden der antiken Stadt, möglicherweise „Vorortsiedlungen": rund 2 km s **Kloster Heiligkreuztal** bildet ein Hügelgrab die Spitze der 584 m hohen Kuppe des Waldes „Satzet". Von ihr aus liegen in NO-Richtung weitere acht, teils über 30 m breite Grabhügel. Rund 200 m s der Kuppe ist ein Gräberfeld mit mindestens einem Dutzend Aufschüttungen und zahllose verschleifte Hügel in den angrenzenden Wiesen. Etwa 3,7 km ssw Kloster liegt ein bronzezeitlicher Friedhof (mind. 10 Hügel) mit hallstattzeitlichen Nachbestattungen im Wald

„Roßhau"; hiervon wiederum 400 m so (rechts des Forstweges zum Friedhof des „Hohmichele") liegen im Wald „Soppenhau" auf einem markanten Felssporn drei Hügelgräber; im „Speckhau" (5 km ssw) sind drei Grabhügelgruppen zu sehen.
Kleinere Friedhöfe ziehen sich durch das Waldgebiet des südlich von Wilflingen liegenden **Eisighofs**: Zwei liegen rund 750 m n vom Fürstenhügelgrab „Bürgle"; vier am Waldrand „Maiern" (1 km o Hof); vier im „Mauerhau" (2,1 km s Hof).

Auf dem Weg zur Lauchert-Furt

Im Norden des Siedlungszentrums Heuneburg querte von Riedlingen und Altheim über Langenenslingen ein alter Ost-West-Weg an der Wallanlage „Alte Burg" (vgl. Zwiefalter Alb). Hier stieß auch ein wichtiger Altweg dazu, der aus Richtung Hitzkofen über Wilflingen kam. Er ist zwischen beiden Orten von Siedlungen und deren Friedhöfen begleitet: In den Stauffenbergschen Wäldern von **Wilflingen** liegen unerforschte Grabhügel: drei auf dem „Berg" (1,2 km wnw Schloss), zwei im „Kapellenhau" (2 km w), zehn im Wald „Hülbenhau" (2,5 km wsw), zwei am „Nonnenbühl" n und s des Weges nach **Egelfingen** (2,7 km wsw) sowie etwa 14 an der Markungsgrenze zu **Hitzkofen** im „Rappenbuch" (3 km sw); am „Hitzkofer Zaun" ragt ein 18 m breiter Hügel heraus. Verschollen sind die Funde aus einem 1882 angegrabenen Hügel einer verstreut liegenden Gruppe im südlichen Waldrand „Luppenhau" (1,6 km ono **Scheer**).
Der Weg ließ sich vor hundert Jahren noch weiter über den Eichenberg und der Nordseite des Sigmaringer Mühlbergs bis zum Donauübergang bei Laiz zurückverfolgen. Die Römer bezogen diese alte Flussquerung in ihr Militärstraßennetz ein; indirekt auch die Bundeswehr: Innerhalb des ehemaligen Standortgeländes 2 km o Kirche **Sigmaringen** liegt eine größere Grabhügelgruppe, deren schon 1832 geborgenen, schlecht dokumentierten Bronze-, Waffen- und Gefäßfunde damals ins Mainzer Museum verkauft worden sind.
Im weiteren Verlauf des Ost-West-Weges von Langenenslingen aus, der nahe der Fehla-Mündung zwischen Hettingen und Hermentingen in die Lauchert, den Fluss querte, lag die untergegangene Siedlung Hausen. In **Inneringen** zeugen Grabhügelgruppen (2,5 km so im „Heiligenhölzle"; 1,2 km ono und 1,5 km ssw) von reger Siedlungstätigkeit und reichen Bewohnern. Grabungen der 1850er-Jahre brachten u.a. eine Golddrahtspirale, Fibeln mit Koralleneinlage, Bernsteinkugeln und Goldohrringe zum Vorschein. Die Maria-Nötenwang-Kapelle (2 km s) wurde offensichtlich nahe einem Hügel errichtet. Im Südwesten der Markung liegen um **Hochberg** sehr ergiebige Bohnerzlager, was den Reichtum erklären könnte.

Hallstattzentrum bei Kettenacker

An einem mutmaßlichen Weg von Inneringen nach Norden und an einem zweiten vom Siedlungszentrum Gammertingen über Ittenhausen, Friedingen, Pflummern, Grüningen nach Riedlingen, liegt im Kreuzungsbereich heute Kettenacker: Beim Weiler **Pistre** und dem

Lusthof standen vermutlich einmal keltische Gehöfte. In der Nähe von Letzterem (500 m nw) sind in der Wiese zwei stark verflachte bronzezeitliche Hügel zu sehen, die viele hundert Jahre später mit keltischen Nachbestattungen bestückt wurden. Schmuckstücke und ein durchbohrter Eberzahn wurden 1911 geborgen und, wie damals üblich, meistbietend in ein Berliner Museum gegeben. Rund 400 m o **Kettenacker** liegt auf der Anhöhe eine Grabhügelgruppe. Im „Riedlinger Wäldle" (1,2 km so) liegen zwei Hügel mit Brandbestattungen. Die dazu gehörige Siedlung wird 1,2 km s im Wald „Kohlhäue" vermutet. Die frei gelegten Terrassen aus der Hallstattzeit liegen direkt westlich an einem Waldweg. Etwas 1,5 km no liegt im „Kapellenhau" ein Grabhügelfeld mit meist kleinen Steinaufschüttungen, das zeitlich nicht zuzuordnen ist.

Höhlen und Hügelgräber beidseits der unteren Lauchert

Kaum dokumentiert sind in den 1860er-Jahren gemachte Funde aus Friedhöfen, die nördlich der Furt bei Hettingen und südlich davon in Veringenstadt liegen sollen. Dutzende von bronzenen Schmuckstücken lagern im Depot des Sigmaringer Museums, jedoch ohne Ortsangabe. Auf dem 140 m langen Bergsporn, auf dem das heutige **Hettinger Schloss** thront (Burg von 1100), zeigt vorgeschichtliche Keramik, dass hier bereits vor der Zeitwende eine Höhensiedlung bestanden hat. In der **Teufelstorhöhle** im Felskessel am Kopf eines Trockentälchens dürfte sich ein Opferplatz der frühen Kelten befunden haben, wie er vom Heidentor bei Egesheim bekannt ist. Eine unbedeutende Kleinhöhle („Fuchsbau") liegt im felsig-bewaldeten steilen Hang unterhalb des Wasserbehälters von **Hermentingen**. Allerdings schleppte Meister Reineke neben Tierknochen auch Scherben von mehreren hallstattzeitlichen Gefäßen ins

Eine von vielen in spätkeltischer Zeit aufgesuchten Höhlen in Veringenstadt ist die Göpfelsteinhöhle.

Freie. Ob in der Felsspalte Opfergaben deponiert wurden, oder die Kleinhöhle als „Kühlschrank“ einer nahen Siedlungsstätte diente, bleibt unklar.
Entlang der Lauchert reihen sich zahlreiche Siedlungen:
Der Bergsporn der Burg Veringenstadt ist nach 1050 als Grafenburg ausgebaut worden. Das Plateau ist den über 100 vorgeschichtlichen Scherben nach zu urteilen, bereits als frühe Höhenburg genutzt worden. In der höhlenreichen „Hauptstadt“ der Neandertaler gab es auch Nachmieter der Bronze- und Keltenzeit. Keramik liegt aus der Mühlberghöhle vor, die sich 30 m von der Neandertaler-Figur entfernt am Lauchertufer öffnet. Dem Weg folgend liegt links hoch über dem Tal die 52 m lange Nikolaushöhle und wenig südlich das benachbarte Schafstall-Abri. Von der rechten Talseite gibt es spätkeltische Funde aus der Göpfelsteinhöhle und auf deren Rückseite aus der kleinen Annakapellenhöhe. Beim Südportal des B 32-Tunnels liegt die 15 m breite und 7 m hohe Große Hagentorhöhle, die ein urnenfelderzeitliches Domizil war.
Etwa 600 m n der Kirche lag eine Siedlung. Rund 1,2 km no liegt oberhalb der Brunnenhaldenquelle die gleichnamige Höhle mit vorrömischen Scherbenresten. Rund 40 m w hiervon liegt im Hang leicht unterhalb die zweigeschossige Untere Brunnenhaldenhöhle, die im 1. Jh. v. Chr. immer wieder aufgesucht wurde. Der „Otternbühl“ (3,3 km nnw Veringenstadt) ist einer von vier Grabhügeln.
Die kaum bekannte Burgstelle Affelstetten (500 m sw Veringendorf) liegt über dem Eingang eines Seitentals und weist urnenfelderzeitliche Scherbenreste aus. Im aufgeforsteten „Hoppenthal“, (2,4 km sso Jungnau) und „Saubühl“ (1,5 km w), liegen Grabhügel, die ab 1867 nach Wertvollem durchwühlt worden waren; gefunden wurden u.a. ein Skelett mit je zwei Fuß- und Armringen, zwei Fibeln, zwei Eisenlanzen, ein kleiner Bronze-Ring, Bernsteinen – und ein Vogelgerippe. Auch in Geislingen/Steige war einem Kelten ein Vogel mit ins Grab gelegt worden. Ein frei stehender Felsen, der steilwandig aus dem Talhang der Lauchert aufragt, wurde nach 1150 Platz der Burg Hertenstein (3,3 km n Sigmaringen). Die kleine Fläche ist auch in der Vorgeschichte aufgesucht worden.
Südlich von Blättringen (1 km sso) liegt versteckt im Hochwald „Langeneck“ direkt rechts der B 463 eine Gruppe von vier recht großen, bis zu 45 m breiten und gut 2,5 m hohen Grabhügeln. Sie gehören zu einer größeren, nicht untersuchten Gruppe. Unweit davon verlief die albquerende Römerstraße vom Kastell Lautlingen zur Donau bei Laiz.

Vergessene Keltenstätten im Abseits des Bittelschießer Tals

Von einer vergessenen antiken Höhenfestung 1,5 wsw Bingen zeugt die Wallanlage auf einem Bergrücken zwischen der Talschlucht und dem Bittelschießer Tälchen. Das 620 m hohe Plateau wird von einem bogenförmigen Wall mit vermutlich zugeschüttetem Graben abgeschnitten. Links und rechts flankieren Felswände und ein Geländeeinschnitt die Fläche, die an den Felssporn der Ruine Bittelschieß anschließt. Dieses Gelände ist von einem rund 90 m langen und bis zu 3 m hohen Wall begrenzt und mit vorgeschichtlichem Scherbenmaterial aber auch Keramikresten des 10./11. Jh. durchsetzt. Unterhalb der Burg liegt die **Bittelschießer Höhle**, in der bronzezeitliche Scherben gefunden wurden.

Von hier 350 m talabwärts liegt auf der anderen Flussseite die 73 m lange, mehrgeschossige **Spiralhöhle**. Im oberen „Stock" wurde ein vorrömischer Scherbenfund gemacht. Von hier 250 m talaufwärts liegt die **Bittelschießer Höhlenruine**: ein 15 m breites Felsdach mit drei kurzen Gängen und zahlreichen „Fenstern". Hier wurden 1898 „sehr alte Scherben" aufgelesen. Vor dem oberen Eingang ins Täle liegt links im Felsen, auf dem die Kapelle steht, die **Kapellen-Halbhöhle** – ein 20 m breites und 5 m hohes Abri, genutzt in der späten Latènezeit.

Eine Höhensiedlung ist auch auf dem Plateau der vor 1250 erbauten **Burg Hornstein** (1,2 km w **Bingen**) anzunehmen. Rund 30 m über dem Laucherttal bot der Felssporn eine ausgezeichnete Schutzlage. In der Umgegend sind ab 1865 zahlreichen Grabhügeln viele bronzene Schmuck- und Trachtfunde entnommen und ins Sigmaringer Museum geschafft worden. Die 1,2 nw von Bingen liegende **Höhle am Busenberg** barg Scherben der Hallstattzeit. Beim Begradigen der Lauchert im Jahre 1935 kam 600 m no des Verhüttungsortes **Laucherttal** ein Siedlungsplatz aus keltischer Zeit zutage.

Eine Viereckschanzen-Häufung

Im Bereich der frühkeltischen Gräberfelder wurde auch noch hunderte Jahre später gesiedelt. Einen Zentralort, wie der des „Fürstensitzes", gab es allerdings nicht mehr. Stattdessen bildeten sich wieder einzelne Stämme, Clans oder Gruppen heraus. Deren lokale Führer gruppierten ihre Anhängerschaft rund um **Viereckschanzen** – Kult- und Machtzentren in Form von wehrhaften und repräsentativen Hofstellen. Die Gefolgschaften lebten in einem engmaschigen Netz kleiner Gehöftgruppen und Weiler um den Sitz ihres jeweiligen Anführers.

Der Wald hat im Umkreis der Donau-Heuneburg noch folgende Anlagen konserviert:

1. Schanze im Wald Ban (1,5 km wsw Klosterkirche **Heiligkreuztal**). Die Anlage nahe dem feuchten Wiesengelände des Nußbaches misst ca. 96 x 98 m im Quadrat, das Tor liegt Richtung Sonnenuntergang. Die Wälle sind rundum gut erhalten; der Graben war bei der Aushebung mit etwa 2,2 m fast doppelt so tief wie heute. Grabungen ergaben vor der Toröffnung Reste von verbranntem Reisig, die wohl von der ursprünglichen Umzäunung stammen.

2. Schanze im Wald Ruchenholz (1 km s Kloster). Errichtet wurde die Anlage ebenfalls auf einer Kuppe über einem moorigen Gelände, auch das Tor liegt nach Westen. Die ursprüngliche Höhe von der Grabensohle zur Wallkrone betrug mehr als 4 m. Eine Grabung 1921 brachte die Pfostenfundamente von je einem Gebäude zutage, die links und rechts der Torgasse standen. Da im Fundgut neben den üblichen spätlatènezeitlichen Scherben auch Bruchstücke einer gallischen Amphore sowie römische Ziegelreste entdeckt worden sind, könnten hier auch noch in nachchristlicher Zeit sitzengebliebene Galloromanen gesiedelt haben.

Direkt der Nordseite schließt sich ein halb so großer und stark verflachter Anbau einer zweiten Schanze an (W 56 m, O, 53 m, N 63 m). Weil aber der Wall der Südseite fehlt, könnte die kleinere, die ältere der beiden sein. Wo der Zugang lag, ist nicht bekannt.

3. Schanze im Wald Spöckhau (4,5 km ssw Kloster). Diese schiefwinklige, schlecht erhaltene Anlage (N 116 m, O 101 m) liegt inmitten der Grabhügelgruppe des Hohmichele auf einem vom Bogenbach umflossenen Plateau.

4. Schanze im Wald Maiern (2,4 km s Schloss **Wilflingen**) liegt ebenfalls in feuchtem Gelände. Die Nordseite ist durch Ackerbau fast eingeebnet, der im Wald liegende Rest jedoch sehr gut erhalten. Die Höhe der Wälle (O 62 m, S 100 m, W 73 m) betragen, von der Grabensohle aus gemessen an den Ecken rund 4 m.

5. Schanze im Wald Mauerhau (500 m sso Schanze „Maiern"). Neuentdeckung bei einer Begehung 1997 durch den Revierleiter in dem namensgebenden Forst. Die kleine Anlage ist noch im Gelände sichtbar.

6. Schanze Am Scheerer Weg (1,8 km nw **Mengen**). Die 1989 per Luftbild entdeckte Anlage (NW und SO 95 m, NO und SW 105 m) wurde 1998 untersucht. Im Südosten der Umwehrung stand ein 19 x 12 m großer (zweistöckiger?) Hallenbau; ihm gingen mehrere Bauphasen voraus. Er fiel einer Brandkatastrophe zum Opfer. Ein 1,8 m tiefer Brunnenschacht wurde frei gelegt; es fand sich hand- und hausgemachte Keramik, u.a. auch Fragmente von Importgeschirr, wie Weinamphoren. Das spricht für die Fortführung der Handelsbeziehungen, der im 5. Jh. v. Chr. untergegangenen Stadt *Pyrene*. Von der SO-Ecke biegt ein Annex-Graben nach sw ab, nach 65 m knickt er nach nw um und endet nach 390 m mit einem Durchgang vor einer Erdterrasse. Das abgegrenzte Areal war mit großen Pfostenbauten bestückt, mehrere Brunnenschächte waren in den Donauschotter getrieben. Die Anlage dürfte den Funden nach noch bei der Ankunft der Römer bewohnt gewesen sein. An fünf Stellen im Graben kamen Men-

Skizze der spätkeltischen Doppelschanze südlich des Klosters Heiligkreuztal (Oberamtsbeschreibung Riedlingen, 1923).

schenknochenreste zum Vorschein, wohl Reste von zwei „Trophäenschädel" aus dem 2 Jh. v. Chr. Zeitgenössischen Historikern (Strabon, Diodor, Livius) zufolge, schlugen die Kelten ihren Feinden die Köpfe ab und pflegten diese dann zu Hause an die Wand zu nageln oder an den Mähnen ihrer Pferde zu binden. Den antiken Schreibern zufolge, wurden die Schädel des Besiegten einbalsamiert und als zeremonielles Trinkgefäß verwendet.
Im Graben fand sich ferner ein Schienbeinfragment das Spuren von *„ritueller Leichenzerstückelung"* zeigt. Der Osteologe Joachim Wahl vermutet, *„dass einzelne Extremitätenknochen Verstorbener nach einer gewissen Zeit aus dem Sehnenverband herausgelöst, ihre Gelenkenden abgeschlagen und die Knochenschäfte dann rituell in Gruben innerhalb der Siedlung deponiert wurden."*
7. Schanze In der Klinge (1km n **Riedlingen**, von 1990 bis1997 erforscht, danach durch Neubaugebiet zerstört). Die 1989 per Luftbild entdeckte 0,8 ha große Anlage lag nahe den feuchten Niederungen des Zollhauer Baches inmitten fruchtbarem Ackerland. Grabenmaße: NO 112 m (mit dezentralem Toreinlass), SO 95 m, SW 115 m, NW 100 m. Um 200 v. Chr. wurde hier eine unbefestigte Hofstelle mit Grubenhaus errichtet. Rund eine Generation später dann der Ausbau zur Viereckschanze. *„Die gemeinschaftliche Kraftanstrengung, lässt dessen Bauherren als eine gesellschaftliche Maßgeblichkeit erscheinen"*, sagt der Ausgräber Christian Bollacher. Die achsensymmetrische Innenbebauung – ein wohl weiß getünchtes Hauptgebäude mit Vorplatz in der Mitte, flankiert von vier kleineren Nebengebäuden – belege den Repräsentationswillen des Bauherren. Hinzu kommt ein eindrucksvoll gestaltetes Torhaus mit Grabenbrücke, über die eine schmale Gasse ins Innere führte. Die Speicherbauten in der Anlage machen es plausibel, dass hier Vorratshaltung einer Siedlungsgemeinschaft betrieben wurde. Ein Spezialist hat um das Jahr 181 v. Chr. einen Brunnenschacht 15 m tief in den Fels getrieben. Um 120 v. Chr. wurde er und damit wohl auch die Siedlung aufgegeben.
8. Eine weitere, neu entdeckte Schanze liegt 1,3 km non von **Marbach**. Es bleibt spannend, ob sich rund um die antike Stadt noch weitere spätkeltische Zentren entdecken lassen.

Im „Tal der keltischen Könige“

Die Heuneburg – Herrschaftszentrum an der Donau

Auf einem Geländesporn oberhalb der jungen Donau südwestlich von Riedlingen liegt Deutschlands bedeutendste Fundstätte der Eisenzeit. Die Burganlage der Heuneburg, die *„Die Zeit“* als die „Hauptstadt der Kelten“ bezeichnet, gilt als ältester historisch erwähnter Ort Mitteleuropas. Aus einer schon in der mittleren Bronzezeit aufwendig errichteten Wehranlage entwickelte sich nach 600 v. Chr. ein bedeutender keltischer Fürstensitz, in dessen Umfeld tausende von Menschen lebten. Rings um dieses Zentrum am Beginn der schiffbaren Donau – der antik genannten „Stadt“ *Pyrene* – zeugen heute noch mächtige „Fürstengrabhügel“ von einer untergegangenen Kultur. Der „Hohmichel“, als einer der größten Grabhügel Mitteleuropas, führt deutlich vor Augen, dass am Südrand der Alb vermutlich das frühkeltische Zentrum nördlich der Alpen lag: Funde in der Großsiedlung und in den – meist beraubten – Prunkgräbern belegen einen intensiven Kontakt mit dem Mittelmeerraum.

Im Tal der keltischen „Pyramiden“

Im Alten Reich der Ägypter ließen sich die Regenten entlang der Lebensader des Nils unter den berühmten Pyramiden bestatten. Gut 600 Jahre später wählten auch die Kelten das Tal des bedeutendsten Flusses Mitteleuropas zum Ausgangspunkt der letzten Reise ihrer verstorbenen „Herrscher“. Sie errichteten beidseitig des jungen Flusslaufes,

Anflug von Osten auf das Zentrum der Großsiedlung Pyrene. In der Mitte die teilrekonstruierte Burg; vorne lag vermutlich der Hafen; im Hintergrund erstreckten sich Dutzende von großen Gehöften über die Hochfläche (Luftbild: Klaus Franke).

den steinernen Pyramiden baulich, aber auch kultisch-religiös motiviert, ähnliche, wenngleich weitaus bescheidenere Grabstätten aus Erde. Ob die Bestatteten zum engeren Zirkel des „Fürstenhauses" gehörten oder im Umfeld siedelnde mächtige Gefolgsleute waren, bleibt eine noch ungelöste Frage der Forschung.

Die etwa 12 Großgrabhügel beeindruckten schon die Römer. Der um 120 n. Chr. verstorbene römische Historiker Publius Cornelius Tacitus kann nur das „Tal der keltischen Könige" an der Donau gemeint haben, wenn er in seinem Werk *Germania* schreibt: *„Denkmäler und Grabhügel mit griechischen Inschriftensteinen sollen an der Grenze von Germanien nach Raetien noch heute bestehen."* Nirgend sonst, als hier, liegen an dem durch die Donau vorgegebenen Grenzverlauf zwischen Laiz und der Inn-Mündung Großgrabhügel. Tacitus schöpfte seine Quelle vom verschollenen Germanenwerk des Plinius. Plinius leistete Militärdienst um 50/51 n. Chr. im Legionslager Windisch, von wo aus er als Befehlshaber einer Reiterstaffel das Quellgebiet der Donau erkundigt hatte und möglicherweise auch Patrouillen entlang der wenig später angelegten Kastellreihe an der Donausüdseite machte. Die von Tacitus erwähnten Inschriftensteine dürften sich auf die lebensgroßen Steinstelen beziehen, die die Kelten auf die Spitze ihrer Grabhügel stellten. Eine Sitte, die sie vom westmittelmeerischen Kulturkreis übernommen haben. Noch im 18.Jh. müssen viele der im Folgenden genannten Tumuli (Hügelgräber) die steinernen Pfeiler getragen haben.

1. Die älteste Gräberanlage von *Pyrene* liegt etwa 2 km w mit dem heute noch 36 Grabhügel umfassenden Friedhofsfeld um den **Hohmichele**: Mit den Ausmaßen von 85 m Breite x 13,5 m Höhe wahrlich königlich. Möglicherweise ruhte hier der Ende des 7. Jh. v. Chr. verstorbene Gründer der Heuneburg-Dynastie mit seiner

Im 85 m breiten Hohmichele lag wohl der Gründer der Heuneburg-Dynastie mit Familienangehörigen begraben.

Frau. Den wenigen Spuren nach, die sich in dem durch einen in den Hügel getriebenen Raubschacht fanden (verschleppte Glasperlen), lagen sie auf einem Rinderfell neben einem vierrädrigen Wagen.
Im selben Hügel lagen mutmaßliche Familienangehörige, die mit einem Wagen, Pferdegeschirr aus Bronze und einem Köcher mit 51 eisernen Pfeilspitzen und einem Hiebmesser bestattet wurden. Innerhalb des im Laufe der Jahrzehnte weiter aufgeschütteten Hügels fanden sich noch sechs weitere Körper- und Brandbestattungsbeigaben.

2a/b. Waldarbeiter haben im Jahr 1884 den etwa 100 m n thronenden **Kleinen Hohmichele** abgetragen, um für die naheliegende Staatsdomäne Dollhof guten Boden zu bekommen. Dabei wurden 2100 m³ des Grabhügels entfernt; er wurde auf „bescheidene" 40 m im Durchmesser und 4 m Höhe gestutzt. Etwa 750 m w des „Hohmichele" lag im Gewann **Speckhau** ein dritter Fürstenhügel, der 1877 eingeebnet wurde. Er hatte damals einen Durchmesser von 28 m und eine Höhe von 4 m. Zu den Funden aus einer hölzernen Grabkammer zählen wiederum Reste eines Wagens.
3. Vier Monumentalhügel stehen 400 m n der Heuneburg; sie wurden auf dem eingeebneten Schutt einer Außensiedlung der Burg errichtet.
Hügel 1 (der nördlichste) und 2 stehen westlich der Straße nach Binzwangen im Gewann „Gießübel", Hügel 3 (der östlichste) und 4 sind östlich der Straße im Gewann „Talhau". 1876 trug man Hügel 1 und 2 ab, um Vertiefungen (des Grabens um die Heuneburg) aufzufüllen.

3a. Der über 60 m breite und 5 m hohe westliche **Monumentalhügel 1** war von einem 48 m langen Kreisgraben umzogen. Die antik geplünderte Grabkammer barg das Skelett eines älteren Mannes, *„mit den Spuren einer stark deformierenden chronischen Gicht". Der Schädel selber, so der damalige anthropologische Befund, „ist ein langköpfiger Flachschädel, Angehöriger einer östlichen Rasse, deren Urheimat Illyrien war. Auffallend ist der stark neandertaloide Charakter, im vorgebauten Gebiss, den starken Überaugenwülsten in der fliehenden Stirn."* Neben ihm eine jugendliche (weibliche?) Person, zu Füßen ein Pferdeschädel und u.a. eine Bernsteinperle. Rechts ein drittes Skelett mit Abdrücken der einhüllenden Gewänder mit breiten, golddurchwirkten Säumen und Spuren von goldenen Knöpfchen.
In diesem Riesenhügel waren weitere 19 Randbestattungen die in das ausgehende 6. und 5. Jh. v.Chr. zu datieren sind, entdeckt worden. Darunter äußerst wertvolle Gräber: ein Wagen mit Bronzegeschirr und -waffen, Skelette mit goldenem Halsreifen und Armband, ein Dolch und *„Reste eines Bronzekessels mit angenieteten Boden" – Ein „Fürstengrabhügel"* – wie es der hinzugezogene Landeskonservator Eduard Paulus der Jüngere formulierte und damit eine bis heute geltende Bezeichnung für die Monumentalgräber schuf.

3b. **Monumentalhügel 2** maß vor seiner Abtragung 73 m im Durchmesser und 6,5 m in der Höhe. Das Zentralgrab war bald nach seiner Errichtung vollständig geplündert worden.

3c. **Monumentalhügel 3** hatte vor 150 Jahren noch einen Durchmesser von 60 m und ein Höhe von 3,6 m. Er war bei seiner Freilegung 1877 mit Asche, Kohle, Scherben und Tierknochen durchsetzt. Vermutlich wurde nach der Beerdigung ein Feuer auf der Grabkammer entfacht, bei dem Tiere geopfert und ein Festmahl gehalten wurden. Danach wurde der Hügel aufgeschüttet, später Nachbestattungen hinzugefügt, und der Tumulus weiter aufgetürmt.

3d. **Monumentalhügel 4** war vormals 54 m breit und 5 m hoch. Auch er enthielt eine eingetiefte Kammer (3,4 x 2,8 m x 80 cm) und war – das belegen die Spuren, die die Plünderer hinterlassen haben – ebenfalls wenige Jahre nach der Beerdigung beraubt worden. Neben einem Männerskelett fanden sich noch die Reste eines vierrädrigen Wagens. Plünderer, die von oben in die Kammer eingedrungen waren, zerschlugen die Decke und zerhackten das Fahrzeug, um die Metallbeschläge durch den engen Einstiegstrichter bergen zu können. In dem Monumentalhügel fanden sich noch 23 Nachbestattungen. Der Hügel liegt mitten auf einem ehemals von einer Palisade umgebenen Gebäude, das abgebrannt wurde, um die Grabkammer auszuheben. Vermutlich handelte es sich um das Haus des Bestatteten. Die von Asche gesäuberte und ausgehobene Erde wurde als Wall um die Grube geschüttet; zudem konnte anhand der punktuellen Brandspuren rekonstruiert werden, dass ein Kranz von überdimensionalen Fackeln aufgestellt und angezündet worden war.

4. Etwa 1 km s liegt die auf einem rund 75 m breiten und 7 m hohen Großgrabhügel errichtete mittelalterliche **Baumburg** (Familie des Minnesängers Ulrich von *Buenberg*). Von den Überresten der um 1090 errichteten Turmhügelburg sind heute nur noch Bodenspuren enthalten. Die Volkssage lässt hier (zurecht) einen Schatz liegen, ein Bronzering wurde ausgeackert, von Kellergewölben ist die Rede; in diesem Fall dürften die Burgerbauer in diesem sargähnlichen Aufbau wohl „einige Leichen im Keller“ gehabt haben.

5. Der **Lehenbühl** (*Laienbühl*) liegt 200 sw. Auch er hat die stattlichen Ausmaße von 70 x 6 m. Im Jahr 1897 ließ man die Hügelmitte untersuchen und stieß auf verfaulte Stangen eines spätmittelalterlichen Feuersignalturms. Eingetieft in den Boden liegt eine 2 x 2 m große Grabkammer, angelegt in der ersten Hälfte des 6. Jh. v. Chr.; neben einem Skelett waren nur noch Reste eines Messers und einer Fibel zu bergen.

6. Das mindestens sieben Nekropole umfassende, bis auf den Haupthügel fast völlig verflachte Gräberfeld des **Bettelbühl** (= schlechte Bodenqualität) liegt im Donauried, 2,4 km sso der Burg, beim Bettelbühlbach, der die Anlage ständig überschwemmt. Der Sage nach hat man hier „Kirchenglocken“ ausgegraben (wohl Bronzebecken). Der vormals über 7 m hohe Hügel ist auf die Hälfte geschrumpft, aber noch gut 65 m breit.
Erst 2005 gelang es im Nachbarhügel, eine Kindernebenbestattung zu bergen. Die 3-jährige „Keltenprinzessin“ war mit

Einer von vier monumentalen Fürstengrabhügeln 400 m n der antiken Stadt Pyrene.

Goldblech verkleideten Bronzefibeln und filigran verzierten Goldanhängern sowie zahlreichen kleinen Glasringperlen, mehreren Bronzeringen und einem Bronzearmring bestattet worden. Dieser Fund belegt erbliche Machtverhältnisse am Fürstensitz der Heuneburg. Im selben Hügel wurde 2010 ein Kammerschachtgrab entdeckt. Weil es – wie sich später bestätigte – unberaubt war und im staunassen Boden das Eichenholz gut konserviert worden war, entschloss sich das Landesdenkmalamt zu einer spektakulären Blockbergung, um das Grab unter Laborbedingungen detailliert untersuchen zu können.

Freigelegt werden konnte das Skelettfragment einer „Keltenfürstin", die im Jahr 580 v. Chr. in eine hölzerne Grabkammer gelegt wurde. Das ist der früheste Beleg für ein weibliches Prunkgrab in ganz Südwestdeutschland. In einer weiteren Nebenbestattung wurden Schädelreste von zwei weiteren Personen geborgen – vielleicht der Mägde?

Die „Fürstin" trug edelsten Schmuck: ein Bernstein-Collier mit Goldperlen und goldenen Röhrenperlen, ihre Tracht war mit Fibeln aus purem Gold und Gagat-Ringen geschmückt. Diese herausragenden Schmuckstücke gehören zu den nördlich der Alpen äußerst seltenen etruskischen Goldschmiedearbeiten. Sie wurden offenbar in *Pyrene* von einem Spezialisten angefertigt. Am Unterfuß trug die Dame fünf bronzene Ringe. Die dendrochronologische Untersuchung ergab, dass der jüngste im Jahr 609 v. Chr. hergestellt worden war. Weil die Schmuckstücke der „Fürstin" und die Ohrringe des Kindes derselben Werkstätte entstammten, ist an eine familiäre Zusammengehörigkeit zu denken.

7. Jenseits der Donau liegt 1,5 km no Ertingen der **Rauhe Lehen** (1420 „Ruchenlehen", Sitz der mittelalterlichen Gerichtsstätte des Eritgaus). Durch Erdabtragungen ist der 7 m hohe Hügel auf eine Größe von jetzt 45 x 38 m geschrumpft. 1934 wurde lediglich eine Nachbestattung angegraben (Bronzekessel, bronzenes Geschirr und Schmuck aus Bernstein und Glasperlen sowie ein Armband aus Lignit, das wohl einer Frau gehörte, die in der ersten Hälfte des

6. Jh. v. Chr. starb). Etwa 3 m über der Hügelsohle entdeckten die Ausgräber einen kleinen versteckten Schatz: Ein etwa 3 cm großer Bergkristallkiesel und einige Glasperlen samt Bronzegefäß.

8a/b/c. Südlich von Ertingen, 4 km o Heuneburg, erinnert die Ringenlei Straße an einen durch eine Kiesgrube teils abgetragenen mutmaßlichen Großgrabhügel in der Flur **Ringenlee**. Die etwa 60 m breite Erhöhung misst noch etwa 2 m und steht auf der intakten Seite unter intensiver ackerbaulicher Bewirtschaftung, ein kläglicher Rest einer ehedem größeren Grabhügelgruppe. Rund 200 m s liegt im Gewann „Bei der Linde" die dazugehörige späthallstattzeitliche Siedlung. In den 1920er-Jahren waren auf der Anhöhe noch „ganz flache Erhöhungen" zu sehen; vielleicht sogar ein weiteres „Fürstengrab", von dessen Hügelaufschüttung der Name **Büttelsburren** überliefert ist. Ähnlich wie die gegenüberliegende Gruppe der Fürstengrablege des „Bettelbühls" muss es sich mit einem verschwundenen Großgrabhügel namens **Ritterbohl** verhalten, der „am Fuße des Überrieds zwischen Sodenbach und Schwarzach" in der Donauniederung lag.

Pures Gold meisterlich bearbeitet: Jüngst entdeckte Beigaben einer Keltenfürstin.

9. Das **Heudorfer Bürgle** (vormals *Burgenleh*) liegt wenige 100 m n der Straße Heudorf-Hundersingen. *„Auf dem kreisrunden Unterbau von der Form eines umgekehrten Tellerrandes, mit einem Durchmesser von fast 200 Schritt und einer Höhe von 15 Metern erhebt sich der eigentliche Riesengrabhügel"*, heißt es 1892 in den Blättern des Schwäbischen Albvereins über die grabenumwehrte ehemalige urkundlich unbekannte mittelalterliche Turmhügelburg, dessen Fundamentgrube noch zu sehen ist.

10. Ob die zwei markanten Hügel der ehemaligen Burg am **Landauhof** (800 m n Binzwangen) Böschungshügel oder – wie bei der „Baumburg" – Fundamente von Grabhügeln sind, ist nicht eindeutig geklärt. Die Anlage auf dem lang gestreckten Sporn über der Donau ist 1256 erstmals als *„castrum"* der Herren von Grüningen genannt.

11. Unsicher auch, ob die **Dietenburg** (2,2 km no Riedlingen) – 1364 als „Dietenburgstall" erstmals erwähnt – ein als Turmhügelburg wieder verwendeter Großgrabhügel ist. Im Volksmund heißt der Platz „Bürstele" oder unzweideutig „Heidenwäldle". Bei Grabungen 1887 kamen verbrannte Steine, Kalkreste, Eisenschlacken und Tierknochen zum Vorschein.

12. Der **Bürglesbühl** (800 m so Beuren, ist ein ost-westlich gestrecktes Oval mit zwei Kuppen, die sich steil über die Umgebung erheben. Hier stand die Burg, der im 11. Jh. genannten Edelfreien von Hirschbühl. Unklar ist, ob im Kern der Kuppe ein Grabhügel liegt.

13. Genauso verhält es sich mit der Kuppe **Auf Lichternen** (500 m sw Hundersingen), die einen spätmittelalterlichen Signalturm trug. Hier stand zu einem nicht bekannten Zeitpunkt eine Burg, deren Erbauer um einen möglichen Grabhügel eine Anlage errichtet hatten.

14. Als mutmaßlicher Fürstengrabhügel ist noch jenes im 19. Jh. ausgegrabene Großgrab zu werten, das 500 m sso von **Vilsingen** in einem Acker liegt. Hieraus sollen Bronzereste und vor allem Teile eines Wagens in die Fürstlich Hohenzollernschen Sammlungen nach Sigmaringen gekommen sein. Die Nähe zur wichtigsten Donauquerung des Altertums bei Laiz unterstreicht die Wichtigkeit des Bestatteten.

Pyrene – die Feuerstadt

Im Griechenland des 6. Jh. v. Chr. hatte man Kenntnis von einem Handelssitz in der Nähe der Donauquelle – einer auf Reisenden mediterran wirkenden „Stadt" mit ihrer weiß getünchten Mauerfront, den Bastionen, den Handwerkervierteln und einem kleinen Hafen. Dabei stand die Stadt nicht etwa auf einer Felsterrasse, sondern wurde auf einem nur 3 ha großen, dreieckigen Plateau, gesichert von steil abfallenden Hängen zur 60 m unterhalb verlaufender Donau, erbaut.

Diese noch längst nicht abschließend untersuchte Keltenstätte, gliedert sich in vier Bauperioden. Sie zeigt beispielhaft, wie die Form der ersten frühstädtischen Siedlung vonstatten gegangen ist.
Irgendwann nach 650 v. Chr. müssen sich einige Sippenführer zusammengetan haben, um ihre rund 20 Höfe zentral auf dem Plateau zu errichten, und die Fläche mit einem 5 m breiten Holz-Erde-Wall samt 15 m breiten Graben zu umwehren. Im Umfeld entstanden immer mehr neue Höfe – eine Außensiedlung. Zunächst wohl um die rund 1500 „Städter" in der Burg mit landwirtschaftlichen Produkten zu versorgen; später kam es zu Arbeitsteilungen: Während die „Vorstadt" auf über 2 km Länge und 100 ha Größe und nach bisherigen Schätzungen rund 75 Höfe mit bis zu 3.500 Bewohnern anwuchs, (die Bewohner der noch nicht erforschten weiteren Umlandsiedlungen nicht mitgerechnet), entschloss man sich innerhalb der Burg, die Höfe abzubrechen. Um mehr Platz zu bekommen, wurde nach mediterranem Vorbild ein rechtwinkliges Wegenetz angelegt, mit „Reihenhäusern" bebaut und von einer ersten „Stadtmauer" mit Laufgängen und Bastionen umgeben. Die keltische Siedlung nahm nun Großstadtzüge an sich, hatte unwesentlich weniger Einwohner wie der Stadtstaat Athen und befand sich *„auf Augenhöhe mit den antiken Machtzentren des Mittelmeerraum"*, so der Keltenfachmann Manuel Fernàndez-Götz.
Die Bauweise war außerhalb Kleinasiens einzigartig: Die 750 m lange, 3 m breite und gut 6 m hohe Mauer aus luftgetrockneten Lehmziegeln stand auf einem Kalksteinsockel – nach offenbar phönizischem Vorbild.

Eine Vorburg mit einem 8 m tiefen und 15 m breiten Graben verdoppelte den Raum auf 4 ha. Über eine Brücke gelangte man nun von Westen durch ein 6 m breites monumentales Stadttor ins Innere.
Auf dem Höhepunkt ihrer Blüte wird *Pyrene* um 550 v. Chr. durch ein Feuer dem Erdboden gleichgemacht. Die Zerstörungen sind so gründlich, dass sie nur durch kriegerische Ereignisse erklärbar sind. Auch belegt eine Ascheschicht über den Ruinen der Stadt, dass ihre Bauten gleichzeitig ein Raub der Flammen wurden. Als Brandstifter in Verdacht stehen die Clanführer der 80 km entfernten Keltenburg Hohenasperg. Ihnen könnte daran gelegen haben, das Machtzentrum der Konkurrenten zu schleifen. Dennoch wird die „Stadt" wieder aufgebaut. Vermutlich von den Siegern. Sie errichten jetzt „Herrenhäuser" auf der gerodeten Fläche. Statt einer „Reihenhaussiedlung" entsteht nun ein „Handwerkerviertel". Im Fundgut zeichnet sich durch mediterranes Geschirr und anderen Tauschobjekten eine zweite Blütezeit ab. Sie gipfelt in der Aufschüttung der Monumental-Grabhügel mit der Beisetzung der neuen Eliten.

Ob auch die Heuneburg-Bewohner ihre Siedlung mit dem nicht keltisch klingenden Name *Pyrene* bezeichneten, ist eine andere Frage. Für Reisende von Griechenland zum Oberlauf der Donau mögen die in der Region mutmaßlich geballt lodernden Öfen der Eisenschmelzer oder die Funktion des Ortes als „Eisenzentrum" bei der Namensgebung zur Bezeichnung *„pyr"* (griechisch = Feuer) geführt haben: Die Heuneburg wäre dann die „Feuerstadt" gewesen.

Zweifellos besteht ein Zusammenhang mit den großen Erzlagerstätten, die sich über die ganze Flächenalb westlich und nördlich der Heuneburg zwischen Lauchert- und Lautertal hinziehen. Auf einer Fläche von 25 ha liegt das ergiebigste Bohnerzrevier in Hohenzollern. Dass die meisten Vorkommen gerade dort liegen, wo die keltischen Höhensiedlungen „Alte Burg" und „Große Heuneburg Upflamör" angelegt worden sind, dürfte nicht überraschen.
Das Waldgebiet „Dollhofer Häule" sieht der Geologe Christoph Hübner darüber hinaus *„als potentielle prähistorische Lagerstätte an, als Lehmvorkommen zur Rohstoffversorgung der nahen Heuneburg für die Ziegelherstellung."* Im Innern der Befestigung fanden sich Schmiedeschlacken.Hier sind aber nicht die Verhüttungsplätze einer möglichen „Eisenbarren-Produktionsgesellschaft" zu suchen, sondern allenfalls deren „Verwaltungs- und Vertriebszentrum".
Der Export von Eisen über die Donau quer durch Europa bis zum Mittelmeer kann ein Grund für den Reichtum der Heuneburg-Dynasten gewesen sein. Der „Fürstensitz" könnte seine Machtposition dem Handel mit Eisen deshalb verdanken, weil das Metall – zu Anfang der Eisenzeit im 8. Jh. v. Chr. – noch recht selten und begehrt war. Das Eisen kann aber auch nur für den Eigenbedarf oder als „Ersatzwährung" hergestellt worden sein, um importierte Waren bezahlen zu können. Münzgeld als Zahlungsmittel kam ja erst in spätkeltischer Zeit auf.
In den innovativen Werkstätten der Heuneburg ist vermutlich der neue Keramik-Stil der polychromen Gefäßbemalung

entwickelt worden. Er löste die umständlichen Ritz- und Stempelverzierungen der Alb-Hegau-Keramik aus der frühen Hallstattzeit ab. Den nun schneller zu produzierenden Gefäßen wurden mit Pinseln geometrische Muster aufgemalt.

Niedergang der Heuneburg

Nach dem Niedergang der Heuneburg als Fürstensitz durch ein zweites verheerendes Schadensfeuer um 480 v. Chr. und die sichtliche Verlagerung des zentralen Machtsitzes von der Burg in dezentral gelegene umwehrte „Stammesführer"-Sitze in den Viereckschanzen wird die Eisenverhüttung oder der Handel damit jedenfalls an Bedeutung gewonnen haben. Der bisher älteste Fund eines Eisenbarrens stammt aus einer frühlatènezeitlichen Fundschicht in der vormaligen Burganlage. Auch in der bevölkerungsarmen spätkeltischen Zeit, nach Aufgabe der Heuneburg-Siedlung war die Umgegend Sitz von mächtigen Familien, sofern man die wenigstens sieben Viereckanlagen im Umkreis als von Stammesverbänden bewohnten Mittelpunkte ansprechen darf.

Um 550 v. Chr wird die nach mediterranem Vorbild gebaute Stadtmauer bei einem kriegerischen Ereignis zerstört.

Höhlen und Höhenfestungen
Im Donautal häufen sich Kult- und Zufluchtsorte

Das spektakuläre 60 km lange Durchbruchstal der oberen Donau zwischen Tuttlingen und Sigmaringen schwemmte der Fluss erst vor acht bis fünf Mio. Jahren heraus. Der hier besprochene Teil reicht vom Städtchen Mühlheim bis Inzigkofen und erfasst beide Talseiten des Flusses und deren 700 bis 850 m aufragende Anhöhen. Bei Fridingen beginnt die Verengung – die 25 km lange Kernzone des Oberen Donautals. Im Verlaufe der Erdgeschichte hat sich der Fluss ein Canyon-ähnliches tiefes Tal ausgewaschen. Weit über 600 Höhlen und Felsdächer wurden bisher entdeckt. Die Böden der Hochlagen bieten mit ihren nur wenigen Zentimeter tiefen, mit Steinschutt durchsetzten Waldhumusschichten keine vernünftige Basis für Ackerbau. Das in Schlingen verlaufende Durchbruchstal bietet nur in aufgeweiteten Abschnitten Platz für landwirtschaftliche Flächen. Auf den Hochflächen gibt es ein großes Bohnerzvorkommen.

Im Tal der sechshundert Höhlen

Nicht nur als Naturpark ist das Obere Donautal einzigartig. Nirgends auf der Alb gibt es eine solche Konzentration von spätkeltischen Höhlenfunden, wie hier. Das lässt sich jedoch nicht allein mit der Häufigkeit der Karsthöhlen im Juragestein erklären; denn von der gleichsam höhlenreichen Ostalb liegen nur wenige latènezeitliche Nachweise vor. Seit der Altsteinzeit waren die Grotten immer wieder bewohnt gewesen. Im Gegensatz zu den Steinzeitmenschen standen die späten Kelten allerdings an der Schwelle zur Hochkultur: Menschen, die Münzverkehr und stadtähnliche Siedlungen kennen, passen nicht in das Bild über einen Höhlenbewohner.

Warum die Kelten gehäuft Höhlen aufgesucht haben, ist bisher nicht erforscht worden. Das Augenmerk der Wissenschaftler war bei Grabungen in der Vergangenheit stets auf die untersten, ältesten Schichten der Höhlensedimente gerichtet. Dabei wurden die keltischen Scherben oft gar nicht beachtet, viele Grotten sind bis heute zudem unberührt, so dass unser Bild vom Leben der Kelten im Donautal bis jetzt nur ein grobes ist. Sicher ist, dass es vor allem in der Spätlatènezeit bis in die römische Zeit unter Augustus hinein vermehrt zum Aufsuchen von Höhlen gekommen war. Für die Funde im Donautal bieten sich vielfältige Erklärungsmöglichkeiten. Sie reichen vom vorübergehenden Aufsuchen in Notzeiten, als Versteck von Gütern und einer rein zufälligen Begehung bis hin zu kultischen Gründen: *„Es sind Orte, an denen sich der Mensch den gefürchteten Mächten [Unterweltgöttern] näher fühlte“*, sagt der Kelten-Experte Günther Wieland. Insbesondere bei Spalthöhlen und solchen, die nur durch Kletterhilfen zugänglich sind, *„dürfen wir annehmen, dass hinter den hier deponierten Opfern die Motivation der unwiederbringlichen Veräußerung steht.“* Vereinzelt können die Funde aus Höhlen auch Reste von (Urnen-)Bestattungen sein; von denen

sich zwar die Keramik aber nicht mehr der Leichenbrand erhalten hat.
Der Hauptgrund für das Aufsuchen der Höhlen dürfte ihre Nutzung als Zufluchtsstätten gewesen sein. Den Bewohnern in den Talauen bot sie Unterschlupf bei den vielen Hochwassern. Für die keltischen Bewohner der Weiler an den Talrändern boten Höhlen Versteckmöglichkeiten. Nicht nur bei den anzunehmenden vielen Stammesfehden. Die Donautal-Kelten wohnten an einer wichtigen Wegachse, die von durchziehenden Heerscharen der Kimbern und Teutonen um 110 v. Chr. und um die Zeitwende von römischen Militärexpeditionen begangen wurde. In diesen unsicheren Zeiten suchten die Menschen in den Höhlenverstecken Zuflucht.

Im Einzelnen liegen Funde (donauabwärts von West nach Ost) vor:

1. Aus der Mühlheimer Höhle (2 km nno Mühlheim) stammen Scherben aus dem geräumigen Eingangsbereich, der zur Donau hin liegt.

2. Die Burgstallhöhle (1,2 km oso Fridingen) liegt in einer heute unzugänglichen Naturwildnis rund 120 m über dem Donautal. Die im 11. Jh. zur Burg ausgebaute Höhle hat einen von drei Seiten umschlossenen Vorplatz. Den Spuren nach lebten hier u.a. späte Kelten.

3. In der dem Tal gegenüberliegenden Ziegelhöhle (1,3 km so Fridingen) befand sich ebenfalls eine Burg, errichtet im 12. Jh. Die Zugangsnische zeigt noch Reste einer Frontmauer; daneben liegt eine Höhle, über 100 eisenzeitliche Scherben belegen eine frühe Wohnstätte.

4. In der 300 m entfernten Kallenberghöhle (2,8 km w Buchheim), einer im 13. Jh. zu einer Nebenburg der Kallenburg ausgebauten Grotte, sowie auf deren Vorplatz wurden über 1000 vorgeschichtliche Kleinstscherben aufgelesen.

5. Die erst kürzlich vom Burgenforscher Christoph Bizer vorgestellte, bisher unbekannte Höhlenburg am Scheuerlefelsen (2,4 km w Buchheim) ist eine nischenförmige Grotte und reicht 6 m in den Fels. Im 12. Jh. wurde hier durch Frontmauern und Zwischendecke eine Burganlage unbekannter Herkunft erstellt. Dass sich hier aber bereits Kelten niedergelassen hatten, wird durch Funde einer Spinnwirtel, von Schlackeresten eines Schmiedes und Resten eines Mahlsteins bezeugt.

6. Im Bereich von Fridingen häufen sich die spätkeltischen Scherbenfunde. Funde liegen vor aus der Höhle unterhalb des Aussichtspunktes im Knopfmacherfels, (1,9 km ssw Beuron). Von hier führt ein Wanderweg zum „Jägerhaus" ins Tal.

7. Der Pfad passiert auf 700 m Höhe das im Waldhang liegende Sperbersloch (2,2 km ono Fridingen).

8. Auf der gegenüberliegenden Talseite liegt 400 m no entfernt die Jägerhaushöhle. Die Höhle war seit Menschengedenken bewohnt und barg eine der umfassendsten mitteleiszeitlichen Schichtenfolgen Mitteleuropas – und eben auch spätkeltische/römische Spuren. Gruben mit Holzkohle und Eisenschlacken weisen auf hier sitzende Waffenschmiede. Aus der Höhle über dem Jägerhaus liegt urnenfelderzeitliche Keramik vor.

Der Wanderweg hoch zum Schloss Bronnen führt an drei Höhlen vorbei:

9. Die oberste der drei Bronnenhöhlen ist beeindruckende 12 m breit, 14 m hoch und 30 m lang. In ihr wurde eine Schicht

frühlatènezeitlicher Scherben aufgedeckt.
10. Von der Raststätte aus liegt 300 m nnw in der Wand des „Schwarzhaagfelsen“ das **Franzosenloch**. Das riesige Portal ist 10 m breit, 13 m hoch und steigt 30 m leicht an. Der schwierige Zugang über die Schutthalde machte diese trockene Grotte zu einer idealen Zufluchtsstätte in Notzeiten.
11. Ein kleines Seitental (Buttental) führt von der K 5940 hinab ins Donautal. Die höhlenreiche Schlucht heißt **Teufelsküche**. Unweit von hier liegt 2,3 km w Buchheim in der Flur „Glatterein“ im „Kaiserstandfelsen“ eine so gut wie unbekannte Höhlenburg. Der Burgenforscher Christoph Bizer entdeckte hier spätkeltische Scherben.
12. Die Pauls- oder auch **Karlshöhle** liegt 1 km oso **Beuron** über der Donau. Neben einem Depotfund aus der Urnenfelderzeit, wohl als Weihegabe an das Felsheiligtum zu verstehen, sind im Fundschutt auch zwei Bogen- und Schlangenfibeln der Hallstattzeit und spätkeltisches Scherbengut entdeckt worden.
13. In einem großen, frei stehenden liegt 900 m sso Beuron die **Petershöhle**. In der in bester Schutzlage liegenden Grotte bietet eine große Halle ausgezeichneten Wohn- und Schutzraum. Das Fundspektrum reicht von der späten Bronze- bis in die römische Zeit.
14. Auch die **Maurushöhle** (2 km o **Beuron**) unterhalb der Wildensteiner Burgen wird in der Spätlatène aufgesucht. Die Lage am Donauufer und ihre geräumigen Hallen prädestinierten sie für eine ideale Behausung.
15. Eine erst jüngst von Höhlenforschern entdeckte, im 12. Jh. zur Burg ausgebaute, Höhle bei **Neidingen** (500 m nw der Kapelle) barg über 300 Tonscherben aus vorgeschichtlicher und römischer Zeit. Die schwer auffindbare Lage der Burg im westlichen Talhang „Im Fall“ macht es wahrscheinlich, dass hier Kelten bis in die Zeit der römischen Landnahme saßen.
16. Am Nordende der Schaufelsen liegt ein als mögliches Naturheiligtum verehrter Torfelsen. In der Nähe kam unter dem **Keltenabri** spätkeltische Grobkeramik zum Vorschein (3 km ssw **Stetten a. k. M.**).
17. In der **Falkensteinhöhle** (700 m nw **Neumühle**) lag eine regelrechte Feuersteinfabrik der Steinzeitmenschen. Über der Fundschicht mit über 9 400 Werkzeugen wurden auch Scherben der Keltenzeit (Ha C-D) geborgen.
18. **Heidenlöcher** nennt man die Doppelhöhle 300 m no der Thiergarter Georgskapelle – der kleinsten Basilika nördlich der Alpen. Etwa 35 m über dem Donautal klafft in einer Felswand ein großes Loch mit einem 20 m hohen Eingang. Hier entstand gegen 1130 die mit einer Mauer verschlossene Höhlenburg Weiler. Auch in der unterhalb liegenden **Bröllerhöhle**, fand sich vorgeschichtliche Keramik, darunter ein bronzener Doppelring.
19. Eine urnenfelderzeitliche Kultstätte mit herausragenden Keramikfunden war die 110 m lange und 8 m hohe **Burghöhle von Dietfurt**. Reste von Feuerblöcken zeugen von kultischer Nutzung in keltischer Zeit.

Naturheiligtümer und Höhensiedlungen

Neben den Höhen weist das Donautal für die Epoche der Kelten zwei weitere Eigenheiten auf:

a) Das Aufsuchen von als Naturheiligtümer verehrten exponierten Felsen, um dort Opfergaben zu deponieren oder in die Tiefe zu werfen.
b) Die Anlage von Höhensiedlungen. Sie nehmen ihren Anfang am Ende der Spätbronzezeit. In frühkeltischer Zeit werden sie ausgebaut und neu angelegt. Vermutlich sind viele dieser exponierten Felsplateau-Behausungen noch gar nicht entdeckt worden, weil sich entlang der Talhöhen dichte Wälder ausbreiten konnten.

Im Folgenden (donauabwärts von West nach Ost) die nachweisbaren Höhensiedlungen und als Kultorte aufgesuchten Felsgruppen:

1. Der **Lehenbühl** (1,2 km sso **Fridingen**) war schon in der Jungsteinzeit eine beliebte Siedlungsfläche und wurde in der frühen Bronze-, der späten Urnenfelder-, und der späten Hallstatt-, wie auch in der frühen Latènezeit aufgesucht. Der Zugang zum „Lehenbühl" über einen kleinen Sattel war vermutlich durch einen steinernen Querwall (heute Trümmerhaufen) gesichert.
2. Ein beeindruckender Platz ist heute noch der einem Hahnenkamm ähnliche **Stiegelesfels** (1,3 km oso **Fridingen**). Ohne Zweifel ein vorgeschichtlicher Kultort. An dem bizarren Felssporn gut 160 m über der darunter fließenden Donau „klebte" aber auch eine der abenteuerlichsten Burgen der ganzen Alb. Sie war in schwindelerregender Höhe auf einem 10 x 10 m breiten Felssockel erbaut worden. Am Fuße des steilwandigen Felsens wurden viele keltische Tonscherben gefunden. Möglicherweise wurden vom Felssporn gezielt Opfergaben in die Tiefe geworfen.
3. Die nahezu unbekannte Burgstelle des **Krinnerfels** (1,4 km so **Fridingen**) über dem Donautal ist wohl zu Beginn des 12. Jh. auf einem rundum frei stehenden Fels errichtet worden, und ist durch eine 4 m tiefe und breite Kluft von der Hochfläche getrennt. Der ungünstigen Lage wegen, dürften die hier gefundenen vorgeschichtlichen Scherben deshalb kultischen Hintergrund haben.
4. Der **Scheuerlefels** (2,4 km w **Buchheim**) – eine 60 m hohe Felswand an der Südseite des Donautals – zählt zu den beeindruckendsten Naturdenkmälern des Donautals. Er wurde vermutlich bereits von den Kelten (Scherbenfunde) als ein Ort angesehen, wo sie sich den von ihnen verehrten Mächten besonders nahe glaubten.

Opferstätte auf der „Eremitage" bei Inzigkofen.

5. Der Rockenbusch (2,1 km nw Buchheim) birgt eine vergessene Burgruine des 13. Jh. Mehrere hundert Fundstücke aus vorgeschichtlicher Zeit (Neolithikum), vom Übergang der Urnenfelder- zur Hallstattzeit lagen hier. Die ovale Burgfläche der Spornkuppe wird von einem Graben mit verflachtem Wall von der Hochfläche getrennt.

6. Das Postkartenmotiv des romantischen Schlosses Bronnen auf dem imposanten Felsgrat eines Höhensporns 2,8 km ono Fridingen lässt vergessen, dass hier einst auch Kelten lebten. Die Anfang des 12. Jh. errichtete Burg bot Platz in einem Schutzrefugium. Ob der mächtige Felsgraben in seiner Substanz vorgeschichtlich ist, bleibt unklar.

7. Altstadtfels heißt die Hochfläche über einer Flussschleife auf der südlichen Donauseite (1,25 km o Beuron). Der Volksglaube, dass hier eine „Stadt" gelegen haben soll, rührt von dem 120 m langen Querwall, gewissermaßen dem Rest einer „Stadtmauer", der den Zugang von der Hochfläche her abriegelt. Die zudem mit einem breiten Graben geschützte Fläche umfasst 3 ha, liegt auf 796 m Höhe, und wird von bis zu 200 m steil abfallenden Hängen begrenzt. Nicht näher definierbare vorgeschichtliche Scherben fanden sich hinter dem Wall.

8. Keine 500 m o liegt auf einer Flussschlinge der Umlauffelsen mit dem Käpfle. Die 100 m aus dem Tal herausragende Bergkuppe war eine alamannische Kultstätte („Benediktushöhle" am Westhang). Keltische Scherben lassen hier eine Siedlung bereits ein Jahrtausend früher vermuten: Die Nordseite des Berges ist unterhalb des Gipfels mit einer Wallmauer-Graben-Anlage gesichert.

9. Fünf teils an schwindelerregenden Plätzen errichtete Felsenburgen liegen in enger Nachbarschaft rund 1,8 km nw von Leibertingen. Diese Orte waren bereits in vorgeschichtlicher Zeit aufgesucht worden. Die bekannteste von ihnen ist die vor 1300 erbaute Feste Wildenstein. Unterhalb der Burg, verdeckt vom Wald, ragt ein mächtiger Torfelsen aus dem Hang. In der Umgebung von diesem der Opferstätte „Heidentor" (Egesheim) ähnelnden Naturheiligtum finden sich zahlreiche vorgeschichtliche Keramikreste.

10. An der 100 m n gelegenen, auf einem Felssporn errichteten Burg Altwildenstein, wurde das Bruchstück eines durchbohrten steinzeitlichen Steinbeiles nebst Tonscherben aufgelesen. Da von weiteren markanten Felsen auf der Alb ähnliche Fundsituationen bekannt sind, vermutete die Forschung, dass die Kelten die von ihnen gefundenen und vermutlich als Talisman verehrten Beilstücke an Naturheiligtümern deponierten.

11. Ein solches stellt aufgrund der Scherbenfunde auch die steile Felsklippe dar, auf der in der Mitte des 12. Jh. der Unterwildenstein errichtet wurde.

12. Der Hexenturm, sw der Feste Wildenstein, liegt auf einem 50 m hohen Felskamin und ist einer der abenteuerlichsten Burgplätze, die man sich vorstellen kann. Für die Kelten war die nackte Felsnadel an sich schon verehrungswürdig: Die Turmspitze der mehrteiligen im 12. Jh. erstellten Anlage ragt 150 m aus dem Donautal heraus. Etwa 20 m unterhalb des Gipfels liegt eine bergseitige Vorburg im Hang. Am Fuße des Felsstotzens steht die Unterburg mit einer 12 m langen Schachthöhle, darüber öffnet sich in 6 m Höhe im

Fels eine Höhlenburg. Nicht sicher ist, ob die kleinteiligen Überreste keltischer Gefäße, die am Fuß der Felsnadel liegen, aus der Höhle stammen, oder als Weihe- oder Opfergabe an das Naturdenkmal dienten.

13. Der südlich benachbarte **Hahnenkamm** ist eine weitere bizarre Burganlage auf einem jäh ins Tal abfallenden Felsen. Zu den vorgeschichtlichen Funden zählt ein 4 cm kleines neolithisches Beil. Der Burgenforscher Christoph Bizer stellt sich die Frage, ob es vielleicht *„als mit magischen Vorstellungen verknüpfter Altfund"*, ähnlich wie beim Altwildenstein, an die Fundstelle gelangt ist.

14. Der **Bandfels** (2,2 km nnw **Leibertingen**) liegt benachbart zur Feste Wildenstein. An der engsten Stelle zur ansteigenden Hochfläche hin wird der Bergrücken durch eine 35 m lange Wall-Graben-Anlage abgesperrt. Im nördlichen Hang liegt eine künstliche Verebnungsfläche. Die geschützte Fläche ist 100 m lang und bis zu 40 m breit. Zwischen dem hinführenden Waldweg und der Hangkante in den Wäldern liegen Dutzende von kleineren Stein(grab)hügeln. Wegen ihrer Dichte wohl eher keine Lesesteinhaufen.

15. Eines der beliebtesten Fotomotive ist das Schloss **Werenwag** auf einem 180 m hohen Felsen (1,8 km w **Hausen**). Aus den gefundenen vorgeschichtlichen Scherben lässt sich nicht schließen, ob die Kelten am Traufrand siedelten (das felsfreie Hinterland bot sich dazu an). Vielleicht wurde der markante Fels auch als Heiligtum aufgesucht.

16. Fast 190 m ragt der gewaltige Felsklotz der Burgstelle **Lägelen** 300 m o Hausen über das Donautal. Um 1150 ist die Anlage auf einem fast frei stehenden Plateau errichtet worden. Vier Gräben sicherten die Burg. Wenigsten eines dieser Hindernisse dürfte schon in vorgeschichtlicher Zeit errichtet worden sein, was rund zwei Dutzend Scherben belegen.

17. Mit dem nach 1150 entstandenen Neidinger **Heidenschloss** nähern wir uns namentlich der Vorgeschichte. Die Burg 600 m nw **Neidingen** liegt auf 755 m

Die schwer zugängliche Ziegelhöhle bei Fridingen gehört zu einer Reihe von spätkeltischen Höhlensiedlungen im Donautal.

Höhe, knapp 80 m oberhalb des Reiftales. In dem durch einen doppelten Felsgraben vom Hinterland getrennten Burggelände finden sich frühe Scherben.

18. Die nach 1150 erbaute, schwer zugängliche Turmburg **Unterfalkenstein** liegt auf einem frei stehenden Felsklotz 1,5 km wsw Thiergarten. Eisenzeitliche Keramik am Fuß der Felsnadel lassen an hier hinabgeworfene Schüsseln mit Opfergaben denken.

19. In der Mitte des Tals (2 km nno **Vilsingen**) liegt gegenüber der Schmeiemündung das **Tiergärtle** (oder „Reiherhalde"). Auf dessen Gipfelfläche ist ein Plateau von 150 x 80 m von einem ringförmigen, wehrhaften Wall umgeben. Die bis zu 3 m hohe Befestigung dürfte mittelalterlich sein, aber auf eine frühere Anlage aufgesetzt worden sein. Vor allem im Norden der Anhöhe liegen zahlreiche, wohl späturnenfelderzeitliche Scherbenstücke (Ha B).

20. Der 85 m hohe Felsturm am Steilhang der Donau, der auf engstem Raum eine unbekannte, im 12. Jh. erbaute Burg 1,2 km nw Inzigkofen trug, ist für eine vorgeschichtliche Wohnstätte zu klein. Durch seine imposante Erscheinung ist es allerdings wahrscheinlich, dass die hier, gegenüber dem **Nickhof** aufgelesenen Scherben in Zusammenhang mit einem Weiheort stehen.

21. Im Norden von **Inzigkofen**, passiert die Donau an der engsten Stelle zwei Felskuppen: Die Eremitage am Südufer und den „Amalienfelsen". Beide Jurafelsen sind im Zuge des 1841 angelegten Fürstlichen Parks benannt, aber bereits seit der Jungsteinzeit bewohnt worden.

Der **Amalienfels** (300 m no **Inzigkofen**) liegt auf einer Felskuppe zur Donau hin abfallend. Die 2 ar große vorgeschichtliche Höhensiedlung wird im Westteil durch einen Graben abgetrennt.

22. Das Felsmassiv der **Eremitage**, in Ost-West-Richtung rund 200 m breit und bis zu 15 m steil zur Donau abfallend, trug im Nordhang eine Einsiedlerkapelle. Gut 50 m davon entfernt trat 2004 ein Depotfund von acht Bronzesicheln zutage. Darunter lagen das Gehäuse einer Nordsee-Wellhornschnecke und ein großer Eberzahn. Die gefundenen Sicheln datiert der Archäologe Hartmann Rein in das 11. Jh. v. Chr. Dieselben Zungensicheln mit Nietloch und Dorn, die einer in der jüngeren Phase der Urnenfelderkultur verbreiteten Formengruppe zuzurechnen sind, kamen bereits 1885 in Albstadt-Pfeffingen bei einem Depotfund zutage. Auch bei dem dortigen Fund von 41 Sicheln lag ein *„prestigeträchtiges Importstück aus dem Hohen Norden"*, nämlich ein bronzener Gürtelbuckel. Südlich der Kapelle liegt ein kleines Felsentor. Vermutlich war dieses Tor ausschlaggebend für die Wahl der Depotstelle. Erntegeräte wie Sicheln und der Eberzahn als Symbole der Fruchtbarkeit in Verbindung mit der Öffnung des Felstors lassen an eine Weihegabe für eine Fruchtbarkeitsgottheit denken. Auf einem künstlich angelegten Podium 3 m no kamen rituell zerschlagene Scherben von Trank-Schüsselchen zum Vorschein. Daneben eine Feuerstelle, wohl ein Opferplatz. In der Nähe lag ein etwa 10 Jahre altes Mädchen begraben, das irgendwann zwischen 595 und 351 v. Chr. verstorben und hierhin überführt worden war.

Im Zentrum antiker Wegenetze

Die Reutlinger Alb war zur Keltenzeit dicht besiedelt

Für die Reutlinger Alb gilt der Aufbau der gesamten Kuppenalb: In ihrem Gebiet sind Trockentäler und tiefe Verkarstungen typisch. Die oberflächige Entwässerung erfolgt donauseits durch die Lauchert und über deren Nebenbäche Seckach und Erpf. Der Norden wird vom 250 bis 300 m hohen Stufenrand des Albtraufs begrenzt. Die Burladinger und Trochtelfinger Teilorte scheiden die Reutlinger Alb von der Zollernalb. Den Südrand bildet die Kliffstufe. Diese zieht als Grenze zur Sigmaringer Alb von Bronnen über Harthausen nach Pfronstetten. Im Osten sind es das Zeller- und Echaztal bei Lichtenstein, auf der Hochfläche Engstingen und die B 312 bis Pfronstetten, die an die Uracher und Münsinger Alb angrenzen.

Fürstensitz auf der Achalm?

Eine Darstellung Reutlingens aus dem Jahr 1620 zeigt einen Großgrabhügel auf dem nach Westen weisenden Sporn der Achalm – dem **Scheibengipfel**. Heute ist von dem unerforschten „Fürstengrab" nicht mehr viel zu sehen. Es ist aber wahrscheinlich, dass hier ein mächtiger Stammesführer begraben liegt und sich auf dem Plateau ein möglicher Fürstensitz befunden hat.

Während der mittelalterliche Burgenbau auf dem Gipfel viele Spuren zerstört hat, konnten Archäologen am **Rappenplatz** auf einer 80 m tiefer liegenden 4 000 qm großen Terrasse an der Südostseite Grabungen vornehmen. Neben Fibeln des 5./6. Jh. v. Chr. fand das Team des Archäologen Ulrich Veit Haushaltskeramik und -gegenstände (Spinnwirtel, Getreidemühlstein) des 6. bis 4. Jh. v. Chr. Die Leute von der Achalm standen in Tauschbeziehungen mit der Vorgängersiedlung der Keltenstadt Riusiava am Heidengraben. Rätsel geben die Knochen von mindestens sechs Menschen auf. So Veit: „*Nicht auszuschließen, dass die Skelettteile mit bestimmten, uns noch unbekannten totenrituellen Praktiken in Zusammenhang stehen... die uns heute merkwürdig und makaber erscheinen. Inwiefern dabei auch Menschenopfer eine Rolle spielten, lässt sich schwer beurteilen.*" Aufsehen erregend war der Schädelfund eines 20 bis 30 Jahre alten Mannes. Er zeigt Spuren stumpfer Gewalteinwirkung. Außerdem wurde die Schädeldecke von außen nach innen von schräg rechts oben durchstoßen. Möglicherweise Spuren einer Nagelung, des berüchtigten „Kopfkultes" der Kelten.

Die Bergbesiedlung der **Achalm** (von *Ach-Allmende* = gemeinschaftlich genutzte Weidefläche am Rande einer Markung [hier: der von Eningen] an einem Bach [hier: der *Ach*, heute *Reichenbach*]) begann um 1000 v. Chr. Die Achalm lag strategisch günstig, um den Verkehr an der Nord-Süd-Fernhandelsroute durchs Echaztal (von den Kelten Akantia genannt) und den West-Ost-Aufstieg auf die Eninger Weide kontrollieren zu können. Auch der gegenüberliegende

Georgenberg war in der Hallstattzeit zumindest sporadisch aufgesucht worden. Die Kuppe war vor 100 Jahren ringsum von einem Wall umgeben. Die Tatsache, dass auf dem Gipfel später eine Wallfahrtskirche stand, lässt aber einen alten Kultplatz vermuten

Die Toten in den Honauer Höhlen

Bereits in der Bronzezeit war die Reutlinger Alb dicht besiedelt. In der Urnenfelderzeit sind Siedlungsspuren weitaus schwieriger nachzuweisen, weil die Körper(hügel)- von der Brand(flachgräber)-Bestattung abgelöst wurde. Spätbronzezeitliche reiche Grabfunde und spätkeltische Siedlungsspuren im Echaztal belegen eine alte Passstraße. Den Weg begleiten zahlreiche Fundstellen:

Die „Locherstein-Grotten" 500 m oso oberhalb Honau waren Kultstätten. Die Traifelberghöhle I ist eine 64 m lange Durchgangshöhle am Beginn des Hangweges. Über einem Grab der Frühbronzezeit waren auch mehrere frühkeltische Bestattungen angelegt worden: Sechs Bronzeringe und Armreife sowie Unterkiefer von etwa 20 und 50 Jahre alten Menschen lagen zwischen Scherben, Bronzeartefakten und Einzelzähnen von Hund, Hirsch und Schwein, die der Urnenfelder- und Latènezeit zuzuordnen sind. Rund 30 m nnw von Grotte I liegt die Traifelberghöhle II. Bei einer Grabung 1934 wurde ein 70 x 90 cm großer Kalkblock gesichert, um den in großer Zahl spätkeltische Gefäßscherben lagen. Frühkeltische Spuren auch auf dem Felsen des Sonnenstein (400 m no) sowie auf dem oberhalb liegenden Rötelstein. Weiter nördlich am Albtrauf liegt der Burgstein (500 w Holzelfingen), der keine mittelalterliche Feste trug, sondern sich auf eine vorgeschichtliche Anlage bezieht, die an der Nordspitze der umwallten Bergzunge liegt. Die Ruine des Alten Lichtenstein, 500 m s, steht aufgrund von Bronzeschmuckfunden als mögliche Höhensiedlung im Verdacht. Im umfangreichen Scherbenfundgut wurden Spuren keltischer Keramik gefunden. Die unterhalb des heutigen Schloss-Turms liegende Höhle war eine Wohnstätte.

Der vorrömische Weg stieg bei Traifelberg (Hügel der Bronzezeit) auf die Alb und zog ab dem Knotenpunkt südlich von Engstingen in zwei Strängen weiter: Durch das verschwundene Dorf Gangstetten nach Meidelstetten und weiter nach Pfronstetten, aber wohl östlich der heutigen B312 durch das Kohltal zum Kreuzungspunkt bei Tigerfeld. Dort gabelte sich der Nord-Süd-Weg in eine Linie auf die Donau-Heuneburg und eine weitere auf eine Furt bei Zwiefaltendorf. Nördlich von Tigerfeld querte der vom keltischen Zentrum bei „Althayingen" kommende Ost-West-Weg über Wilsingen zum Knotenpunkt Gammertingen an der Lauchert.

Der Friedhofspark auf der Haid

Engstingen war ebenfalls Knotenpunkt: In Kleinengstingen lag eine galloromanische Siedlung westlich der Dorfhülbe, mit Schlacken- und Eisenresten und spätkeltischen Münzen; frühlatènezeitliche

Funde im „Schwalbenweg". Auch in der Flur „Brühl" (no **Großengstingen**) finden sich in geschützter Hanglage Siedlungsreste im Boden. „Im Schaufelbuch" (2,2 km sso) drei Grabhügel. Im 19. Jh. wurde in **Kohlstetten** (200 m s) eine Scheuer auf einem im Lehm eingebetteten Schlackenlager errichtet.

Der zweite Nord-Süd-Weg folgte von Engstingen in etwa der B 313 Richtung Mägerkingen, schwenkte aber an der **Haidkapelle** nach Osten, um über Steinhilben und Inneringen aufs Donautal zuzuhalten. Die ehemalige Weidefläche zwischen Großengstingen und Trochtelfingen umfasste mindestens 150 Grabhügel. Etwa sechzig Prozent sind heute nicht mehr auffindbar. Nicht wenige waren einst 20 m breit und über 2 m hoch. Was der intensive Ackerbau weniger Generationen nicht vernichtet hat, haben geldgierige Ausgräber des 19. Jh. geschafft: Die Kulturdenkmäler größtenteils zu zerstören, ohne natürlich wissenschaftliche Dokumentationen zu hinterlassen.

Zentral liegt heute die **Haidkapelle** (großes Hügelgrab an der Südseite) mit der „Schönen Hülbe" (spätkeltische Eisenschmelze). Der Wald „Hummelberg" nördlich der Kreuzung birgt noch 13 sehenswerte Tumuli. Ein 700 m langer Forstweg führt 250 m n Kapelle direkt von der B 313 nach links in den Wald. Beidseitig liegen Hügel, ebenso am Waldrand (750 m n). An der Markungsgrenze unweit der Straße Haid–**Meidelstetten**,am Rand des ehemaligen Militärgeländes, liegen zwei eingefasste, beschilderte Großhügel (1,8 km oso).

Weitere Hügelgruppen beim Weiler Haid, Entfernungsangaben jeweils von **Trochtelfingen** aus: „Haidpost" (6,2 km n), „Finstere Birken" (6,3 km no), „Triebbuch" (5,8 km no), „Hinteres Buch" (5,9 km no), „Bräuningstal" (5,7 km no), „Schweickhardbühl" (5,3 km n), siebzehn flache Hügel „Vor dem Klammerberg" (5 km n), „Greifwirtsbühl" (4,7 km no), „Am Buch" (5 km nno), „Vor der Stundentafel" (4,7 km n), „Birkschachen" (4,5 km n). Zwei Siedlungen am „Klammerberg" (5,2 km nno) und „Beim Kreuzstein" (5,6 km nno). Sie reichen von der Hallstatt- bis in die römische Zeit. Schlackenreste, keltische und römische Münzen lassen hier sitzen gebliebene Galloromanen vermuten. Auf der Gipfelfläche der **Ruine Haideck** (2,6 km n) zeugen vorgeschichtliche Scherben von einer ehemaligen Höhensiedlung.

Wegekreuz bei Trochtelfingen

Trochtelfingen war wohl ein Wegekreuzungspunkt: Am Stationenweg zur Burg aus dem 12. Jh. und auf deren Hochfläche (1,1 km n Kirche) lag eine hallstattzeitliche Höhenfestung. Am Burgplatz (seit 1660 Standort einer Kapelle) sind Reste eines auf drei Seiten umlaufenden Grabens mit vorgelegtem Wall zu erkennen. Der Burgenforscher Christoph Bizer hat hier über 170 vorgeschichtliche Scherben aufgelesen.

Im Süden (1,5 km, „Riedlinger Postweg") wurde ein latènezeitliches Grab aufgedeckt. Bereits am Ortsrand „Winkel" (800 m sw) wohl galloromanische Wohnstätte, ebenso in der „Neuwiese" (200 m w). Der Name **Burgstall** (1 km nnw) mit seiner kleinen Wallanlage über dem Seckachtal bezieht sich nicht

auf eine mittelalterliche, sondern eine keltische Stätte.
Im Süden schließt sich **Mägerkingen** an, das wohl ein bronzezeitliches Zentrum war. Eine gewisse Siedlungstradition bis in frührömische Zeit hat der „Kuhbuckel" (300 m so). Am „Gayerweg" (500 m o) urnenfelder- und hallstattzeitliche Reste tief unterm Tuff der Seckach. Der markante Sporn über dem Zusammenfluss von Seckach und Lauchert trug eine Hallstatt-Siedlung. In der **Höhle am Bärenrain** (1,1 km oso) zeugen keltische Gefäßreste von einer vermutlich kultischen motivierten Opfergabe.
Der Lauchert-Ort **Hausen** birgt 300 m ssw der Kirche galloromanische Siedlungsspuren im „Hanfgarten". 1,3 km wsw ein Grabhügel im „Riesbüchle". Im „Unteren Kohltal", liegt rund 250 m von der Quelle des „Mietzelbrunnen" eine Siedlung der Zeitwende. Der 100 m lange Graben, der die Hochfläche von der **Altenburg** (1 km s **Mariaberg**) abriegelt, stammt aus vorgeschichtlicher Zeit. Die markante Öffnung der **Eulenlochhöhle** (500 m sw **Bronnen**) macht den Zugang frei für eine 16 m lange und bis zu 4 m hohe, spätkeltisch bewohnte Halle.
Die Fundhäufung im Osten von **Steinhilben** steht wohl mit der West-Ost-Verkehrsachse in Zusammenhang: Grabhügel im „Wonnenhäule" (3,5 km so), in „Hochholz" (3 km oso), in „Buchschorren" (3 km so) sowie in Ortsnähe (200 m so). Es schließen sich viele mittelbronzezeitliche Hügel mit Nachbestattungen im Norden von **Wilsingen** an: Im Wald „Birkach" rechts des Parkplatzes an der K 6739 (rund 900 m nw) ein Dutzend Hügel; drei auf „Spitzäcker" (2,1 km so), zwei im „Zwinghau" (1,6 km oso). Wohnstätten in den „Brunnenwiesen" (300 m sw). Im „Kohlwäldle" (2 km so **Harthausen**) sind 1955 in einem Grabhügel Tongefäße und 2 Bronzeringe geborgen worden.

Aufstieg durchs Zellertal

Verschliffene Wallanlagen auf der Nordspitze des „Burgholz" bei Unterhausen rücken weitere Albaufstiege ins Blickfeld. Bereits der 400 m lang gezogene Ausläufer des **Imenberg** war als Pforte ins Zellertal ein wichtiger Punkt. Ein Beleg hierfür sind die gefundenen vorgeschichtlichen Scherben. Die Berghöhe trug auch eine kleine Burg aus dem 12. Jh. Womöglich bedienten sich die Burgenbauer eines antik angelegten Grabens, der 50 m vor der Spornspitze den Zugang abriegelt.
Die Anhöhe des **Brudersteig** (3,4 km no **Unterhausen**) war eine Hallstattsiedlung. Vom Waldweg führt über den Steilhang ein Pfad zum bekannten **Hohlen Fels**. Rund 40 m wsw öffnet sich die Nebenhöhle **Hohle Fels II**. Hinter dem 8 m breiten Eingang wurden vorgeschichtliche „Töpferwaren" gefunden.
Ein Friedhof lag beim **Stahlecker Hof** (3,7 km no **Unterhausen**). Zu diesem Komplex gehört auch der Platz, wo in der Mitte des 13. Jh. eine Burganlage den Aufstieg vom Zellertal überwachte. Die etwa 20 x 20 m messende Burgfläche von **Stahleck** wird von einem stark verflachten Wall-Graben-System abgeriegelt. Ein Weg vom Zellertal über die Holzelfinger Steige wird von Grabhügeln begleitet (1,5 km s und 2,3 km so Kirche).

Kultstätte auf dem Wackerstein

Bereits in der Urnenfelderzeit waren Höhensiedlungen auf dem **Wackerstein** und dem **Sättele** angelegt worden. Beide Plätze könnten mit Albaufstiegen im Bereich der heutigen „Stuhlsteige" oder durch das Reißenbach-Tal in Verbindung stehen. Der „Wackerstein" (3,8 km s **Pfullingen**) wird in den Jahrzehnten vor dem Einfall der Römer noch als eine der letzten bekannten spätkeltischen Kultstätten aufgesucht, darauf deuten Scherbenfunde qualitätvoller Keramik in Klüften und am Fuße des Felsens hin. Auf dem Plateau selbst wurden bronze- und urnenfelderzeitliche Funde gemacht. Auch das in einer Kluft in der NW-Ecke entdeckte neolithische Steinbeil-Bruchstück deutet auf einen kultischen Ort hin.

Alte Burgen über der Wiesaz

Eine alte Albpassage war der Weg von Gomaringen über die Passhöhe bei Genkingen zum Donauübergang bei Laiz. Den Aufstieg durch das Wiesaz-Tal und das abgelegene Ramstal sicherte eine frühe Burganlage auf dem **Rösslesberg**. Die dreieckige Bergkuppe (2,3 km so **Gönningen**, 598 m) kann nur über einen schmalen Sattel erreicht werden. Die Gipfelfläche misst 100 x 40 m. Der Zugang war mit einem 10 m langen und 3 m breiten Abschnittsgraben gesichert. Im Nordhang liegen Terrassen und, wie auch im Südosthang, zahlreiche hallstattzeitliche Scherben. Im 10. Jh. wurde hier eine der ersten Höhenburgen der Alb überhaupt errichtet. Der **Burgstall** (1,5 km nno **Genkingen**) könnte im Kern vorgeschichtlich sein.

Flussabwärts wachte auf dem **Stöffelberg** oberhalb des heutigen Gönningen ein Keltenclan über die Nutzung der Trasse. Die Wehranlage auf einem nach Westen spornartig ausgerichteten Albausläufer ist 300 m lang und durch sieben Gräben geschützt, stammt in seiner heutigen Form aber aus dem 12. Jh. Kleine Vorgräben, die nicht mittelalterlich überformt sind, stammen aus vorgeschichtlicher Zeit (ausgedehnte Scherbenfunde).

Spätkeltisches Naturheiligtum: Der Wackerstein am Albtrauf bei Pfullingen.

Auf dem hiervon 2,5 km n gelegenen **Käpfle** lassen Wallanlagen ebenfalls eine frühe Festung vermuten. Dieser Berg, heute mit Aussichtsturm, liegt mitten in einem ergiebigen Erzgürtel des Braunjura, der von Hechingen bis Frickenhausen reicht. Nördlich dieser Burg in **Ohmenhausen** sind keltische Siedlungsspuren bekannt.

An der Quelle in Genkingen (**Lehbrunnen**) zeugen hallstattzeitliche Grabhügel von einem Quellheiligtum. Der Name der Wiesaz ist sprachwissenschaftlich als keltisch belegt (*Wisantia*). Spätkeltisch sind die Siedlungsspuren bei **Bronnweiler**. 600 m no lag eine Siedlung im „Eichhölzle“.

Kontrolle über das Öschenbachtal

Auf dem Gipfel des **Großen Roßberg** liegen von dem gesamten, 1,5 ha großen Plateau urnenfelder- bis hallstattzeitliche Scherben vor. Die keltischen Spuren verdichten sich auf der sw-Seite. Nicht erforschte Terrassierungen im bewaldeten Hang mögen aus dieser Zeit stammen. Mehrere Quellen entspringen im 100 m tiefer liegenden Sattel zum **Kleinen Roßberg**. Diese westlich benachbarte Kuppe war durch einen vorgeschichtlichen Wall am Bergfuß im Norden (noch heute im Gelände zu sehen) ergänzt. Hier wurde wohl Kontrolle über den Albaufstieg durchs Öschenbachtal ausgeübt. Wo dieser auf die Hochfläche kommt, finden sich südlich über dem Seitental der „Bachhalde“ im Gewann „Nägelsbrunnen“ (2,6 km w **Genkingen**) Scherben von der Urnenfelder- bis Latènezeit. Auf dem **Rinderberg**, der nördlichen Talhochfläche, lagen Grabhügel.

Verkehrsknotenpunkt bei Willmandingen

Von einem Altwegekreuz zum nächsten: In Engstingen hielt ein Weg nach Westen, wo er bei Genkingen mehrere Abstiegsmöglichkeiten bot. Die Kuppe des „Feldberg“ trägt einen Grabhügel (2,7 km ono Genkingen). Im weiteren Verlauf nach Südwesten, im Bereich von Undingen, finden wir Spuren vorgeschichtlicher Stationen am „Burgwald“ (2,5 km no **Undingen**): Die mittelalterliche Ruine **Hohengenkingen** ist von verschiedenen Wällen und Gräben

Blick von der Höhenfestung Riedernberg auf die Höhensiedlung des Ruchberg bei Willmandingen.

abgesichert, die teils vorgeschichtlich sein müssen. In der **Ahnenstube**, einer Kleinhöhle (200 m nno Ruine) in einer Felsformation im lichten Waldhang, sind in den 1950er-Jahren vorgeschichtliche Scherben aufgelesen worden.

Ein Knotenpunkt lag wieder bei **Willmandingen**, weil hier mehrere Steigen zu unterschiedlichen Zeiten die Hochfläche erklommen. Im Bereich einer dieser Altwege lag eine Keltensiedlung, die aber durch die Anlage eines Steinbruches (800 m n Kirche) zerstört wurde. Wenige 100 m oberhalb liegen große Erzlagergruben (Informationstafel). Wohl von Händlern verloren wurden drei keltische Goldmünzen, „Regenbogenschüsselchen“ [vgl. Kapitel Latènezeit], südlich des „Heerweges“ (500 m o).

Auf der Kuppe und am sonnigen Südwestfuß des markanten **Ruchberg**, rund 1 km w, kann man heute noch hallstattzeitliche Scherben auflesen. In der Lauchert (300 m sso) – und der Bolbergstraße (600 m nnw) liegen spätkeltische und wahrscheinlich galloromanische Spuren unter der Erde.

Festungen über dem Steinlachtal

Der Name **Heidenburg** (2,3 km nw) lässt bereits anklingen, dass auf dem 852 m hohen nördlichen Ausläufer des Riedernberg Vorgeschichtliches zu finden ist. Tatsächlich ist der 70 m lange Bergsporn durch einen 100 m langen, bogenförmigen, niederen Wall abgegrenzt. Ein Torbildete über eine Erdbrücke den Zugang. Verschollen sind leider die 1891 im Eingangsbereich gemachten Funde, zu denen rot gebrannte Scherben, Knochen und Holzkohle zählten. In der Nähe befindet sich eine ehemalige Hülbe und eingeebnete Grabhügel.

Bereits der vordere, südöstliche Zugang des **Riedernberg** (1,6 km wnw) ist von einem Abschnittswall gesichert worden. Zwei 100 und 50 m lange, grabenlose Steinwälle sichern das Plateau gegen die Albhochfläche. Ob beide Anlagen zusammengehören, und der Höhenrücken eine keltische Höhenburg trug bleibt vorerst ein Rätsel.

Der Albaufstieg über den **Filsenberg** und **Bolberg** zum Knotenpunkt bei Willmandingen führte an einer Höhensiedlung mit Abschnittswall vorbei, die im Westen der Hochfläche lag – dem **Hohbarn**. Die Nordwestspitze der Berginsel (1,4 ha), wird an einer schmalen Stelle durch einen 100 m langen Wall gesichert. Dieser befindet sich in unterschiedlich gutem Erhaltungszustand. Eine Lücke zum abfallenden Nordosthang hin deutet den antiken Zugang an. Denkbar wäre, so der Archäologe Christoph Morrissey, dass die etwa 100 x 100 m bis 150 m große Fläche von einem holzbewehrten Steinwall umgeben war. Der verschliffene Wall spricht für eine vorzeitliche Anlage.

Als *„die schönste Ringburg des Bezirks“* galt vor hundert Jahren die Festung auf dem **Kirchkopf** (500 m no Bergkirche **Talheim**). Eine Fläche von 230 auf 50 m ist nur über einen schmalen Sattel mit der Albhöhe verbunden. Die meist felsigen Seiten des schmalen Bergrückens fallen steil ab. Am Sattelübergang schützen drei Wall-Graben-Bauten das Plateau vor unerwünschten Besuchern. Eindrucksvoll die Staffelung der Barrieren, die mit einem fast 50 m langen und bis zu 9 m breiten Graben beginnt. Sie dürfte auf jeden Fall die ältere, vorgeschichtliche sein. Im Innengelände liegen zahlreiche flache Stein(grab)hügel. Zum anderen fallen podienartige Verebnungen am Südosthang auf. Die wenigen Scherben auf dem „Kirchkopf" sind in die frühe Kelten- bzw. Urnenfelderzeit zu datieren.

Galloromanen in Erpfingen

Urnenfelderleute lebten in und vor den **Guppenlochfelsenhöhlen** (1,3 km nnw **Erpfingen**). Am „Kalkofen" (1 km wnw) wurde bereits in der Mittelbronzezeit gesiedelt. Hallstattliche Grabhügel prägten den Flurnamen „Eischerbuck" (800 m w). Im Ortsbereich Erpfingen haben Kelten bis in die Nachlimeszeit Eisenverhüttung betrieben. In der **Untere Wässer** (500 m w Kirche) lag ihre Siedlung am ehemaligen Lauf der Erpf. Weiter südlich liegt (500 m oso Stetten) eine hallstattzeitliche Höhensiedlung im späteren Gelände der mittelalterlichen **Burg Höllnstein**.

Menschenopfer

In der 1834 wiederentdeckten **Erpfinger Höhle** (später Karlshöhle, jetzt Bärenhöhle) lag gut 25 m vom Besuchereingang entfernt, am Fuße des „Fauthloch" unter der Deckenöffnung ein gewaltiger Stein-Erde-Hügel von 5 m Höhe und 12 m Breite mit über 50 menschlichen Skeletten. Bei den Toten wird es sich um hingerichtete Verbrecher gehandelt haben, die man regelrecht „entsorgt" hat, man fand *„noch einige kleine eiserne Ketten zwischen den Gerippen. Diese sind wohl Hand- oder Fußfesseln gewesen."* Die schon 1454 als „Hellenberg" bezeichnete Kuppe, unter der die Bärenhöhle verläuft, leitet sich nicht von „Höhle", sondern von „Höll" ab; im Schwäbischen ist das der Ort des Teufels und der Verdammten. In der Erpfinger Höhle wurden schon seit undenklichen Zeiten Leichen abgelegt. So fanden sich im Innern des Schuttkegels *„bis zu zwanzig Männer-, Weiber- und Kinderschädel von zum Teil erschlagenen Menschen"*. Dazwischen immer wieder Steinschichten sowie Keramik und Schmuck (Fibeln) der Bronze- sowie der früh- und spätkeltischen Zeit. In den unteren Schichten des Schuttkegels schließlich stieß man auf zahlreiche Skelette in *„gestreckter Lage"*, die aus der Bronzezeit und dem 5. Jh. v. Chr. stammen.

An Bestattungen ist im vorderen Bereich der Bärenhöhle nicht zu denken, sondern eher an Menschenopfer, die einer Gottheit geopfert und zusammen mit weiteren Gaben durch den Schacht geworfen worden sind. Keine 700 m nnw vom Eingang, am Zusammenlauf von **Höllen-** und **Rinnental** liegen drei Grabhügel, eine weitere Gruppe westlich des Golfclubhauses (2,7 km o **Undingen**); Spätbronzezeitliche Hügel (?) im „Rinnenbrühl" (4,2 km oso). Der grausige Opfer-Kult lässt sich in unmittelbarer Nähe am **Muetesloch** bei **Stetten u. H.** zeigen. Rund 1,5 km s Erpfingen oberhalb der Mündung von der Erpf in die Lauchert gelegen, ist eine 11 m tiefe und 40 m lange Höhle. In ihr stießen im Jahr 1882 Ausgräber auf 25 Schädel und etliche Skelettreste, teils auf Bronzeschmuck, verzierte Scherben und spätrömische Keramik. Die Funde gingen in die fürstliche Sammlung nach Sigmaringen; dort sind sie heute verschollen.

Das größte *oppidum* Mitteleuropas

Eine spätkeltische Metropole auf der Uracher Alb

Die Vordere Uracher Alb umfasst den Teil nördlich des Ermstals, hauptsächlich die fast 300 m hochragende Berghalbinsel zwischen Hülben, Grabenstetten, Erkenbrechtsweiler und Hohenneuffen. Ganz im Nordwesten zählt noch der Jusiberg dazu. Im Norden und Osten beginnt mit dem Lenninger Tal sowie den Römersteiner Teilorten die Teckalb und die Münsinger Alb. Nach Süden hin scheidet das Fischbachtal bzw. der ehemalige Truppenübungsplatz die Vordere von der Münsinger Alb. Die Besonderheiten der Vorderen Alb bilden die zahlreichen Vulkanschlote des Kirchheimer-Uracher Vulkangebiets. Die Siedlung Erkenbrechtsweiler, im Bereich des spätkeltischen *oppidum* gelegen, ist auf einem wasserundurchlässigen Vulkanschlot errichtet worden.

Das Geheimnis der weißen Kalkstein-Pyramide

Die bedeutendste Fundstelle der Hallstattzeit auf der Vorderen Alb liegt im Bereich des später angelegten *oppidum* bei Erkenbrechtsweiler. Die Hallstattzeit, im Bestattungswesen der Oberschicht meist gekennzeichnet durch Holzkammer-Bauten in aufgeschütteten Erdhügeln, hat auf der Grabenstettener Albhalbinsel eindrückliche Spuren hinterlassen. Der **Burrenhof** ist inmitten von wenigstens 28 Hügeln errichtet worden. „*Die Anzahl ist aber größer als bisher angenommen. Viele von ihnen sind mittlerweile verflacht. Das lässt sich auf die ganze Alb übertragen. Wir haben noch lange nicht alles gefunden*“, sagt Grabungsleiter Gerd Stegmaier von der Uni Tübingen. Bei Ausgrabungen 1841 kamen ein Wagengrab zum Vorschein, Gold-, Bronze- und Eisenfunde traten zutage – sie sind leider bis zum heutigen Tag spurlos verschwunden.

In den letzten Jahren deckte Stegmaiers Team einen nur noch 15 cm hohen, viereckigen, vormals völlig mit Steinen abgedeckten, 10 m breiten Grabhügel auf, der möglicherweise die Form einer Pyramide hatte. Sie legten die antik ausgeraubten Reste zweier Gräber (650–450 v. Chr.) frei. Das ist erst der zweite Beleg für eine bislang kaum bekannte Grabstättenarchitektur: Die weiße Kalksteinpyramide muss weithin als leuchtendes Totenmal die Blicke auf sich geworfen haben.

Spätere Grabungen brachten einen außergewöhnlichen, kegelförmigen Topf zum Vorschein: Ein Gefäß, das auf weißem Grund in verschiedenen Rottönen mit Mustern bemalt worden ist. Das Prachtstück stammt aus einer Töpferwerkstatt der Heuneburg an der Donau. Jüngere Untersuchungen der Hügel führten zu neuen Erkenntnissen über den Gräberbau. So sind die älteren Bestattungshügel direkt über dem Erdboden aufgeschüttet, auf dem zuvor die Toten verbrannt worden waren. Die jüngeren Hügel hingegen sind über ausgehobene Grabschächte, wie wir sie von heutigen Körperbestattungen in christlichen Friedhöfen kennen, aufgetürmt worden.

Das rekonstruierte Walltor der Stadtanlage von Riusiava – größtes spätkeltisches Zentrum nördlich der Alpen auf der Uracher Alb.

Eingefasst wurden die Totenstätten mit Pfosten- und Steinkreisen oder mit Kreisgräben.

Zentrum frühkeltischer Wirtschaft

Vierhundert Jahre vor der Anlage der spätkeltischen „gallischen Stadt" um 150 v. Chr. entwickelte sich auf dem nach Westen vorspringenden Sporn im Gewann **Strangenheck** über dem Kaltental (2 km wwn **Grabenstetten**) ein frühkeltisches „Mittelzentrum". Auffällig ist die ziemlich exakte Lage des Ortes zwischen den „Fürstensitzen" der Donau-Heuneburg und dem Hohenasperg.

Auf einer Fläche von rund 6 ha verteilte sich ein locker bebautes Dorf. „Strangenheck" entstand am Ende der Epoche der Fürstensitze und bestand bis in das 4. Jh. v. Chr. Hier wurden Buntmetalle verarbeitet, es gab eine eigene Töpferei. Die Analysen der vielen Abfallgruben mit Scherben, Knochen- und Pollenresten zeichnen ein lebhaftes Bild der Zeit vor 2500 Jahren: Trotz weitreichender Selbstversorgung dürfte die Siedlung *„in Tauschbeziehungen zu benachbarten Höfen und weiter entfernten Dörfern gestanden haben"*, so auch zur Siedlung an der Achalm bei Reutlingen. Zu diesem Ergebnis kam ein Ausgrabungsteam um den Archäologen Thomas Knopf.

Auf dem Speiseplan stand kaum Jagdwild; wichtigster Fleischlieferant war Rind, gefolgt von Schwein – und Hund. Die Vierbeiner wurden zwar auch als gesellschaftliche Begleiter gehalten, mussten aber in Notzeiten als Mahlzeit und als Felllieferanten herhalten. Die Rinder genossen einen hohen wirtschaftlichen Stellenwert. Als Arbeitstiere kamen Pferde zum Einsatz. Eine ungewöhnlich hohe Anzahl von Hühnerknochen könnte auf eine „Eierproduktion" im großen Stil hindeuten. Um 300 v. Chr. brechen die Funde von „Strangenheck" ab.

Die „gallische Stadt auf der Alb“

Die Berghalbinsel von Grabenstetten bildete das größte spätkeltische *oppidum* in Mitteleuropa. Es entstand rund 170 Jahre nach Ende des frühkeltischen Zentrums. Auf einer Fläche von fast 1770 ha lag hier die Handels- und Handwerksmetropole „Heidengraben“, die antik genannte Stadt *Riusiava*. Das *oppidum* war eingefasst von einer 10 km langen Erdwall-Mauer. Die eigentliche Siedlung lag in einem gesondert befestigten Abschnitt der Hochfläche, der sogenannten „Elsachstadt“ (nach dem unweit entspringenden Bach), mit einer Fläche von 153 ha und von einem separaten, 6,8 km langen Befestigungsring umgeben ist (heute noch 1,5 km erhalten).
Die beherrschende Stellung dieser um 150 v. Chr. belebten Siedlung definiert sich nicht nur durch die ungeheure Größe, sondern auch durch die Importfunde, wie Amphorenresten und Luxusgeschirr (Campana). Untersucht sind bislang aber nicht einmal zehn Prozent der Berghalbinsel.

Beherrschende Stellung von *Riusiava*

Die Bedeutung von *Riusiava* zeigt sich auch in den umfangreichen Münzfunden. *„Es ist hier neben zentralen politischen und religiösen Funktionen gleichermaßen mit einer dominierenden wirtschaftlichen Komponente zu rechnen, die sich in der Anwesenheit von Import und fremden Münzen äußert“*, sagt der keltische Münzexperte Michael Nick. Nur auf den ersten Blick liegt die Grabenstetter Halbinsel abseits von Fernwegen, die sich damals fast ausschließlich an bzw. auf Wasserläufen orientierten. Denn offenbar gab es eine, durch Funde rekonstruierbare Nord-Süd-Verbindung zum nur 10 km entfernten Neckar und dem nächsten größeren Umschlagplatz an der Neckarmündung beim Limburgerhof westlich des Rheins. Hier kam Ware aus dem Mittelmeerraum über die Rhône vom Handelshafen in Marseille an. Cicero berichtet im Jahr 118 v. Chr. darüber, dass *„ganz Gallien mit römischen Kaufleuten und Bürgern vollgestopft“* sei. Handelskontore in den keltischen und germanischen Hauptorten waren demnach nichts Ungewöhnliches.
Vom „Heidengraben“ führte über Engstingen (fremde Münzfunde) und die Zwiefalter Alb (gehäufte Amphorenscherbenfunde) ein direkter Weg zur Donau, von dort wiederum zum Umschlagplatz Altenburg oder nach Osten, zum *oppidum* Manching nahe Ingolstadt. Von Ehingen/Donau wird eine Verbindung über Friedrichshafen und Bregenz rheinaufwärts über Julier und Maloja nach Italien angenommen.
Die Analyse der gefundenen Münztypen im Umfeld des *oppidum* lässt folgende Interpretationen zu: Neun Münzen (7 Statare und 2 Kreuzquinare) stammen aus der Region. Der Rest sind fremde und ausnahmslos kleine Nominale und belegen „Außenhandels“-Kontakte in drei Richtungen: Bayern, Hochrhein und Neckarmündung. Aus diesen Regionen kam Kleingeld über den Fernhandel nach *Riusiava*.
Im Umkreis sind zahlreiche ländliche Siedlungen nachgewiesen, die vermut-

lich direkte „Zulieferer" der Stadt waren. Das Auffinden von Eisenbarren in **Unterlenningen**, **Plattenhardt** und **Gächingen** (10 Stück beim „Birkenhof") lässt einen Zusammenhang mit der Erzverarbeitung erahnen. Um Grabenstetten gibt es wenigstens fünf Senken mit gehäuftem Bohnerzvorkommen; beim Segelfluggelände „Bahnholzweide" sind Anreicherungen entdeckt worden.

Mit noch heute beeindruckenden Wällen an den Zugängen auf die Albhochfläche (600 m breites Sperrwerk an der Straße nach **Böhringen**) sicherten die Kelten ihr Plateau ab. Der Aufbau der Wälle fußt im Kern auf einer Pfostenschlitzmauer-Konstruktion. Die vordere Front des aufgeschütteten Erdwalls wurde durch senkrecht in den Boden vertiefte Holzpfosten stabilisiert. Sie waren im Wall mithilfe von schräg nach hinten ziehenden Balken verankert und gegen den Mauerdruck verfestigt worden. In den Zwischenräumen der vertikal gestellten Pfosten wurde aus unzählig gesammelten flachen Kalksteinen eine Trockenmauer errichtet. Diese Technik ähnelt der Konstruktion der *„murus gallicus"* anderer *oppida*, wie sie Cäsar geschildert hat. Nur eine mächtige Personengruppe kann den Bau dieser Monumentalbauten in Auftrag gegeben haben. Allein für den Bau einer mit Holzpalisaden bewehrten, kilometerlangen Wallkrone wurden ganze Wälder abgeholzt.

Bedeutendste Fundstätte für Amphoren und Glas

Der Paläontologe Achim Lehmkuhl kommt nach zeitaufwendiger Puzzlearbeit zu dem Fazit, dass der „Heidengraben" die *„größte Fundstätte für antike Amphorenscherben nördlich der Alpen und die bedeutendste für keltisches Glas in ganz Württemberg"* ist.

Die Fundformen grenzen die Handelskontakte der Stadt auf die Zeit zwischen 130/120 und 100/90 v. Chr. ein. Offenbar wurden damals ganze Wagenladungen mit Wein, Öl und Fischsuppe(!) durch halb Mitteleuropa auf die Alb gekarrt. Immerhin galt es, die Oberschicht einer mehrere

Spätlatènezeitliche Scherben aus dem „Stadtgebiet" des Heidengraben belegen Importe von Fischsuppe und Wein aus dem Mittelmeer.

tausend Bewohner zählenden Metropole mit Gütern zu versorgen.
Die kurze Blüte der Stadt von 20 bis 30 Jahren macht es schwierig, Rückschlüsse auf das Leben ihrer Bewohner zu ziehen. Zahlreiche Funde belegen eine Eisenverarbeitung, das Töpfer- und Zimmerhandwerk, die Glasherstellung sowie Leder- und Knochenverarbeitung. Die landwirtschaftliche Struktur lässt eine gehäufte Nutzung von Dinkel und Gerste erkennen. Letztes deutet entweder auf eine Tiermast im großen Umfang oder auf das Bierbrauen hin. Fleischige Hauptnahrung lieferte das Rind, gefolgt vom Pferd. Gejagt wurden vorzugsweise das Wisent und das Ur (Auerochse). Beide Großwildtiere fanden hier beste Lebensbedingungen und haben sich übrigens auch in den Ortsnamen der benachbarten Städte Wiesensteig (**Wisent***steig*) und Urach (**Ur***ach*) erhalten.
Die Gründe für das Ende von *Riusiava* sind wie dessen Anfang ungeklärt. Sicher ist, dass der „Heidengraben" ziemlich ausgedünnt war, als die Römer in der zweiten Hälfte des ersten nachchristlichen Jahrhunderts die Alb eroberten. Mitunter wohnten die Leute in kleineren Gehöften, wohl nicht in Höhlen: Der Fund einer Fibel rund 120 m vom Eingang entfernt in der wasserführenden **Falkensteiner Höhle** (1,2 km ssw **Grabenstetten**) wird als Weihegabe an die Unterweltgottheiten gedeutet.
Die Aufgabe der „Stadt" dürfte mit dem historisch belegten Zug der germanischen Kimbern in Zusammenhang stehen. Dieses aus Jütland stammende Volk machte sich 113 v. Chr. wegen Klimaverschlechterungen auf den Weg über Südgallien nach Norditalien. Bei ihrem Zug querten sie Südwestdeutschland. Den durchziehenden Menschenmassen hatten sich vermutlich auch viele Kelten der Alb angeschlossen. Auf dem Schlachtfeld an den „Raudischen Feldern" (101 v. Chr.) fanden sich keltische Goldmünzen, die eine Verbindung auf die Alb belegen: Einige Münzen desselben Typs wurden im Bereich von *Riusiava* gefunden. Eine dieser Münzen trägt die Aufschrift „ATVLLOS" – vielleicht der Name des „Fürsten" von *Riusiava*.

Achsnagel eines zweirädrigen Kampfwagens, gefunden im Umfeld des oppidum (Foto: Landesmuseum Württemberg).

Höhensiedlungen im Umfeld des Heidengraben

Spätbronzezeitliche Spuren fanden sich auf dem **Jusi** bei **Kohlberg**. Durch den mittelalterlichen Burgenbau auf dem

Hohenneuffen sind wahrscheinlich spätbronzezeitliche Festungswerke zerstört worden. Der Fund eines prachtvollen Bronzegehänges an dieser Stelle zeugt von einer Siedlung. Ein nicht datierbarer Abschnittswall auf dem **Kienbein** (2,3 km nw **Hülben**) riegelte wohl eine hallstattzeitliche Siedlungsfläche an der Engstelle eines Sporns auf etwa 100 m Länge ab. Scherben fanden sich sowohl innerhalb (Aussichtspunkt „Karlslinde"), wie auch außerhalb (1,5 km nw Hülben). *„Beringte Vorposten ragten ins Land hinein"*, heißt es in der Oberamtsbeschreibung und führt den **Weinberg** bei **Metzingen** auf. Diesem mittelalterlichen Bauwerk liegt vielleicht in Teilen eine vorgeschichtliche Anlage zugrunde.

Dass das Ermstal (keltisch *Armissa*) schon in keltischer Zeit ein Verkehrsweg war, zeigen Funde im Uracher Stadtgebiet, wie Reste einer Nabenkapsel, der eiserne Ring einer Wagennarbe sowie deren Bronzebeschläge. Aufstiege zur St. Johanner-Albhochfläche gab es beim **Karpfenbühl**, durch das Zittelstatttal auf die spätere Heerstraße nach Böhringen, von wo der Altweg von Grabenstetten einmündete und nach Hengen weiter ging; der südlichere verlief durch das Seeburger Tal. Funde belegen, dass dieser vorgeschichtlich ist.

Keltische Qualitätsstahlschmiede

St. Johanner-Albhalbinsel ein Zentrum der Erzschürfer

Zur Hinteren Alb, dem westlichen Teil der Uracher Alb, zählt das Gebiet um St. Johann mit Würtingen, Bleichstetten, Upfingen, Lonsingen, Gächingen und Sirchingen. Im Norden wird sie vom Albtrauf zwischen Eningen, dem Glemser Roßfeld und den Steilhängen im Ermstal zwischen Metzingen, Dettingen und Urach, bis ins tief eingeschnittene Seeburger Tal begrenzt. Dazu gehören auch der markante „Runde Berg" und der „Hohenurach". Im Süden ist es die noch junge Große Lauter, die mit Gomadingen einen fließenden Grenzverlauf zur Münsinger Alb bildet. Im Bereich der Hinteren Alb werden Höhen zwischen 700 m und 860 m erreicht.

Am besten erforschter Verhüttungsplatz der Alb

Mit der Entdeckung des Eisens rückt die Hintere Alb wirtschaftlich in den Vordergrund. Auf der St. Johanner-Albhalbinsel entsteht ein regelrechtes Wirtschaftsgebiet. Während die Eisenoolithe (runde Eisenerze) des Braunjura im Albvorland abgebaut werden, erkunden gesteinskundige Kelten auf der Hochfläche die Bohnerzlager des Weißen Jura. Im Wasser führenden Gewann „Eulenbrunnen" beim Gestütshof St. Johann sind zahlreiche Bohnerze aufgeschlossen; auch am Tuffschlot **Rutschenbrunnen** (2,4 km n Bleichstetten) gibt es Erzanreicherungen, ebenso nahe dem **Eppenzill**-Aussichtsfelsen.

Die am besten erforschte Eisenverhüttungsstätte der Alb: Der Eulenbrunnen bei St. Johann auf der Uracher Alb.

Der **Eulenbrunnen** ist die bisher am besten erforschte Verhüttungsstätte der späten Eisenzeit. Er liegt 700 m vom Albtrauf entfernt auf einem Vulkanschlot; 600 m nordöstlich grenzt das landwirtschaftlich genutzte **Fohlenhofer Feld** an. In diesen Gebieten kamen eisenzeitliche Siedlungsbefunde und Schlacken zum Vorschein; auch gelang es dem Archäologen Guntram Gassmann Reste von mehreren keltischen Rennfeueröfen freizulegen und ihre Benutzung in das 4./3. Jh. v. Chr. zu datieren: *„Hier ist ein sehr hochwertiges Produkt gewonnen worden. Man scheint die Eisenlupe aber abtransportiert und an anderer Stelle aufbereitet zu haben."*
Gassmann glaubt, am „Eulenbrunnen" eine Siedlung gefasst zu haben, *„in der wenigstens zeitweilig Erzschürfer und Eisenschmelzer gelebt haben mögen."* Für die Spätlatène ist auf der Alb noch kein Nachweis für eine Anlage gelungen, obgleich die durch die Abfallfunde abschätzbaren Metallmengen ja irgendwo verarbeitet werden mussten. Um Galloromanen handelt es sich bei den Menschen, die nicht mit den Römern abzogen, sondern „sitzen blieben" und deren Nachkommen die Handwerkerschaft des frühalamannischen Siedlungszentrums auf dem **Runden Berg** bildeten. Diese bedeutendste Höhensiedlung der Alb war schon im Neolithikum bewohnt. Auf dem Plateau wurden in der Spätbronze- und der jüngeren Urnenfelderzeit die ersten Festungsbauten angelegt. Um die Mitte des 6. Jh. v. Chr. ließ sich dann eine kleine Siedlungsgemeinschaft auf dem Berg nieder. Nach der Klimakatastrophe um 400 v. Chr. dauerte es wohl noch über 250 Jahre, ehe sich wieder eine kleine Sippe auf dem Runden Berg niederließ.

Ein vorgeschichtlicher „Erzbaron" bei Würtingen?

Kleinere Grabhügelgruppen sind im Umfeld des Erzzentrums teils gut erhalten zu finden: Zwei am südlichen Waldrand des „Ochsenbühl" (2,5 km nnw **Würtingen**), mindestens 11 Hügel im flachen Gelände der „Holzwiesen" (2,6 km nnw), darunter das 1852 geöffnete Wagengrab eines mutmaßlich vorgeschichtlichen „Erzbarons".

Weitere Grabstätten – ohne die Siedlungen zu kennen: Vier im Wald „Hesselbuch" (2,9 km nno), mindestens 10 Hügel in der „Eulenwiese" (3 km nnw), 2 am „Eulenbrunnen" (3,5 km nw), ca. 7 auf „Leimberg" (3,5 km nno) und viele im Wald „Galgenberg" (4,9 km n). Der unscheinbarste und doch bekannteste Grabhügel liegt am Fuße des Aussichtsturms **Hohe Warte**, die auf dem Grab eines wohlhabenden Kelten erbaut worden ist. Rund 100 m südlich lag eine Siedlung.

Der „Kreuzbühl" an der L 380 (1,1 km nnw) zeugt von einer 700 Jahre lang genutzten Siedlung, womöglich von „sitzen gebliebenen" Galloromanen. Wohnstätten auch im „Längental" (5,9 km n), angelegt im aufsteigenden Gelände im Halbkreis an die „Korallenfelsen"; außerdem in „Schelmen" (1,1 km n).

Noch aus Zeiten vor der Erzausbeutung stammen die urnenfelderzeitliche Scherbenfunde auf dem „Stettenrain" (1,3 km nnw Würtingen). In der 1880 entdeckten Kleinhöhle **Reuschenloch** am Südhang des Hartberg (400 m nw Kirche) hinterließen Urnenfeldermenschen Geschirrreste.

All diese Fundstellen liegen an vermuteten Altwegen, die kurz zuvor die Alb erklommen hatten: Einmal beim „Grünen

Zuflucht in unruhigen Zeiten: Die Eppenzillhöhle in schwindelerregender Höhe nahe des Uracher Wasserfalls.

Fels“ östlich von Glems, um dann nördlich der Hohen Warte von Nordwest nach Südost vorbei am Fohlenhof und dem Rutschenhof nach Upfingen und dann nach Münsingen und Gomaringen zu ziehen. Sowie der vom Echaztal und der Höhensiedlung Achalm kommende Weg, zwischen dem Eninger Gutenberg und Geißberg durch die „Teufelsküche“ hoch auf die „Eninger Weide“. Von dort nach Gächingen und weiter nach Münsingen.

Im Bereich des Albtraufs zwischen Eningen und Urach gibt es nur eine einzige Befestigungsanlage. Sie liegt auf dem Gutenberg (1,8 km no Eningen). An einem abgestuften Sattel nahe der Albhochfläche zieht ein noch 1 m hoher und bis zu 3 m breiter flacher Wall quer über das Plateau. Wohl der Unterbau für eine Holzpalisade. Die bereits durch Steilhänge geschützte Fläche umfasst 5,5 ha. Rund 25 m unterhalb im Südhang (2,1 km no) finden sich Hallstattscherben. Solche kommen auch auf dem Hännersteigfels (2,5 km ono) und am Westhang des Renkenberg (2,4 km o) zutage. Auch geht das Albgut Lindenhof auf dem „Rauschigen Feld“ (3,5 km so) wohl auf keltische und römische Wurzeln zurück. Der „sw-Hang des Rangenbergle im Tal (1,6 km nno) war wie das „Ehrenwäldle“ (2,1 km non, mit vier Grabhügeln) ein keltischer Wohnplatz.

Die St. Johanner-Hochfläche – eine antike Riesenburg?

Neben dem Erzzentrum im Norden Würtingens finden sich in den anderen St. Johanner-Teilorten weniger Grabhügel. So erinnern in Upfingen gerade noch die Flurnamen „Steinenlaich“ und „Brandwiesen“ an unter den Pflug genommene Friedhöfe. Eindrucksvoll, die sich als Wohnbehausung gut eignende Klopfjörgleshöhle (1 km sws), in der schon Rentierjäger eine Unterkunft fanden. Einzelne ältere Grabhügel gibt es in „Urlach“ (1,4 km no Bleichstetten) und „Felsenäcker“ (2,6 km n). Im Norden des Dorfes lag inmitten des frühmittelalterlichen Ortes Burghausen am Rutschenfelsen (2,6 km n) nahe einer der seltenen Quellen auf der Hinteren Alb bereits eine Hallstattsiedlung. In der wenige Meter unter der Traufkante liegenden geräumigen Eppenzillhöhle (300 sw des Aussichtspunktes) hausten späte Kelten. Im Wald „Banholz“ hat sich 2 km n von Lonsingen ein acht Hügel umfassender Keltenfriedhof erhalten. Direkte und indirekte Siedlungsspuren von früheren Gehöften zeugen von einer dichten Besiedlung:

So in „Brunnenwiesen“ (2,2 km n Bleichstetten) und „Felsenäcker“ (2,6 km n); „Am Hohlen Felsen“ (1,5 km so Upfingen) und in der bewaldeten Markung des untergegangenen Dorfes Bickelhausen (2,7 km n). 1883 sollen im Wald „Hesselbuch“ noch 70 bis 80 Grabhügel zu sehen gewesen sein. Die Oberamtsbeschreibung hielt es gar für möglich, dass an der engsten, 6 km breiten Stelle der St. Johanner-Berghalbinsel, zwischen dem „Übersbergerhof“ und dem „Rutschenhof“, einst eine Absperrung lag:

„Geht man diesen Grabhügeln, Hochäckern und Podien nach, so drängt sich der Gedanke auf, ob hier nicht ein Gegenstück zu der Grabenstetter Riesenburg zu finden ist. Die Spuren zeigen, dass das ganze Gebiet einmal eine einheitliche Anlage gewesen ist.“

Hintere Alb – Drehkreuz des Eisenfernhandels

Der Fund von neun Eisenbarren und Eisenschlacken bei Gächingen skizziert Punkte auf einer möglichen dritten antiken Handelsroute über die Hintere Alb. Diese führte vom *oppidum* am Heidengraben über ein „Mittelzentrum" bei Engstingen und Meidelstetten zur Donau. In den Orten sind gehäuft keltische Münzen aufgelesen worden. Im Bereich der Sirchinger Steige liegt (2,8 km sso Bad Urach) in einer Felsgruppe die **Schorrenhöhle**. Die nur über eine Leiter erreichbare Öffnung führt 40 m tief in den Fels und bietet in hohen Hallen ausreichenden Wohnraum. Neben jungaltsteinzeitlichen Scherben fanden sich aus der Zeit von Ha C und Ha D reichliche Keramikreste. Wenig nördlich eines alten Albaufstiegs aus dem Ermstal liegt 1,2 km o **Sirchingen** der Burgfels **Blankenhorn**. Der 15 m lange Felsgraben ist in seinem Ursprung vorgeschichtlich.
An der weiteren Strecke, in **Gächingen**, lebten im sw-Bereich der Kirche (Pfarrgarten) und 300 m ssw im „Brühl" wohl Galloromanen.
Der Fund von neun Eisenbarren beim Birkenhof (2,2 km oso Kirche) und Eisenschlacken mit latènezeitlichem Brandgrab im **Degental** (2,45 km ssw) begleiten den Altweg. Das Degental mag seinen Namen von hier gefundenen Latène-Schwertern haben – so zuletzt 1902, als man beim Wegebau am Waldsaum „Schützenbuch" ein Flachgrab mit einer mehrfach umgebogenen, 36 cm langen Lanze angrub. Ebenfalls an der Route: Hallstattzeitliche Nachbestattungen in Grabhügeln der Mittelbronzezeit im „Alten Hau" (1,6 km sso). Im „Tiefental" zwischen Gächingen und Gomadingen, im Bereich mehrerer Quellen, lagen viele späte, grobe Latènescherben und römische Terra Sigillata (feines Tafelgeschirr aus Keramik). Hier saßen Kelten, die sich der Ware bedienten, die die Straßenbauer und die Kastellbesatzung mitbrachten. Am Rande der Siedlungen auf der Uracher Alb finden sich drei markante Felsgebilde, die sich nicht als Wohnstätten eignen, aber dennoch von Kelten aufgesucht worden sind:
Die exponierte Kuppe des **Karpfenbühl** 700 m ssw oberhalb Dettingen zeigt besonders am Anstieg auf der Südwestseite und auf der Höhe schwarze Kulturerde mit einer Menge typischer Scherben der Hallstattzeit. Der stark magnetische Vulkanschlot war zweifelsohne eine Kultstätte. Eine ebensolche kann auch am Felsabbruch unterhalb des **Sonnenfelsen** (1,8 km sso) vermutet werden. Hier lagen Scherben der Hallstatt- und Latènezeit. In der **Sonnenfelsengrotte** (1 km s) wurden Knochen und Spätlatènescherben geborgen.

Gallisches *castellum* an der Nordalb

Alte Passwege durchzogen die Teck- und Filsalb

Fast 400 m steigt die Schopflocher Alb zwischen dem Lenninger Tal und Wiesensteig über das Vorland auf. Bei Ochsenwang liegt der höchste Punkt der in diesem Bereich auch Teckalb bezeichneten Mittleren Kuppenalb. Charakteristisch ist die fast wasserlose, verkarstete Hochfläche und die stark zerklüfteten Täler, allesamt kaum besiedelt. Nirgendwo sonst als auf der Filsalb, die im Quellbereich des gleichnamigen Flusses bei Wiesensteig ihren Anfang nimmt, ist die Hochfläche des Mittelgebirges so zerschnitten. Die vielen Plateauberge hat der Fluss mit seinen Nebenbächen geschaffen, weil er die Alb gleich auf zwei Seiten in die Zange nimmt. Höllbach, Weltenbach, Krettenbach, Fischbach und Rohrbach zerlegen den Weißjura in große, isolierte Bergblöcke. Ideale Orte für Höhenfestungen: Die schon von weitem sichtbare Bastion der Alb hebt sich hier bis zu 300 m heraus. Ausliegerberge wie der Hohenstaufen (603 m) ragen weit ins Vorland hinein.

Höchste Hauptpassage über die Alb

Durch das Lenninger Tal führte die höchste Hauptpassage über die Alb. Sie wird begleitet von Grabhügeln im Tal, so bei Brucken. Von Kirchheim über die Passhöhe bei Donnstetten hatte der Altweg den Donauübergang bei Ulm als Ziel. Ein vielleicht vorrömischer Wegzug beginnt bei der „Pfulb“ (der Passhöhe zwischen dem Lenninger und dem obersten Filstal) bei Ochsenwang bzw. Gutenberg und zieht am Römerstein-Turm vorbei nach Zainingen, mit leichten Kurven Süden über Böttingen zum Knotenpunkt nach Granheim. Schlackenreste im Talort **Unterlenningen** und der Fund eines Eisenspitzbarrens beim Bau des Bahnhofes im Jahr 1899 bezeugen keltische Eisenverhüttung und indirekt auch einen Transportweg für Wagen. Rund 300 m n vom Engelhof in der Flur „Himmelreich“ kamen Mengen an groben Latènezeitscherben samt einer eisernen Lanzenspitze und einem Pferdezahn zutage.

Auch durch das Neidinger Tal und über die Passhöhe zwischen den Burgen Reußenstein und Heimenstein führte offenbar ein vorgeschichtlicher Weg, von der die Oberamtsbeschreibung Geislingen weiß: *„Aus dem deutschen Altertum hat sich die alte Straße erhalten; sie geht hinter Westerheim zwischen Donnstetten und dem Schertelshöhle-Tal am grauen Stein vorüber, durch's Druthatälchen auf die große Weite, an der Maleiche vorüber, am Reußensteiner Hof die alte Steige nach Neidlingen hinunter.“* Fundstellen an diesem Weg: Eine größere hallstattzeitliche Siedlung auf dem **Erkenberg** nördlich von Neidingen. In der **Heimensteinhöhle** (2,2 km sw **Neidingen**) unterhalb der gleichnamigen Burgruine wurde eine kleinere spätkeltische Pferdestatuette entdeckt. Ob sie als Opfergabe diente oder als verloren gegangenes „Spielzeug“ einzuordnen ist, muss offen bleiben.

Opfergaben im Moor des Randecker Maar

Zwischen beiden Albaufstiegen liegt das Randecker Maar und der markante Teckberg. Würde man die archäologische Fundsituation auf der Teckalb als tatsächliches Abbild der Vergangenheit zugrunde legen, dann müsste die Hochfläche in der späten Bronzezeit fast menschenleer gewesen sein. Womöglich hat man die Friedhöfe mit den im Boden vergrabenen Urnen aber einfach nur noch nicht wiederentdeckt. Aufgelesene Scherben der Urnenfelderzeit sind lediglich von der Teckhochfläche („Herzogsbrunnen") bekannt, die in der folgenden Hallstattzeit aber stark und um die Zeitwende (4 Grabhügel o „Gelber Felsen") nur dünn besiedelt gewesen sein dürfte.

Die gefundenen latènezeitlichen Silbermünzen im Torfmoor von **Schopfloch** (2,5 km nnw) könnten eine Weihegabe für die hier alles verschluckende Erde gewesen sein. Südöstlich der Torfgrube, nahe der Wegekreuzung am „Kreuzstein", wurden 1980 bei Leitungsausschachtungen Fundamente eines frühalamannischen Grubenhauses freigelegt. Die Verfüllung barg zahlreiche Eisenschlacken, wie auch Bohnerze, nebst eine Vielzahl von Keramikscherben. Auf der Hochfläche bei **Ochsenwang** lebten späte Kelten: Über dem tiefsten Punkt des Randecker Maars (1,3 km o) liegen am Berghang zwei Terrassen, deren Kulturboden latènezeitliche Scherben enthielten.

Wohnstätten im nackten Fels

Ein idealer Zufluchtsort war die schwer zugängliche Spalthöhle unterhalb der **Rauberweide** an der Hangkante (1,2 km sw Ochsenwang). Hier kamen 1931 spät-

Transitland Teckalb: Bei Neidingen führte eine vorgeschichtlicher Pass vom Neckargebiet auf die Höhe des Gebirges.

keltische Keramik und eine eiserne Lanzenspitze zum Vorschein. Oberhalb des Felsens wurde der Hausgrundriss einer rechteckigen Hütte aus der Latènezeit freigelegt, dazu Reste von Gefäßen und ein Lanzenschuh.

Spätkeltische Scherben fanden sich im Eingangsbereich der bekannten, 122 m langen **Heppenloch**- (1 km n **Gutenberg**) und in der 112 m langen **Mondmilchhöhle** (1,5 km s), die unterhalb der Ruine Sperberseck liegt, im Fundgut Webgewichte und Spinnwirtel. Auch aus einer der unter der Traufkante liegenden **Tobelhöhlen** bei **Oberlenningen** (1,5 km o) sind Spinnwirtel bekannt, dazu zwei Fußzierfibeln.

Alte Bergfestungen und Pässe über die Filsalb

Von Weilheim führte ein alter Passweg über die Eckhöfe nach Wiesensteig weiter ins Obere Filstal. Sichere spätkeltische Siedlungsspuren auf der Filsalb gibt es gerade mal zwei:

Scherben aus dem Wall des Burgstalls im Osten von **Mühlhausen im Täle** und eine 1898 gefundene Goldmünze auf dem **Hohenstaufen**. In den Seitentälern der oberen Fils deuten Höhenfestungen eine vorrömische Bevölkerung respektive wichtige Talstraßen an, die es unter Kontrolle zu halten galt. Eine „Ringburg" unbekannter Zeitstellung wird auf dem **Weigoldsberg** vermutet, der einer Pyramide gleich, fast als Umlaufberg mitten im Tal im Osten von **Reichenbach** steht.

Die Burg liegt westlich eines Altwegs, der von Kirchheim über Zell, Aichelberg, Eschenbach (Flurname „Römerhecke") nach Schlatt zog, über Gaiern auf die Passhöhe nach Reichenbach stieß und bei Aufhausen auf die Albhochfläche kam. Östlich der Bergfestung lief der letzte unter den zum Filstal von Norden (Gmünd) führenden Pässen, der von Unterböhringen über Hausen hoch nach Türkheim führte.

Das nach Süden ins Filstal hineinreichende Plateau der **Nordalb** (w Reichenbach) wird von einem 190 m langen, bis 2 m hohen, bogenförmigen Graben mit Abschnittswall begrenzt. Je ein Zangentorähnlicher Durchgang liegt nahe den beiden Bergflanken. Die so geschützte 1,5 ha große Anlage erinnert an ein gallisches *castellum*. Nicht auszuschließen ist aber eine jüngere Zeitstellung.

Ein alter Pass von Boll führte über Gruibingen nach Mühlhausen und von dort über Gosbach auf die geschlossene Albhochfläche (Flurnamen „Albsteig" und „Heuweg").

Auf einem Ausläufer der **Kornbergs** rund 2 km so **Boll** erhob sich im 12. Jh. die **Burg Landsöhr**. Auf dem von Ost nach West gerichteten dreieckigen Sporn liegen drei Abschnittswälle. Der heute noch 1,6 m hohe Hauptwall dürfte in seinem Kern vorgeschichtlich sein, ebenso die „Burg" auf dem **Oberbergfelsen** sw **Ditzenbach**.

Eine spätbronzezeitliche Höhensiedlung steckt in der um 1200 erbauten **Hiltenburg**. Durch die Bebauung sind ältere Spuren einer möglichen Umwehrung zerstört worden. Keramikfunde belegen jedoch vor- und frühkeltische Bewohner.

Ungebrochene Siedlungskontinuität
Größte Grabhügeldichte auf der Münsinger Alb

Die Münsinger Alb wird nördlich vom ehemalige Truppenübungsgelände Hardt begrenzt, im Osten ist es die Linie Westerheim–Laichingen–Heroldstatt; Orte die sich den Unterbegriff Laichinger Alb gegeben haben. Südlich markiert wieder die Klifflinie die Gebietsgrenze. Das Kliff zieht sich nördlich von Pfronstetten über zum „Schachen", ehe es in die Bucht des Lautertals einbiegt. Gundelfingen als südlichster Münsinger Talort gehört noch dazu. Östlich des Tales geht der Küstenverlauf bei Apfelstetten, nördlich von Mehrstetten weiter bis zum Suppinger Berg, wo die Blaubeurer Alb beginnt. Im Westen trennen das Ermstal, die Linie Dottingen–Gomadingen und die Trasse der B 312 bis Pfronstetten die Münsinger Alb von der Reutlinger und Hinteren Alb.
Die mithin höchsten Kuppen befinden sich im Bereich des Hart. Mit Erms, Lauter und Schmeie hat die wegen der geologischen Beschaffenheit des Karstes durch Wasserarmut geprägte Münsinger Alb in ihrer Peripherie drei Fließgewässer.

Vergessener Großgrabhügel an uralter Albpassage

Die Gegend um **Hengen** war schon in der Steinzeit ein begehrtes Ziel von Hornstein-Sammlern. Die hier gehäuft vorkommenden Kieselknollen wurden für die Herstellung von scharfen Steinwerkzeugen benutzt. Aus diesen anfänglichen Handels-Pfaden, die in alle Himmelsrichtungen führten, entwickelten sich gerade in den Tälern bei Urach viele Wege-Varianten auf die Albhochfläche:
Eine mutmaßlich keltische Nord-Süd-Hauptroute durch die Münsinger Alb zog vom *oppidum* Heidengraben durch das Fischburgtal, auf die Höhe von Gruorn – oder alternativ an der Quelle der Erms (keltisch *Armissa*) vorbei – dem Tal der Großen Lauter folgend zur Bergfestung „Althayingen". Das *oppidum* bei Grabenstetten bildete sich zwar erst um 110 v. Chr. heraus, doch bereits 400 Jahre zuvor lag hier wie in Hayingen ein „Mittelzentrum". Ein Albaufstieg durch das Lenninger Tal erklomm bei Schlattstall die Höhe und zog westlich von Böhringen durch Aglishardt, zwischen Gruorn und Trailfingen an Münsingen vorbei durch das Heutal Richtung Obermarchtal an die Donau.
Eine dritte Transitroute folgte von Urach kommend dem Ermstal aufwärts, um bei Seeburg entweder nach Osten Richtung Blaubeurer Alb oder südlich Richtung Münsingen abzuzielen. Als weitere West-Ost-Route war der Weg durch das Zittelstatt-Tal, dem in etwa die heutige „Ulmer Steige" der B 28 folgt.
Entlang diesem Weg konzentrieren sich keltische Siedlungen:
Rund 2 km s des 700 m langen Walls, der die Halbinsel **Grabenstetten** von der Albhochfläche abriegelt, liegt im Wald „Kohlhau" (n **Hengen**) ein 30 m breiter „Römerhügel". Seine Lage am „Teufelsweg" nimmt Bezug auf eine alte Straße aus „heidnischer" Zeit. Im „Dieterholz" (1 km nno **Hengen**) ein weiterer Hügel, 100 m

no davon keltische Siedlungsreste im Boden. Zwischen dem Ortsteich am Hengener Südrand und zweier Feldhülen im Osten („Goslach“ und Gewann „Doktor“) streuen auf den Feldern Eisenschlacken. Im Ort sind sogar Ofenbauteile gefunden worden. Vermutlich wurde hier von Galloromanen Verhüttung betrieben.

Knapp 1,6 km so Hegen liegt das **Känzele**. Zwischen Seeburg und Hengen zweigt vom Fischburgtal das Brucktal nach Osten, Richtung Aglishardt ab. Von dort führt ein vergessener Aufstieg im Norden durch ein kleines Tal entlang des Baches Engertle auf die Albhochfläche. Rund 70 m oberhalb verläuft die Ostflanke der Halbinsel „Buch“. An deren felsiger Spitze liegt eine durch einen Abschnittswall gesicherte Fläche von 50 x 10 bis 25 m. Der über 30 m lange und rund 1,5 m hohe Wall mit vorgelagertem tiefen Graben sperrt den Bergrücken ab; eine 40 m lange Randbefestigung ist entlang der nördlichen Hangkante angelegt worden. „*Form und Erhaltung lassen an eine metallzeitliche Anlage denken*“, sagt der Tübinger Archäologe Christoph Morrissey.

Am weiteren Weg nach Süden durch das Fischburgtal sind auf dem **Kapuzinerfels** (2,6 km s **Hengen**), einer exponierten Stelle, mit einem in den Fels gearbeiteten Graben, an der drei Nebentäler abzweigen, Keramikreste der Hallstattzeit entdeckt worden. Hier zweigt ein Altweg nach Gruorn ab.

Eine Höhenfestung lag auf dem „Hochberg“ bei **Wittlingen**, einem breiten Ausläufer der Alb,der vom Ermstal im Westen und dem Zittelstatt-Tal im Osten begrenzt wird. Das Gebiet heißt auch **Schanz** und nimmt damit auf mindestens zwei vorgeschichtliche Abschnittswälle Bezug. Einer verläuft 400 m o der von Kelten aufgesuchten **Wassersteinhöhle**. Die Höhle liegt 2,5 km oso Urach im Steilhang. Der Rest eines zweiten Walles liegt weiter nördlich, mit gegen Süden vorliegendem Graben. Unterhalb einer Böschung (mit Wohnhaus) liegen rund 250 m n (also 3,2 km nw **Wittlingen**) im Unterholz über 20 Grabhügel. Etwa 1 km s, in halber Höhe des Föhrental-Nordhangs, liegt die geräumige **Mockenrainhöhle** – eine spätkeltische Zufluchts- oder Kultstätte.

Keltische Behausung: Die Wassersteinhöhle in einem Seitental bei Bad Urach.

Im Vorraum wurde eine große Herdstelle aufgegraben. Die Burg **Hohenwittlingen** ist in einer vorgeschichtlichen Höhensiedlung errichtet worden, Funde unterhalb an der **Schillerhöhle** und der „Schlößlesbronnenhalde" (1,5 km w).

Der **Burgberg** über dem alles beherrschenden Sporn zwischen Mühl- und Seetal von **Seeburg** ist vorgeschichtlich (Burggraben aus der Früheisenzeit).

Wege führen über den Burgberg, durch das östlich darunter liegende Ermstal, (das hier noch Mühltal und nach dem Quelltopf Trailfinger Schlucht heißt) und durch das westlich darunter liegende Seetal auf die Alb.

Es folgt die **Schanze** bei **Trailfingen** (1,3 km nw). Die undatierte Abschnittsbefestigung liegt auf einem Sporn über der Trailfinger Schlucht, einem durchgängigen nach drei Mühlen benannten Tal, in dem der Ermsquelltopf auf außergewöhnlich hohen 617 m tief im Albkörper liegt. Auf der Hochfläche sichert ein vermutlich im Frühmittelalter ausgebauter mächtiger Doppelwall ein 1,2 ha großes Terrain. Scherben weisen in das 10. bis 6. Jh. v. Chr. und 8. bis 11. Jh. n. Chr. Etwa 300 m nno der Schanze beim basaltischen „Hofbrunnen" lag eine hallstattzeitliche Siedlungsstelle.

Auf der gegenüberliegenden Talseite liegen die Reste der um 1200 errichteten kleinen **Burg Littstein** inmitten einer Fundstelle frühkeltischer Scherben. Die Keramik kann aber nicht von einer Höhensiedlung stammen. Die Randlage an dem steilen Abhang macht hier eine kultische Verehrungsstätte über der tiefen Schlucht wahrscheinlich. Wo der Weg aus der Trailfinger Schlucht (mit steinernen Geleisspuren) die Albhochfläche erklimmt, liegen 200 m linker Hand am Waldrand „Hammersbraike" zwei Grabhügel.

Durch das Stadtgebiet **Münsingen** zieht sich die keltische Spur weiter südwärts fort: Zwei große Grabhügel in den Wiesen 1 km w der Kirche. Die Bezeichnung des Hausberges **Beutenlay**, lässt an einen ehemaligen Großgrabhügel denken. Das Grundwort *„lê"* ist schon im germanischen als „hlaiw" (gesprochen: lay) für Grabhügel überliefert. Der Beutenlay würde sich in die Reihe prominenter Anführer einordnen: Hoh-Michel-*le* und *Lehen*bühl (Heuneburg), Rauher *Leh* und Ringel*leh* (Ertingen), Kleinaspergle (Ludwigsburg). Im Beiwort „beuten" steckt vielleicht das germanische Wort *„beuda"* für „Opfer-Tisch" bzw. „Altar". Der Beutenlay hat die Form eines in die Landschaft gesetzten Tisches. Zudem führte der altdeutsche Sprachschatz das Wort „beuten". Es wurde durch die Begriffe „harren" und „warten" ersetzt. Denn „beuten" hieß im Grunde „geduldigen Verzug halten". Im Englischen hat „beuten" als „abide" überlebt und meint: bleiben, verweilen, wohnen, leben, ausharren, fortdauern. Alles Begriffe, die eine keltische Totenstätte trefflicher nicht beschreiben können, die hier an exponierter Stelle neben einer bedeutenden antiken Straße angelegt worden war.

Auf der gesamten Alb einzigartig war der Fund eines mittellatènezeitlichen Doppelgrabes (0,9 wsw **Auingen**): Ein Krieger, mit 80 cm langen Eisenschwert, Messer und einer Schafschere sowie Lanze, dazu Schild mit Schildbuckel und Axt lag neben einer Toten mit Schalen zu Füßen und weiteren Tongefäßen zur Aufnahme von Speisen und Getränken. Beide sind gleichzeitig bestattet worden.

Siedlungsballung über Jahrhunderte an der Klifflinie

Den Weg durch das Lautertal sowie dem durch das Heutal begleiten große und über lange Zeiträume belegte Siedlungen. Neben bronzezeitlichen finden sich auch früh- und spätkeltische sowie merowingerzeitliche (Nach-)Bestattungen. Davon zeugen entlang des Nord-Süd-Weges durch das Heutal **östlich der B465** folgende Hügel:
3,9 km so **Münsingen** (Wald „Kohl“) und 4 km sso („Brandwiese“). Etwa 1 km o hiervon im Wald „Fleckenhau“ mindestens 12 Grabhügel. Getrennt durch das Böttental 500 m no im Wald „Hohlenstein“ 12 Hügel. Östlich hiervon (1,3 km n **Mehrstetten**) gar 28 Grabhügel im Wald „Vorderer Berg“. Friedhöfe im Bereich der Klifflinie ziehen sich auf der ganzen Länge nach Norden in die Markungen von Böttingen und Auingen, wo Dutzende meist bronzezeitliche Nekropolen in Wäldern und Wiesengelände zu finden sind. Hallstattzeitliche Niederlassungsspuren gibt es von der Nordseite des „Hühnerbühls“ (0,5 km sw **Böttingen**) und 1 km n Bahnhof Mehrstetten in der Markung des verschwundenen Dorfes „Weidstetten“.

Größte Grabhügeldichte der Mittleren Alb

Auf der Albhochfläche zwischen dem Lautertal bei Hundersingen und der modernen Trasse der B 465 im Unterheutal liegt die stärkste Grabhügeldichte der ganzen Mittleren Alb vor. Hingegen sind die Plätze der dazugehörigen Siedlungsstätten so gut wie unbekannt.
Die Kelten haben noch nach Jahrhunderten die Bestattungsplätze ihrer bronzezeitlichen Ahnen mitgenutzt, so im Gewann „Häulen“ (2,1 km ono **Hundersingen**) oder am „Oberen Reichhardtberg“ (1,9 km o) – mit Siedlungsspuren bis ins Mittelalter, wo insgesamt 14 mittelbronzezeitliche Hügel mit hallstatt- und latènezeitlichen Nachbestattungen versehen worden sind; weitere sieben Hügel „Im Winkel“ (1,5 km no). Hügelgräbergruppen unbestimmter Zeitstellung in den Fluren „In der Heide“ (3 km ono), „Herrenwald“ (2,9 km o), „Ortenbühl“ (1,7 km no). Ihnen benachbart sind die bewaldeten Anhöhen des „Oberlauh“ sowie das „Michelsfeld“ (1,8 km nnw **Bremelau**) und der „Uzenbühl“ (1,6 km n), mit wenigstens noch 15 sichtbaren Grabhügeln.
Einzelhügel finden sich in „Heid“ (2,5 km ono **Hundersingen**), „Maad“ (2,1 km no), „Steinriegel“ (1,1 km n) und auf dem „Machtlesberg“ (600 m no). Eine Siedlung bei den „Sandgruben“ (1,4 km o). Weitere undatierte Einzelhügel im Umfeld von Bremelau waren oder sind der „Schneckenburren“ (200 m s), zwei Hügel im „Niederhau“ (2,9 km so) und in „Liesenäcker“ (1,1 km nw). Siedlungstradition zeigen die bronzezeitlichen Hügel mit keltischen Nachbestattungen an: Im „Tal“ (1,3 km w **Bremelau**) und am „Mönchbuch“ (1,2 km ssw).
Den Weg nach Süden entlang dem parallel verlaufenden Lautertal, **westlich der B465**, begleiten in einem Halbkreis um

Geheimnisvoll und mystisch: Keltische Schanze bei Westerheim im Herbstnebel.

Apfelstetten undatierte kleine Hügelgräbergruppen: 1,1 km nno („Hörnle"), 1,1 km o („Haseläcker"), 2,8 km so „Brandwiese" und 500 m sso („Vor dem Lau"), zwei Grabhügel am Osthang vom „Tiefental" (2 km nw), mittelbronzezeitliche Hügel mit Nachbestattungen im Wald- und Wiesenbereich der „Stocklesäcker" (1,5 km nw). Ihnen schließen sich im Süden bei **Buttenhausen** an:

Ein Hügel auf dem „Galgenberg" (1,4 km nno), zwei Hügel auf der „Kirchhalde" (800 m no), drei Hügel auf dem „Hohlen Stein" (800 m oso), einer im „Fuchsloch" (1,2 km oso). Vermutlich Reste von fünf Rennfeueröfen liegen am Fußweg nach Apfelstetten unterhalb der Kirchhalde. Die bis zu 8 m runden, leichten Erhöhungen, mit 1,5 m tiefen Schichten aus Erde und verbrannten Steinen und Kohlen kommen am Lautertalhang gehäuft vor.

Die fünfte Befestigungsanlage auf dem Nord-Süd-Weg ist das **Rauhe Stichle** bei **Hundersingen** (1,1 km nnw). Sie liegt unweit einer wichtigen Ost-West-Verbindung, die sie hier zu überwachen hatte und die von Hohenstein kommend die Lauter querte, um dann über Bremelau und Grötzingen nach Schelklingen abzusteigen. Sie hieß noch im Mittelalter „Salzstraße", ist aber aufgrund ihrer Wegeführung sicher vorgeschichtlich. Ihr weiterer Weg nach Westen führt zu den Salinen im Neckarquellgebiet. Diese Abschnittsbefestigung liegt rund 70 m über dem Lautertal. Eine 0,4 ha große Fläche wird von einem über 60 m langen, 10 m breiten und bis zu 1,5 m hohen Wall mit Graben gesichert. Ein Durchgang liegt in der nördlichen Hangseite. Die Innenfläche zeigt jedoch keine obertägigen Siedlungsspuren; Scherbenfunde fehlen bisher auch. Eine mögliche Ackernutzung zeigt sich außerhalb der Befestigung in zu großen Hügeln aufgetürmten Steinhalden. Davon unterscheiden sich aber drei rund-ovale steinerne Grabhügelschüttungen von 3,5 m bis 11,5 m Durchmesser, die innerhalb der gesicherten Fläche liegen.

Sechs Grabhügel im weiteren Bereich der linksseitigen Lautertalanhöhe finden sich im Gewann „Lisse" (1,5 km sw **Buttenhausen**), darunter fünf urnenfelderzeitliche, viele weitere liegen in der „Herrenbreite" (900 m wsw **Hundersingen**). Sie stammen aus der Mittelbronzezeit, wurden aber mit hallstattzeitlichen Nachbestattungen weiter verwendet. Als Wohnhöhle zu klein ist die **Plattenhöhle** (700 m w) am Westhang des Tals. Die hier gefundene Keramik dürfte – als Opfergaben oder Depot – von den Bewohnern eines Gehöfts auf der Hochfläche stammen. Rund 1 km w von der Aussichtskuppe **Schachen** liegen auf einer Anhöhe noch zwei Grabhügeln (bis zu 18 m breit und 1,2 m hoch) mit spätkeltischen Nachbestattungen und römischen Metallfunden. Die Mitte bildete ein mächtiger Steinring, der eine Knochenascheschicht barg, dabei waren eine Menge eiserner Waffen und Werkzeuge von verbrannten Steinen zugedeckt.

Der „Heunenberg“ nördlich der Ruine Hohengundelfingen hält die Erinnerung der Bevölkerung an hier unter vormals noch großen (heute verschliffenen) Hügeln bestattetet geglaubten „Hünen“ (Heunen) aufrecht. Gut tausend Jahre lang als Friedhof genutzt worden ist der „Maiersberg“ (1,5 und 2,1 km ono **Ehestetten**). Noch gut ein Dutzend Grabhügel liegen hier. Sie bargen keltische bis germanische Bestattungsfunde. Der Weg entlang der Lauter verlässt die Münsinger Alb bei Gundelfingen, wo in der Grotte der **Ruine Hohengundelfingen** (0,8 km no) vorgeschichtliche Scherben geborgen wurden.

Vom Knotenpunkt Straßberg direkt zur Donau

Als Knotenpunkt rückt der **Straßberg** (1 km nw **Magolsheim**) ins Visier: Er hält die Erinnerung an eine alte Wegekreuzung wach, die gut 8 km östlich des Albaufstiegs durch die Trailfinger Schlucht liegt: Von der 819 m hoch gelegenen Bergkuppe stieg ein Altweg 120 m tief in das „Höllloch“ hinab. Er führte entlang des hier beginnenden (heute trockenen) Mühltals, in dessen weiterem Verlauf der Quelltopf der Schmiech liegt, über Schelklingen nach Ehingen zur Donau. Auf der Kuppe des „Straßberg“ sind Geländeplanierungen zu sehen, dazwischen von Feuer schwarz gebrannte spätlatènezeitliche Scherben, keine Geschirrkeramik.

Der Weg am Abstieg ins Mühltal lässt sich quer durch das ehemalige Truppenübungsgelände zurück zum Wegkreuz bei **Gruorn** verfolgen. Die keltischen Fundplätze markieren den Straßenverlauf: Mehrere Hügel „Beim Bahnhöfle“ (ca 2,8 km nw Straßberg), dort in einer „Höhle am Staufen“ hallstattzeitliche Scherben. Siedlungsniederschlag durch Scherbenfunde liegen vom „Oberösch“ (2 km nnw) vor. Mittelbronzezeitliche Hügel mit frühkeltischen Nachbestattungen 4 km so von Gruorn („Dempfel“), in der „Spitalhalde“ (2,3 km so), mit hallstattzeitlichen Nachbestattungen in „Unter Riederen“ (1,8 km so). Gräber unbekannter Zeitstellung im „Oberen Wolfsbühl“ (1,3 km w) und auf dem „Sommerberg“ (1,1 km ono). Sechs Grabhügel liegen 1,8 km nnw („Reisach“), zwei davon mittelbronzezeitlich, ehe das Bohnental hinab ins Fischburgtal führt. In der seit der Steinzeit immer wieder aufgesuchten **Rappenfelshöhle** (2,8 km ssw **Böhringen**) fanden zwei Keltenkinder im hinteren Teil einer Felsnische unter einer 1 m hohen Deckschicht ihre letzte Ruhestätte.

Das „weiße Gold“ der Kelten – Salzhandelswege auf der Alb

Am Übergang von der Münsinger auf die Zaininger Alb hat sich in Flurnamen „Salz“ der Nachweis einer uralten Höhenstraße erhalten, auf der die Kelten das „weiße Gold“ transportierten. Im für die frühe Keltenzeit namensgebenden Hallstatt, im Salzkammergut, wurde es bereits vor 7 000 Jahren abgebaut, nachweislich für den „Export“. Aber auch in Reichenhall oder Friedrichshall bei Heilbronn, möglicherweise auch aus dem 90 km nördlich liegenden Schwäbisch Hall, oder aus Niederhall/Kocher sowie den Salinen zwischen Rottweil und Bad Dürrheim könnte Salz auf die Alb gelangt sein. *Hall* ist vermutlich die keltische Bezeichnung für Salzabbau (Saline). Seine Bedeutung wird gegenüber dem des Eisen oft unterschätzt: Salz ist lebensnotwendig für Mensch und Vieh. Vor allem zum Konservieren von tierischem Eiweiß ist es kostbar, auch Gerber brauchen Salz. Ein Rohstoff, der zu dieser Zeit wertvoller war als Gold.

Vom Wegeknoten beim **Straßberg** führte ein Altweg, auf dem hauptsächlich Salz transportiert worden war, nach Norden zum großen Grabhügelfeld von Zainingen und weiter zur Teckalb: Darauf deuten an der Strecke acht Grabhügel auf dem „Engelsberg“ (2 km nnw von **Straßberg**), ein herrschaftliches Wagengrab am „Ostfuß des Schottenstein“ (3,8 km nno), 18 hallstattzeitliche Hügel s und o der „Ludwigshöhe“ (4,5 km oso **Gruorn**) und neun Hügel „Beim Engelsbrünnle“ (2,8 km ono **Gruorn**). Ab hier hat sich noch die Trasse der römischen Alblimesstraße – die einen keltischen Altweg nutzte – im Gelände erhalten. Dieser Heerweg führt über den „Katzensteig“ südöstlich von Zainingen vorbei auf den „Salzwinkel“ – einem engen Durchgang zwischen zwei Bergen – ins „Menzentäle“ Richtung Bernstadt (Flurname *„Salzbühl“*). Eine von den großen Erzfeldern abseits gelegene Lagerstätte liegt auf dem „Nattenbuch“ (s **Feldstetten**). Am Westrand des Quellsees wurden 1898 sehr eisenreiche Schlacken entdeckt, die wohl aus einem Verhüttungsofen stammen. Auf den Markungen von Laichingen sind keine Grabhügel (mehr) zu finden.

Im nicht zugänglichen Teil des ehemaligen Truppenübungplatzes liegen Hügel unbekannter Zeitstellung und spätkeltische Scherben im Bereich der untergegangenen Dorfmarkung von Nieder- und Hochhöklingen (7,9 km ono **Gruorn**).

Nur 300 m o der alten „Hochgesträß“-Route liegt (2,3 km o **Westerheim**) eine spätkeltische **Viereckschanze** im Gewann **Waldstetten**, die jetzt als Viehgehege genutzt wird. Rund 240 m ono der Anlage, mit Tor in der Südseite, liegen an einem Feldweg zwei (beschilderte) abgeflachte, 10 m breite Grabhügel der Hallstattzeit mit spätkeltischen Nachbestattungen. Etwa 100 m so Scherben- und Glasperlenfunde. Aus der Höhle **Steinernes Haus** bei Westerheim liegen urnenfelderzeitliche Scherben vor.

Die **Zaininger** Hülbe war in der Urnenfelderzeit schon Mittelpunkt eines Weilers. In der Mitte der Hallstattzeit muss hier eine Großsiedlung gelegen haben. Im Osten des heutigen Dorfes liegt der zweitgrößte keltische Grabhügelfriedhof der Mittleren Alb. Vormals etwa 70 Hügel sind auf dem Wiesengelände im Winkel zwischen B 465/B 28 angelegt worden; heute sind noch 62 zu erkennen, teilweise bis zu 48 m breit und 2 m hoch. Der älteste der in den 1890er-Jahren untersuchten Grabhügel stammt aus der Urnenfelderzeit. Einige wenige Nachbestattungen gehören in Ha C; die meisten – allesamt Brandgräber – in das 7./8. Jh. v. Chr. Zu den Funden zählen in erster Linie Geschirr und Keramik der Alb-Salem-Kulturgruppe. Bronzeschmuck ist sehr selten. Herausragend ist der Fund von vier giraffenähnlichen tönernen Pferdefiguren (ca. 12 cm hoch), die Verbindungen in den Osthallstattkreis belegen und die wohl symbolisch anstelle eines Wagens mit ins Grab gegeben wurden.

Am Weg vom Gomadinger Herrschaftssitz nach Münsingen

Im späteren Ort Münsingen liefen auch mindestens zwei Wege aus dem Westen zusammen: Der eine, von der St. Johanner-Berghalbinsel kommend über Dottingen, und der andere vom Knotenpunkt bei Engstingen über Gomadingen. Im Waldrandgebiet beim „Poppental" unweit einer Quelle (1,2 km ssw **Dottingen**) liegen mindestens 34 Grabhügel mit Bestattungen der Mittleren Bronze- bis in die römische Besatzungszeit, darunter ein Wagengrab. Ein eindrückliches weiteres Beispiel dafür, dass es auf der Mittleren Alb Bevölkerungsgruppen gab, die über Jahrhunderte hinweg am selben Platz lebten und dort dieselben traditonellen (Bestattungs-)kulte pflegten, wie ihre Vorfahren.
Die 1901 untersuchten Tumuli variierten damals zwischen 4 und 18 m im Durchmesser und bis zu 1,7 m in der Höhe. Nicht weit davon lag im „Banholz" (800 m ono **Steingebronn**) eine ähnliche, 13 Tumuli umfassende Grabhügelgruppe, wovon zwei Großhügel (32 m breit, 3 m hoch und 44 m breit und 3 m hoch) 1936 eingeebnet wurden, um Ackerland zu bekommen. Geborgen wurden Reste eines Wagen- und eines Schwertgrabes.
Vermutlich war der mit 844 m Höhe seine Umgebung überragende **Sternberg** bei **Gomadingen** für die Kelten ein besonderer, verehrungswürdiger Ort.

Über sechzig Grabhügel an einer alten keltischen Salzstraße bei Zainingen.

Auf der Nordost- und Südseite zeigt er Spuren von künstlich angelegten Terrassen. Die Mulde des kleinen „Katzentäle“ im Osten ist gegen Norden mit einem Wall geschlossen. Nahe des Sternbergbrunnens liegen vorgeschichtliche Scherben im Boden. Der alte Aufstieg, der eine Art Prozessionsweg gewesen sein konnte, erklomm von der Lauterquelle aus den Berg von Westen. Er führt dann nach Erreichen der Höhe abwärts in den Südabfall in ein Grabhügelgebiet mit vielen reichen Gräber der ältesten Hallstattkultur: Gewissermaßen die Vorläufer der ab 600 v. Chr. beginnenden „Fürstengräber“ mit Mächtigen, die sich am Fuße des Sternbergs bestatten ließen.

3,5 km sw Gomadingen liegen in den Äckern große Brandhügelgräber von 10 bis 32 m Durchmesser. Der am reichsten ausgestattete Hügel (250 m ono der Holzhütte) war mit einem 1,08 m langen Schwert bestückt; der 18 cm lange Griff ist mit winkelverzierten Goldblechstreifen besetzt; der Holzknauf ebenso. Zwei prunkvolle (Alb-Salem-Keramik) dazu weiteres Geschirr, zählen zu den großartigsten Keramikfunden der frühen Alb-Kelten überhaupt und deuten auf einen „Stammesfürsten“ hin. Seine mögliche „Gefolgschaft“ liegt in Grabhügelgruppen im „Braikestal“ (1,8 km ssw), „Buchshau“ (2,4 km wsw), im bewaldeten „Eichberg“ (3 km ssw, 3,1 km sw), „Stumpenhau“ (3,6 km ssw), „Hinter der Schwende“ (3,7 km ssw), „Aschwang“ (4 km und 4,5 km sw), am „Bernlocher Weg“ (4,1 sw) sowie am **Wahlenberg** (4 km ssw).

Frühkeltische Scherbenfunde am nördlichen Felsvorsprung des **Hackberg** (1,7 km sso) lassen an eine zu dem Siedlungskomplex „Sternberg“ gehörende Kultstätte denken. Die Fundstätte liegt auf einem Felskegel, der im Volksmund „Opferstein“ genannt wird. Eine weitere vermutete Opferstätte liegt unweit des Quelltopfs der Großen Lauter in einer Kleinhöhle 400 m sw der **Offenhauser Klosterkirche**. Die Spalthöhle am Waldrand barg Keramikfunde der vorrömischen Zeit. Lauterabwärts müssen schon in der Bronzezeit einige Siedlungen gelegen haben, so im Wald „Härtle“ (1,7 km w **Dapfen**).

Die Umgegend des Schlosses **Grafeneck** liegt im Bereich der spätkeltischen Handelsroute zum Heidengraben. Am Dolderbach gibt es Siedlungsspuren, beidseitig der Bahnlinie im „Hirschplan“ (2,1 km n Dapfen) liegt ein Grabhügel, vier im „Schönwälde“ und „Leingenfeld“ (2,3 km no) und drei in „Brende“ (3 km no). Die mittelalterliche Burgstelle Blankenstein (800 m wsw **Wasserstetten**) ist in eine vorgeschichtliche Höhensiedlung hineingebaut worden, zu der auch, den Scherbenfunden nach, die unterhalb des heutigen Turmes liegenden beiden Höhlen gehört haben.

Älteste Siedlung der Münsinger Alb?

Mit einem ehemaligen Forst hat der Ort **Ödenwaldstetten** nichts gemein: Das heutige Dorf hieß um 1100 *Walichstetin* und leitet sich vom mittelhochdeutschen *Wahlchen*, (ndt. *Welsche*) ab, der für „Fremde“ steht und vermutlich die alamannische Bezeichnung für Kelten war. Im 5. Jh. lebten auf der Dorfmarkung noch Galloromanen, als die alamanni-

schen Siedler auf der Alb sesshaft wurden und im gebührenden Abstand ihre Weiler Gomadingen, Eglingen und Meidelstetten anlegten. Entsprechend reich ist die Umgegend von Ödenwaldstetten an keltischen Spuren:
So im schon durch seine Bezeichnung auf Grabhügel hinweisenden „*Michel*feld/wald" (1,8 km so) und auf dem (2 km oso) Wachholderheidehang „Geißfeld" (keltisch *chais* = steil, abfallend). Verschliffene Tumuli liegen südlich des Dorfes im „Pfannenstiel" und östlich „Im Brühl" sowie im „Oberen Leirenfeld" (von *Lay, Leh* = Grabhügel). Auf der „Geißwiese" (1,1 km wsw) und der „Heid" (1,4 km ssw) befinden sich mehrere vormalige Hügelgräber, ebenso im „Gäßlesacker" (200 m nno). Im Osten der Ödenwaldstetter Markung weitere Hügelgräber beim „Hirtenstuhl" (2 km ono) und Mettendorf (2 km no); außerdem in „Bettelheken" (1,6 km w **Eglingen**). Auf der markanten Kuppe des **Roßhäuptle** (2,4 km sso) könnte, so vermutet die Forschung, die Kultstätte der Siedlung gelegen haben. Auf der kleinen, zerklüfteten Felsspitze überragt ein Steingebilde die Hochfläche um 6 m: Nicht näher bestimmbare Scherben deponierter oder zu Boden geworfener Keramik wurden hier aufgelesen. Im südlich gelegenen Wald Mörsbuch (500 m–1 km sw Maßhalderbuch) wurden 1883 über 30 Steinhügel gezählt, die keine Funde beinhalten, aber möglichen Grabhügelcharakter haben. Ein Altweg nach „Althayingen" verlief durch das angrenzende „Weidental". Auch der nördlich von Ödenwaldstetten liegende **Götzenberg** (2,8 km s Sternbergturm) hält durch seine Bezeichnung eine Erinnerung an „Heidnisches" wach. Der Namensgebung im Mittelalter müssen eindeutige Funde vorangegangen sein, die von einer vorchristlichen Kultstätte stammen.

Größte Keltenburgen nahe der Donau

Drei Monumentalanlagen auf der Zwiefalter Alb

Die Zwiefalter Alb schließt sich im Westen, auf einer Linie von Pfronstetten über Langenenslingen und Altheim nach Riedlingen der Sigmaringer Alb an. Im Norden ist es die Klifflinie, die eine natürliche Grenze zwischen Pfronstetten, Münzdorf und Mehrstetten bildet. Östlich ist es die B 465, die die Zwiefalter Alb von den Lutherischen Bergen trennt. Im Süden sind es das Donautal, bzw. die B 311/312 und das Landgericht.

Die höchsten Kuppen der Flächenalb liegen bei 760 m, die tiefsten Stellen im Donautal um 520 m. Die in der Wimsener Höhle entspringende Aach, vereint mit dem Hasenbach, sind neben dem in Zwiefalten zufließenden Kesselbach und der Großen Lauter die einzigen Fließgewässer. Landschaftsprägend ist der Tautschbuch; ein bis zu 740 m hoher bewaldeter Höhenzug am Südrand der Zwiefalter Alb. Der 7 km lange Bergrücken verläuft parallel zur Donau.

Reichhaltiges Erzgebiet Zwiefalter Alb

Zu den größten und ergiebigsten Bohnerzlagerstätten gehört auch die Zwiefalter Alb. Das Revier beginnt bereits in Veringenstadt und erstreckt sich nördlich von Riedlingen bis nach Munderkingen. Neuzeitliche Spuren des Abbaus sind noch eindrucksvoll am „Eulenberg“, nördlich von **Gauingen**, im Wald zu sehen. Vielleicht steht die kleine Wallanlage auf dem Höhenrücken des „Pfandhäule“ (900 m nw) damit in Zusammenhang. Erzabbauspuren findet man auch in **Sonderbuch** und den Wäldern bei **Upflamör** sowie auf dem „Emerberg“ nördlich von **Zwiefaltendorf** und dem mit Grabhügel durchsetzten Waldstück „Bising“ zwischen Ober- und Unterwilzingen, wo bis zu 15 m breite und 5 m tiefe Grabungslöcher (Pingen) liegen.

Eine Höhensiedlung lag inmitten der nach 1050 erbauten **Burgstelle St. Ruprecht** (1,1 km ssw **Erbstetten**) am Rande eines felsigen Sporns nahe dem Lautertal. Die auffallend große Anlage wird von einem Graben mit Wällen geschützt.

Die Festung Althayingen – ein *oppidum*?

Südlich von **Indelhausen** liegt an der mutmaßlichen Nord-Süd-Route durch das Lautertal auf einem Sporn die gewaltige Befestigungsanlage **Althayingen**, die den Eindruck eines spätkeltischen *oppidum* macht; leider ohne Funde (von Handelsware). Der Sage nach soll hier der Vorläufer des im 9. Jh. n. Chr. genannten Dorfes Hayingen gestanden haben. Das Plateau oberhalb der Lauter und des Fichteltals im Süden ist mehrfach gegliedert. Besonders gesichert sind die Nord-Ost- und die Süd-Ost-Flanken, wo in den zum Tal abfallenden Hängen zusätzlich Wälle und Gräben angelegt worden sind. Das ringsum angelegte monumentale Befestigungswerk dürfte in seiner Gliederung nachrömisch sein. Die ursprüngliche Anlage kann aber ziemlich sicher der keltischen Zeit zugeordnet werden:

So stieß man bei Grabungen unter den Steinhügeln an der Plateau-Südspitze auf Teile männlicher und weiblicher Trachtausstattungen wie Schlangenfibel, Kugelanhänger, Kugelkopfnadeln, Bandohrringe und Armband. Allerdings werden diese Fundteile nicht als Grabbeigaben interpretiert. Vielmehr nehmen Archäologen an, dass es sich hier um Erinnerungsstücke handelt, die unter den Steinen hinterlegt wurden oder die Funde sind als Relikte einer hier angeschnittenen hallstattzeitlichen Siedlung zu verstehen. Der Archäologe Günter Mansfeld hat anhand der Schmuckstücke versucht, ihre Herkunft zu rekonstruieren. Die bronzenen, kugelkopfförmigen Nadeln waren im Gebiet der Mittleren Alb stark verbreitet und fanden sich auch in Mörsingen und Tigerfeld. Sie könnten ursprünglich von der Heuneburg strahlenförmig in Umlauf gekommen sein. Die bis zu 8 cm großen Bandohrringe, die aber genauso gut auch Bestandteil einer Kopfbedeckung gewesen sein könnten, sind ebenfalls auf der Mittleren Alb häufig gefunden wurden und weisen auch auf eine Werkstatt in der Heuneburg hin.

Unterhalb der Südspitze liegen die **Gerberhöhlen**. Die große Grotte bot sich als ideales Versteck an; in ihr fanden sich frühbronze- bis latènezeitliche Scherben. Obertägige keltische Siedlungsspuren bietet das Umland nur im (Nord)osten: Ein Grabhügel hat im Gewann „Lüsse" (2,7 no **Indelhausen**) überdauert; auf der „Webershalde" oberhalb von **Anhausen** (800 m o) liegen 2 Hügelgräber. Der Boden der **Bettelmannshöhle** (1,6 km o **Münzdorf**) war mit Funden der Urnenfelder-, Latène- und Römerzeit gesäumt. Die Grotte weist eine Besonderheit auf: Eine hier gefundene Fibel samt Fragment eines Hohlblech-Armringes deutet der Latènezeit-Experte Günther Wieland als den Rest einer der auf der Alb sehr seltenen keltischen Höhlen-Bestattungen.

Totenfeiern am Eingang zum Tiefental

Der **Runde Burren** scheint als einer der wenigen Großgrabhügel der Zwiefalter Alb die Jahrhunderte überstanden zu haben (1,7 km wnw **Hayingen**). Die imposante Erhebung im Gewann „Marderstein", kurz vor dem Abstieg ins **Tiefental**, kann aber auch als Kultstätte „von wiederkehrenden Totenfeiern" gedeutet werden. Julius Föhr grub ihn 1883 probeweise an, *„wobei sich ergab, dass der Hügel einen halben Fuß unter der Oberfläche ganz überdeckt ist mit uralten Gefäßscherben. Grau, braun und rot und sehr zertrümmert …"*

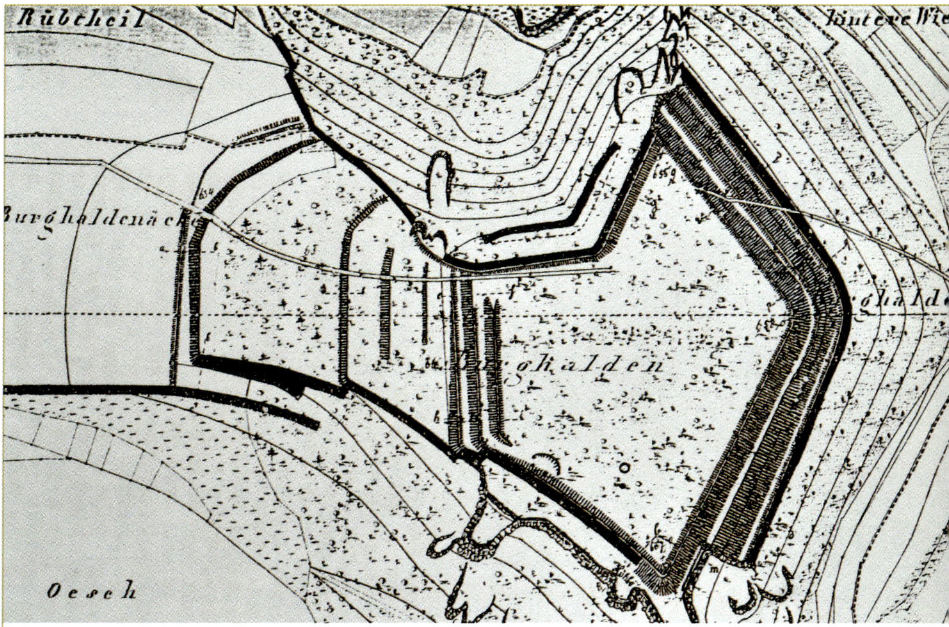

Plan der großen vorgeschichtlichen Bergfestung „Althayingen" (Blätter des Schwäbischen Albvereins, 1908).

Vom angenommenen Mittelzentrum Althayingen gab es eine Wegeverbindung nach Westen durch das „Tiefental" Richtung Trochtelfingen. Eine Abzweigung führt durchs „Weidental" nach Engstingen. Am südwestlichen Stadtrand von **Hayingen** lag in den sumpfigen „Bühlwiesen" ein Gräberfeld. Im Tiefental südlich von **Aichelau** liegt eine verschüttete Höhle, deren Lage niemand mehr kennt. Hier waren frühkeltische bis römerzeitliche Siedlungsfunde gemacht worden. Weiter südlich bei **Aichstetten** ein Grabhügel unbekannter Zeitstellung in der „Herrenbreite" (600 m so) und einer im „Buchhau" (2,7 km o); zwei auf der „Höhe" (2,9 km no **Tigerfeld**), ein halbes Dutzend Hügel „Auf dem Berg" (900 m so), einer markiert die Markungsgrenze zu **Huldstetten** (1,2 km sos). Der **Hühnerbühl** mag ein „Hünenbühl" gewesen sein (1,1 km no Huldstetten), hier liegen 5 Hügel, in „Lange Kräuter" (1,9 km no) zwei Hügel, im „Alten Hau" (1,7 km ono) einer. Dann weiter im Norden: drei am „Leimenstein" (1,3 km sw **Aichelau**), zwei am „Schachen" (900 m sw), einer an der „Burghalde" (1,7km nw). Die Weiterführung des Altweges nach Westen findet ihre Fortsetzung auf der Reutlinger Alb.

Fast hundert Grabhügel im Marchtaler Donautal

Von Althayingen führt auch ein Weg nach Süden. Der zur Turmhügelburg mit umlaufenden Graben ausgebaute 12 m breite und 3 m hohe Grabhügel **Schlossbuckel** bei **Sonderbuch** (400 m o) wird an der Strecke gelegen haben; nördlich davon ein verschwundener zweiter Hügel in der vielsagenden Flur „Goldmauer". Bei Zwiefalten stieß ein zweiter Nord-Süd-Weg dazu, der sich über Emeringen, Unterwilzingen und Erbstetten bis Granheim zurück verfolgen lässt. Als dritte Straße vereinte sich hier zudem der Donau-Süd-Fernweg, der von Bechingen und Daugendorf kam. Alle drei Wege querten die Donau 300 m unterhalb der jetzigen Brücke bei **Zwiefaltendorf**.

Auffällig ist eine enorme Siedlungsverdichtung im Raum **Rechtenstein/Obermarchtal**: Rund 1,5 km nw liegen im Wald „Lehle" 14 Hügel, 1 km ssw weitere im „Winkelsholz". Gar 95 (!) Hügel prägen den Wald „Langhau" (1,5 km sw **Obermarchtal**) und die östlich anschließenden Wiesen. Im Wald liegt eine trapezförmige spätkeltische **Schanze** (NO 66 m; SW 69 m); die Wälle von der Grabensohle aus gemessen sind noch 1 m hoch, Tor im Süden. Nahe an der Donau im Wald „Winkelesholz" (2 km wsw) fünf Hügel. Viele weitere rund um **Reutlingendorf**. Neun Hügel am Fuße der mittelalterlichen **Ringburg Dachsberg** (3 km so). Aus Dachsbauten sollen 1893 laut Oberamtsbeschreibung keltische *„schwarze Scherben sowie Knochen"* herausgewühlt worden sein.

Von diesem Ballungsraum ging ein Altweg über Reutlingendorf und Dietelhofen zur Höhenfestung des **Bussen**. Begleitet wird dieser von vielen Grabhügeln. Der Bau von Burgen und die Anlage einer Wallfahrtsstätte auf dem „heiligen Berg" des schwäbischen Oberlandes hat vorgeschichtliche Spuren zerstört – ausgenommen eine umlaufende Wall-Graben-Anlage im Südosten. Im östlich liegenden **Sauggart** (1,2 km sw) stieß man 1933 beim Ausgraben einer alten Fichte auf ein Depot mit 28 Eisenbarren. Entweder ist es ein nicht mehr abgeholtes Zwischenlager eines Händlers, der von den Bohnerzfelder der Alb kam oder die Barren waren als „Bankdepot“ gedacht.

Von Althayingen zu den Alpenpässen

Vom Ringwall Althayingen führt ein Altweg aus dem Lautertal hinauf Richtung Granheim, wo er auf den von Münsingen kommenden Nord-Süd-Weg stieß. In **Granheim** teilten sich die Wege in einen Zweig über Erbstetten, Unterwilzingen und Emeringen zum Donauübergang in Zwiefaltendorf. Von dort lässt sich der Altweg, der noch im Mittelalter als „alte Landstraße“ am Bussen vorbei Richtung Bregenz und auf den Splügenpass hin zog, weiter verfolgen. Der andere Zweig führte über Mundingen zur Donauquerung bei Marchtal – ein möglicher Weg Richtung Kempten und Fernpass?

Den Weg von Althayingen flankiert das wenigstens 13 Gräber umfassende Hügelfeld im Wald „Kalkhäule“, das die Kreisgrenze Reutlingen/Alb-Donau direkt an der K 6752 (500 m o **Kochstetten**) markiert. Weiter unterhalb, am Hang zum Brenztal im Wald „Raischbühl“, liegt eine Grabhügelgruppe (3,7 km ono **Anhausen**). Rund 150 steinerne Hügel liegen 2 km nnw Granheim im Wald „Reutenbuch“, neun Grabhügel im „Niederhau“ (2,2 km n).

Bei **Dächingen** liegen Hügel im „Maiental“ (500 m so) und im „Mähderhau“ (1,2 km sw) und 700 m n im „Steighau“. Auf dem „Hochberg“ ist eine Gruppe von rund 50 Steinhügeln (bis zu 10 m Durchmesser), wohl nicht alles nur Lesesteinriegel.

Spätkeltische Handelsroute zu den Heuneburgen

Die Zwiefalter Alb quert eine (spät-)keltische Handelsroute, die vom *oppidum* Heidengraben vorbei an Meidelstetten (auffallend viele Münzfunde) vermutlich durch das Kohl- und Waldstetter Tal an der Upflamörer Heuneburg vorbei zum „Knotenpunkt“ im Umfeld des um 500 v. Chr. aufgegebenen Heuneburg-Fürstensitzes zog. Von dort entweder über Ennetach und das Ablachtal Richtung Umschlagsplatz des *oppidum* Altenburg-Rheinau zog oder den Bodensee im Osten umging, um Richtung Alpen zu ziehen.

Entlang dieser Nord-Süd-Route müssen, den Friedhöfen nach zu urteilen, viele Gehöfte gelegen haben, so im „Hart“ (2,1 km sw **Pfronstetten**) bronzezeitliche Hügel mit keltischen Nachbestattungen; im „Zwinghau“ (1,7 km ssw) ein Hügelgrab. Weitere Nachbestattungen in Hügeln bei der „Schalkshühle“ (900 m wsw **Tigerfeld**) sowie „Auf dem Berg“ (900 m so). Weitere Hügelgräber „Am Kettenacker Weg“ (1,8 km wsw), als Grenzmarkierung auf der „Lehr“ (1,2 km oso) und im „Hart“ (3 km sw). Im „Geisinger Hart“ (2,6 km und 3,7 km w **Huldstetten**) sieben Grabhügel. Im Wald „Weiße Äcker“ (1,5 km noo). Auf **Geisinger** Markung Hügel im „Ließe“ (1,4 und 1,6 km wsw), vier in „Grethen“ (1 km wnw), im „Gerechtigkeitswald“ (1,2 km sw) findet man acht Hügel, die im Kern bereits urnenfelderzeitlich angelegt worden sind. Eine kultische Depotstelle (vorrömische Scherben) bildet die kleine **Grastelhöhle**, direkt am Waldrand (800 m sw). Weitere Gräber im Ort sind erst vor kurzem überbaut worden.

Die Kelten auf der Mittleren Alb bleiben altem Brauchtum verbunden: In mittelbronzezeitlicher Tradition angelegte Grabhügel werden in **Gauingen** und **Hochberg** wie auch bei **Gächingen** mehrfach belegt. Obwohl sich andernorts auf der Alb bereits der „Trend" der Urnenbestattung durchsetzt, hält man hier am Hügelgrab mit Körperbestattung fest.

Auf zahlreiche bronzezeitliche und hallstattzeitliche Hügel stößt man in: „Lange Schachen" (1 km oso), an der „Bossenhalde" (1,7 km ssw), am „Spechtberg" (1,8 km ssw), in der „Bitze" (2,1 km ssw), im „Ghaiholz" (2,2 km sw), in „Weiße Äcker" (1,2 km wnw). Im benachbarten **Goßenzugen** liegen im Wald „Brand" (2,5 km no **Zwiefalten**) zahlreiche, von ihrer Funktion schwer interpretierbare Stein(grab)hügel, wie sie auch in Maßhalderbuch, im Landgericht oder auf der Heubergalb anzutreffen sind.

Ein Großgrabhügel weist den Weg zur Donau

Ein weithin sichtbares Denkmal muss der Großgrabhügel **Schloßburren** (1 km so **Geisingen**) am Rande der Albhochfläche gewesen sein, dort wo ein Altweg über den „Gauberg" hinab zum Donauübergang bei **Zwiefaltendorf** führte. Ein mächtiger Kelte oder eine hoch stehende Familie liegen hier bestattet. Das Grab ist noch nicht untersucht worden.

Der heute noch 12 x 12 m große und 3 m hohe Hügel trug eine Turmhügelburg des 11. Jh. Von der Hochfläche hinab zur Donau-Heuneburg führte mutmaßlich bereits ein Abstieg durch das Geisinger Tal und das Friedinger Tal, unterhalb der Großen Heuneburg bei Upflamör. Ein Indiz für einen spätkeltischen Weg wären die mit vielen Beigaben belegten bronze- bis latènezeitlichen Grabhügel bei **Mörsingen**. Laut Oberamtsbeschreibung liegt *„nördlich von dem von der Kapelle zum Wald „Bahnspitz" westöstlich laufenden Feldweg ein größeres,* [1902 durchsuchtes, heute abgeflachtes] *300 m breites Grabhügelfeld in Form eines Dreiecks. Einzigartig ist das Nachleben der uralten Siedlungen in den Flurnamen."* Der angrenzende dicht bewaldeten **Tautschbuch** birgt Siedlungsfunde im Forstabschnitt „Birkhau" und an der Südosthangseite.

Tatsächlich ist ein uralter Nord-Süd-Weg westlich von Pflummern nachgewiesen, der südwärts die halbe Höhe des Hangs vom Andelfinger Berg ersteigt (heute als Feldweg geführt) und am Westrand Andelfingens entlang der vielen Grabhügel auf Heiligkreuztal und Binzwangen zuhält, wo ein alter Donauübergang liegen muss, der aber durch das mäandern des Flusses nicht mehr sicher lokalisiert werden kann. Auch westlich von Geisingen könnte ein Abstieg zur Donau durch das Kohl- und Waldstetter Tal, ebenfalls an der Großen Heuneburg vorbei, erfolgt sein.

Die unheimliche Totenstätte im Wald Muttenbühl

Zwei km sw **Geisingen** liegt der Wald **Muttenbühl**. Vermutlich abgeleitet von dem im Volksglauben geisterbehafteten „Mutesheer" – der mit seinem Gesinde brausend durch die Luft fahrende Teufel. Fünf separate Friedhofsgruppen mit über 25 Hügeln liegen hier auf 1,5 km Länge verstreut. Die Totenstätte setzt sich in westlicher Richtung fort (2 und 3 km n **Dürrenwaldstetten**). Der Staatswald „Großer Buchenwald" hat hier die Vergangenheit in großem Stil konserviert. Der feuchte, tiefgründige Boden war vormals Acker- und Weideland, ein ideales Terrain für Siedler, die hier offenbar kontinuierlich von der Bronze- bis in die Hallstattzeit lebten. In den Waldabschnitten „Rabenteich" und „Fuchsloch" (beide im Westen), im „Ochsenhau" (südlich) und im „Spindelrain" und „Steingreut" (östlich) liegen mindestens 50 Hügel.

Eindrucksvollste Bergfestung der Alb – eine keltische Höhensiedlung

In einer für das Land einzigartigen Dichte liegen im Bereich der Mittleren Alb aufwendig befestigte Anlagen. Die Wahl der exponierten Berge ist einerseits natürlich von Natur aus gegeben, hat aber meist mit der unmittelbaren Nähe von Bodenschätzen zu tun. Da das kostbare Erz und der Reichtum, der damit Handelnden zu Begehrlichkeiten bei feindlichen Gruppen führte, musste dessen Abbau und die Wege, über die es gehandelt wurde, gesichert werden. Der Warentransport einerseits und die Versorgung der Menschen andererseits ließen wichtige Verkehrs-, Handels- und Versorgungswege zu den heute abseits gelegenen Stätten auf der Zwiefalter Alb nachfolgen. Die Kelten mussten zugunsten einer räumlichen Nähe zu den Bohnerzlagern und dem von der Natur vorgegebenen Festungscharakter die schwierige Quellwasserversorgung in Kauf nehmen. Ob sie Zisternen anlegten oder andere technische Lösungen kannten, konnte bislang nicht erforscht werden.

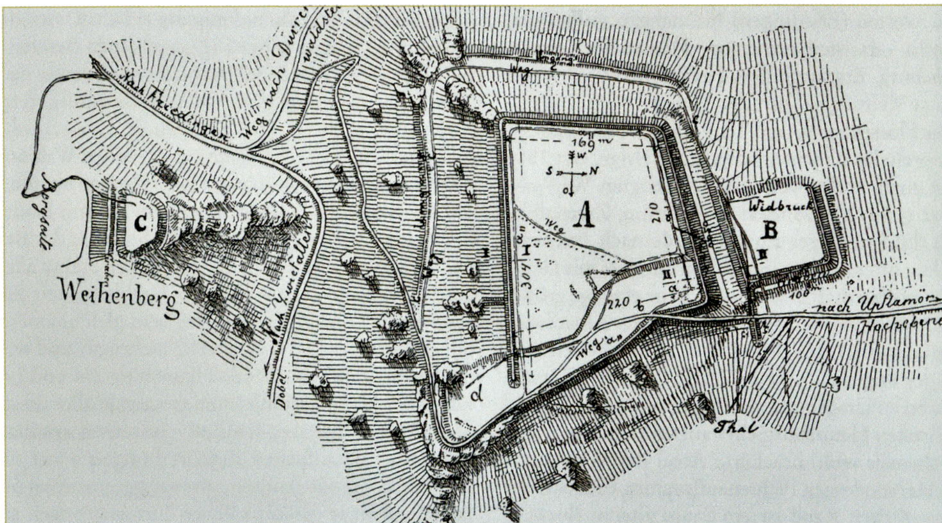

Plan der Keltenfestung Heuneburg-Upflamör (Oberamtsbeschreibung Riedlingen, 1923).

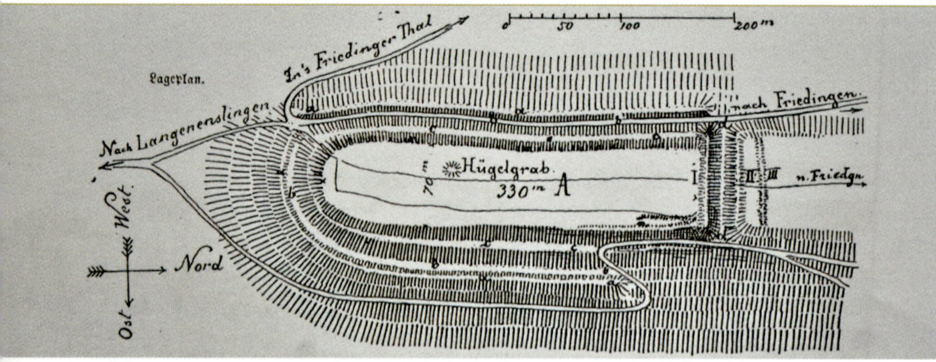

Skizze der großen Weihestätte auf der „Alten Burg" bei Fridingen (Blätter des Schwäbischen Albvereins, 1883).

Zu einer der vier größten Anlagen gehört neben Althayingen, der Donau-Heuneburg und der Alten Burg bei Fridingen die **Große Heuneburg** (1,5 km ssw **Upflamör**). Die mehrteilige Anlage liegt auf einem Bergsporn, an dessen Fuß das Waldstetter- und das Friedingertal zusammenlaufen. Die rund 6 ha große Hochfläche, unterteilt in Vor- und Hauptburg, umgeben von mächtigen Wall- und Grabenanlagen, barg bronzezeitliche Keramik, aber auch späthallstattzeitliche Spuren.

Die Vorburg ist ein Rechteck von 120 auf 100 m, wobei die Westseite fast völlig im Hang abgerutscht ist. Ihr schließt sich direkt südlich angebaut die Hauptburg an. Sie ist im Norden wie im Osten rund 210 m lang, im Westen misst sie 170 m und an der Südseite gute 310 m. Beeindruckend ist der Wall der N-Seite mit seiner Breite von 25 m und einer Höhe von 11,5 m (vom tiefsten Punkt der 18 m breiten Grabensohle aus gemessen). Ihr ist eine kleine Flankenburg vorgesetzt. Hier fanden sich eine Herdstelle und hallstattzeitliche Scherben zusammen mit Tierknochen.

Hypothetisch könnte es so gewesen sein, dass Kelten auf der Hochfläche im Bereich der Haupt- und Flankenburg vom Ende der mittleren Hallstattzeit an gesiedelt haben. Eine Umwehrung gab es damals zwar schon, diese war aber nicht so stattlich, wie es das heutige Bild vermittelt. Den bisherigen Scherbenfunden nach ist die Anlage in der Späthallstattzeit verlassen worden. Mit dem Bau der Vorburg und des mächtigen Nordwalls der Hauptburg ist dann wohl im frühen Mittelalter begonnen worden.

Im Hinterland zeugen vor allem mittelbronzezeitliche Grabhügel von einer großen Bevölkerungszahl: Brühl" (300 m nw **Upflamör**), „Lauwiesen" (400 m nw), „Hörgarten" (500 m w), „Brandholz" (600 m wnw), „Öschbahn" (800 m so), „Scheiterhäule" (2,2 km nnw); herausragend das 18 m breite **Bussenbergle** (500 m sw), auf dem „ein Heidentempel" gestanden haben soll; 180 m o ein verebneter zweiter Grabhügel, aus dem zwei Schädel bronzezeitlicher Männer geborgen wurden.

Der Altweg führt von der Donauquerung bei Zwiefaltendorf über Bechingen und Daugendorf, nw an Riedlingen vorbei, über Altheim und dem Weiler Warmtal auf die Höhe und passierte beim Wegekreuz Andelfingen ein Gräberfeld. Am westlichen Ortsrand sind auf „Steinhausäcker" neun Brandflachgräber angebaggert worden. Weiter östlich des Weges, 2 km n **Altheim** im Wald „Hiemen", zeugt ein Grabhügelfeld, wo 1850 in zwei Hügeln „Skelette und Eisenlager" geborgen wurden, die heute verschollen sind, von einer Siedlung.

Die große Keltenburg im Friedinger Tal

Langenenslingen war zu allen Zeiten ein wichtiger Platz an Altwegen Richtung Emerfeld auf die Albhochfläche nordwestlich nach Inneringen und westlich durch das Bohnerzzentrum nach Veringendorf. Vor allem in der Senke wurden bei Begehungen viele bislang unbekannte Siedlungsspuren in den Hängen entdeckt. Rund 3 km nw **Langenenslingen** und 2 km wnw der Upflamörer Heuneburg liegt eine weitere Anlage mit sehr wehrhaftem Charakter – die **Alte Burg**.

Der Bergsporn hat eine Fläche von 365 auf 60 m. Den Zugang zum Hinterland sperren drei Wälle mit Gräben ab. Die ersten beiden sind mäßig hoch und vermutlich die älteren. Der dritte und letzte Wall vor dem Plateau ist 65 m lang, bis zu 5 m hoch und am Boden 14 m breit. An der tiefsten Stelle des vorgelagerten Grabens misst die Höhe von der Sohle bis zur Wallkrone steile 15 m. An der östlichen Hangkante, dort wo ein Forstweg auf die Hochfläche führte, dürfte das antike Tor gelegen haben. Am steil abfallenden Südosthang hat der Archäologe Christoph Morrissey einen alten, zugewachsenen Zugangsweg entdeckt. Aufgrund der ungewöhnlichen Breite von bis zu 5 m und der sehr geringen Steigung könne es sich „*um keine gewöhnliche Zufahrt handeln. Unwillkürlich kommt der Gedanke an einen breiten Prozessionsweg oder Ähnliches auf.*" Der Eintritt auf die Innenfläche ist durch den Bau der späteren Befestigungsanlagen verbaut worden.

An der Hangkante zieht ein 950 m langer Graben rings um das Plateau. Er liegt 30 m unterhalb der Hochfläche und wird von einem parallel laufenden Wall begleitet. An beiden Längsseiten liegen künstlich planierte Terrassen von je 8 und 16 m Breite. Der Archäologe Siegwalt Schiek vermutet, dass diese verteidigungstechnisch nur Sinn gemacht haben, wenn sie an der Kante mit Palisaden umwehrt gewesen wären. Eine große Lücke zwischen Hauptwall und Hangbefestigung im Nordosten bleibt rätselhaft. Ebenso die am westlichen Plateaurand quer verlaufende Dellen und Mulden. Ungewöhnlich auch die gewaltigen Planierungen des gesamten Bergrückens. Auf der Plateaumitte liegt ein aus Kalksteinen aufgeschütteter Hügel, der bei seiner Ausgrabung 1894 noch fast 2 m hoch war. Scherbenfunde lassen eine Aufschüttung frühestens in der Mittellatènezeit vermuten.

Drei Meter in den Boden eingetieft, fand sich eine aus Steinen errichtete Kammer, in der sechs Skelette lagen. Weitere Knochen, auch von Tieren, lagen zerstreut im Hügel. Die dabei gefundenen Tonscherben sind hallstattzeitlich. Mit hoher

Rätselhafter „Opferhügel" inmitten der „Alten Burg" im Friedinger Tal.

Wahrscheinlichkeit handelt es sich hier um einen Opferschacht. Wohl nicht zufällig liegt der Schacht genau in der Mitte einer Linie, die zu einer der markantesten Dellen führt. Denkt man sich die mittelalterlichen Wall- und Grabenbauten weg, vermittelt die „Alte Burg" das Bild einer großen Versammlungsstätte mit kultischem Hintergrund. Denn aufgrund der Fundarmut auf dem Plateau ist davon auszugehen, dass die „Alte Burg" keine reine Höhensiedlung war. Auffällig ist, dass es vom Plateau eine Sichtverbindung zur Donau-Heuneburg gibt. „*Vielleicht ist die Alte Burg als Versammlungsplatz Teil einer bewussten landschaftsarchitektonischen Gestaltung*", sagt der Kelten-Experte Manuel Fernàndez-Götz.

„Seit über 2000 Jahren unverändert"

Vorgeschichtliches Reservat inmitten des Landgerichts

Das Landgericht ist ein kleiner rechteckförmiger Teilbereich der Mittleren Flächenalb. Durch seine geologische Beschaffenheit ragt es wie eine kleine Berginsel aus der Mittleren Alb. Seine Eckpunkte bilden im Norden die Dörfer Mundingen und Altsteußlingen; im Süden sind es Lauterach und Kirchen. Der Name leitet sich von einer Gerichtsstätte ab (den heute durch „Landgerichtsbuchen" und einem Gedenkstein markierten Platz, südöstlich von Mundingen), wo im 13. Jh. unter freiem Himmel Recht gesprochen wurde.

Der Ringwall im Rotenay

Im 100 ha großen Staatswald „Rotenay" entlang des keltischen Nord-Süd-Weges von Granheim zur Donaufurt bei Zwiefaltendorf hat sich zwischen Erbstetten und Reichenstein eine ungeheure Fülle vorgeschichtlicher Spuren erhalten. Die Oberamtsbeschreibung (OAB) von 1893 zählte „*167 Grabhügel, 34 Trichter* [Grubenlöcher] *und 10 Hochäckergruppen* [prähistorische Ackerbeete], *viele Steinwälle* [alte Ackergrenzen]". Hier vermischen sich spätbronzezeitliche mit keltischen Spuren – und Lesesteinhaufen. Der Name könnte ursprünglich *Rothenlay* gelautet haben und Bezug auf „eine starke Brandplatte mit Kohlen und verbrannten roten Boden“ nehmen, der bei der Abtragung von Hügeln (zuletzt 1892) aufgedeckt worden ist. „Lay“ wäre eine Ableitung von „*leh*“ (Grabhügel).

Auf einem 300 m lang gestreckten, nach beiden Seiten steil abfallenden Sporn oberhalb des Wolfstal (1,6 km nnw **Lauterach**), in der äußersten südöstlichen Ecke des „Rotenay“ sperren zwei bogenförmige Wälle das Plateau ab. Dadurch wurden eine größere äußere und eine kleinere innere Burgfläche geschaffen, die zusammen 280 m in der Länge misst. Terrassenförmige Ebenen, aus dem Fels gehauen, erwecken den Anschein von einer Bebauungsstruktur, die Reihenhaushütten gleich kommt. Diese Abschnittsbefestigung wurde wohl bis in die Spätbronzezeit genutzt und im 10. Jh. zum Schutz gegen die Ungarneinfälle baulich erweitert. Darauf lassen die dem Wall etliche Meter vorgelagerten Gruben schließen. Will man sie nicht als Erzgruben deuten, bleibt nur die Möglichkeit von Annäherungshindernissen für Angriffe mit Pferden.

Wenige 100 m so liegt in geschützter Lage die **Bärenhöhle**. Ihre Nutzung dürfte zeitweise mit dem Wall gemeinsam zu sehen sein. Die 21 m lange Grotte hat einen geräumigen Eingangsbereich. Bereits vor 12 000 Jahren lebten hier Menschen. Eine dazugehörige Talsiedlung lag am Südhang der Höhle (100 m w **Laufenmühle**).

Der Wald „Rotenay“ zeigt 2 bis 4 ha große, durch lang gestreckte Lesesteinwälle abgetrennte Flächen. Grabhügelgruppen liegen meist zwischen den Ackerhochbeeten. Diese sehr langen, aber nur wenige Meter breiten Hochäcker entstanden dadurch, dass die frühen, nicht wendbaren Pflugschare die Ackerkrume nur in eine Richtung wenden konnten, so wurde die Scholle im Lauf der Zeit zur Mitte verlagert und dadurch gewölbt.

Da man beim Durchgehen des Waldes immer irgendwo auf einen Steinhügel stößt, ist eine nähere Lagebeschreibung wenig hilfreich. Eine Konzentration ist bei der „Lauterhalde“ (rund 30 Hügel) und im „Rechtensteiner Hölzle“ (18) gegeben (rund 500 m bis 1 km nw **Reichenstein**), sowie 1 km n im „Mühlweg“ (34). Dazwischen liegen zahlreiche Trichter, deren Bedeutung unsicher bleibt, so die 13 Gruben in der „Wilsinger Halde“ (500 m o **Unterwilzingen**). Die sehr auffällige Siedlungsdichte in einem ungünstigen Naturraum weist große Parallelen zum Erzabbaugebiet im Härtsfeld auf. Es ist wahrscheinlich, dass im „Rotenay“ schon in vorgeschichtlicher Zeit nach Erz gesucht worden ist.

Die Vielzahl der im Wald entdeckten, 3 bis 11 m breiten Hügel sind aus Steinen aufgeschüttet und zählen damit zu den rätselhaften „Gedenkplätzen“ der Vorzeit, weil sie offenbar weder Skelette noch Beigaben enthalten. Im Staatswald **Kaltenbuch**, der im Westen auf der gesamten östlichen Seite des Wolfstal angrenzt und im Osten von der Landesstraße Mundingen–Lauterach (im Bereich einer vormaligen Römerstraße) begrenzt wird, reihen sich in einer 3,5 km langen und bis zu 2 km breiten NO-verlaufenden Linie zahlreiche Grabhügelgruppen. Vor 100 Jahren zählte man noch 74 Grabhügel, 12 Gruben und wenigstens zwei Steinwälle. Die Hochäcker finden sich auf einem Gebiet von 1,2 km Länge und einer Breite von 600 m. Die Hügel sind meist aus Steinen aufgeschüttet und bis zu 21 m breit. Eine weitere „Ringburg“ von 150 m Länge und 20 m Breite liegt im Bezirk **Jägerhäule** (1 km sw **Mundingen**). Die OAB beschreibt sie als *„auf der Nord- und Westseite natürlich, auf den beiden anderen Seiten durch Wall und Graben geschützt, auf der Spitze der westlich vorspringenden Zunge durch Wall getrennte Innenburg“*.

Der vorgeschichtliche Siedlungsstreifen führt vom Ausflugslokal „Laufenmühle“ (500 m no **Reichenstein**) an den Osthängen des Wolfstals entlang nach Norden bis zum Wald „Ahlen“ (1 km nw **Mundingen**). Die Nähe der vormals riesigen, 42 und 32 m breiten und bis zu 2,5 m hohen Hügeln rechts der römischen Straße mag der Grund gewesen sein, hier die mittelalterliche Gerichtsstätte „Landgericht“ (1 km so **Mundingen**) einzurichten.

Im Osten der Stätte leben im Namen des „Totenbuch“ die alten Friedhöfe weiter. Weitere Hügelgruppen rund um diesen Thingplatz, ein alter Versammlungsort: 500 m nnw, 800 m o, 1 km so. Letztere liegen im „Rothäulespitz“ (1,8 km nw **Kirchen**), hier finden sich abermals Spuren von Hochäckern, *„alle in gebrochenen Linien, woraus zu schließen ist, dass die Gewanngrenze zwischen Totenbuch und dem Wald seit 2000 Jahren unverändert*

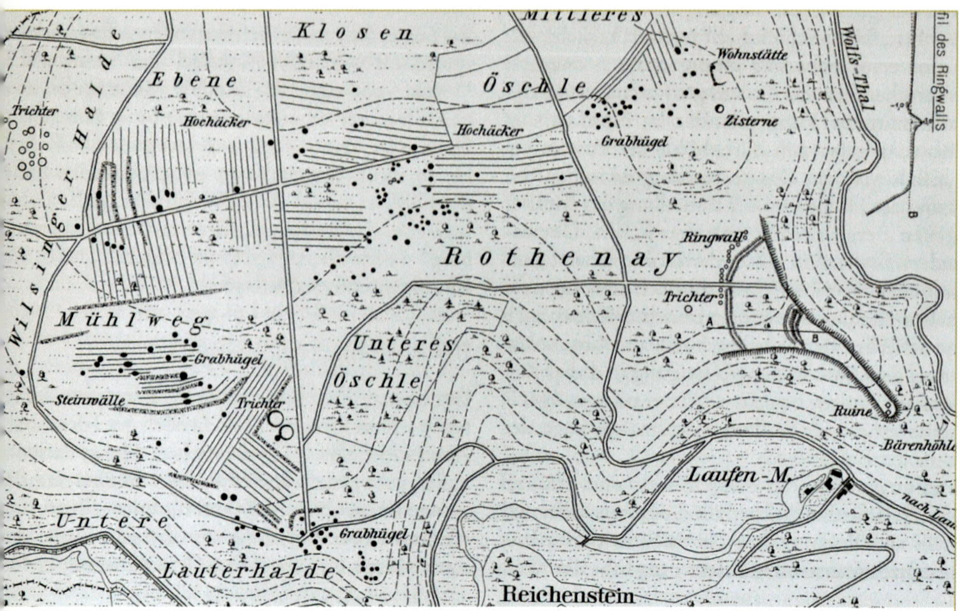

Grab- und Steinhügel, Trichter und ein Ringwall: Im Wald Rotenay hat die Vorzeit die Jahrhunderte unzerstört überdauert (Skizze OAB Ehingen, 1893).

geblieben ist", so die OAB. Und hier rund 1 km o Gedenkstein schließen sich zwei Gruppen von 8 und 3 Hügelgräbern (bis 14 m breit) an. *„In südlicher Richtung wird die Natur immer rauher, gewaltige Monolithe, halb überwachsen, oft in phantastischer Gruppierung erwecken Zweifel, ob hier Mutter Natur allein geschaltet, oder ob der Mensch hier einst einen Kult gepflegt habe."* Im angrenzenden „Rübteilhau" finden sich weitere Hügel zwischen vielen Erdfällen. Im „Petershau" (2 km nw) drei Gruppen Erd- und Steinhügel (bis 19 m), elf im „Semisgrund" 1,5 km nnw. Weitere zwei Dutzend (bis 9 m breit) im „Löchleswald" 1,2 km so. Im Abri des „Felsställe" (100 m oso **Mühlen**) fanden sich unter keltischen Kulturschichten Siedlungsspuren, die bis ins 13. Jahrtausend v. Chr. zurück reichen.

In einem durch einen Felsüberhang geschützten Platz nahe eines kleinen Baches im Mühlener Tal (100 m oso **Mühlen**) liegt das forschungsgeschichtlich bedeutende „Felsställe". Bereits in der jüngeren Altsteinzeit lebten unter diesem Abri Menschen.

Schließlich am Nordostende des Landgerichts, bei **Altsteußlingen**, gab ein kleiner Friedhof 500 m so am steilen Nordwesthang des „Stoffelberg" einen Einblick in einen unbekannten Gewaltakt. Beim Wegebau fand sich in einem Hügel ein Skelett in halbsitzender Stellung mit eingeschlagenem Schädel.

Eine Insel auf der Alb

Höhlen in den Lutherischen Bergen boten Schutz

Die Lutherischen Berge sind eine Art Insel innerhalb der Mittleren Flächenalb. Die Bezeichnung rührt daher, dass der württembergische Herzog Ludwig hier 1581 die Reformation einführte, während die umliegenden Orte katholisch blieben. Zu dem im Schnitt 740 m hochliegenden Gebiet gehören die Ortschaften Alllmendingen, Ennahofen, Grötzingen, Weilersteußlingen und Ermelau, sowie die Weiler Talsteußlingen und Teuringshofen, die im 150 m tieferen Schmiechtal angesiedelt sind. Eine geologisch bedingte Schichtkuppenbildung verleiht diesem Teil der Flächenalb den Charakter eines Berglandes.

Im Wald der toten Heiden

Die keltische Besiedlung der Lutherischen Berge hat wenig bekannte Spuren hinterlassen: Ausgenommen im Zentrum, wo das bezeichnende Grabhügelfeld „Heidenhau" bei **Grötzingen** (1,5 km w) liegt. Bereits 1840 ist hier ein Revierförster einigen der vielleicht ein Dutzend Kuppen, die heute im lichten Unterholz verstreut liegen, auf den Grund gegangen. Vorwiegend Keramikfunde und Geschirr, aber auch Bronzeringe und wenigstens ein Skelett kamen zum Vorschein. Nahezu alles ist lückenhaft überliefert und seither verschollen. Die Siedlung dürfte nicht weit von einer Hülbe, die am nördlichen

Waldrand in einer Mulde liegt, entfernt gewesen sein.

Elf eingeebneten Grabhügeln im überbauten Ried zwischen **Groß- und Kleinallmendingen** stehen noch drei Grabhügelgruppen gegenüber. Sie liegen in den dichten Wäldern der „Katzensteige" (1,8 km nw **Schloss**) und des „Gerberhau" (2 km sw). Im Jahr 1885 kam hier ein Bronzeschwert zutage. Mehr ist nicht bekannt.

Das Waldgebiet westlich von Ehingen gehört zu den am wenigsten erforschten Gebieten der Alb. Bei einer Begehung vor rund hundert Jahren sind im gesamten Oberamtsbezirk Ehingen 862(!) künstliche Hügel gezählt worden; zahllose auch in den Wäldern der Lutherischen Berge. Viele werden Lesesteinhaufen alter Bewirtschaftung sein. Sicher ist man mit Funden im „Beckenhau" (5 km nw **Ehingen**), beidseitig an der B 465 im Wald. Die Funde der mitunter schon 1818 aufgegrabenen Hügel sind schlecht dokumentiert. Die dazugehörigen Siedlungen sind wohl auf den östlich des Ortes vorbei führenden Altweg (spätere Römerstraße) ausgerichtet.

Höhlenwohnungen im Rau- und Schmiechtal

Zwischen **Weilersteußlingen** (2 km sso) und **Altsteußlingen** liegt direkt am engen Waldfahrweg durch das wildromantische Rautal die 12 m breite, 5 m hohe und 6 m

Die Schontershöhle in den Lutherischen Bergen bot Kelten Zuflucht.

tiefe Schontershöhle. Der Name des Felsschutzdaches ist von einer Familie geprägt, die dort im 18. Jh. unter jämmerlichen Bedingungen hauste (Infotafel). Ähnlich bescheiden muss es an diesem Wohnplatz in vorgeschichtlicher Zeit hergegangen sein. Wie überhaupt das Aufsuchen von Höhlen – anstelle von Gehöften – in spätkeltischer Zeit gesellschaftliche Verhältnisse widerspiegelt. Bei der Untersuchung des Abri wurde hier 1938 mit zwei sich überlagernden mittelsteinzeitlichen Kulturschichten die erste mesolithische Abfolge in Südwestdeutschland erkannt. Darüber lagen urnenfelderzeitliche und spätkeltische Scherben. Etwa 150 m talaufwärts entdeckte man 1962 die Rappensteinhöhle. In ihr lagen auch vorrömische Tonscherben.

Drei spätkeltische Behausungen auch im Schmiechtal: In Hütten liegt an der Steige nach Justingen, direkt links am Ortsschild, die früher als Stall genutzte kleine Hennenhöhle; wenige Meter weiter führt der Weg ins wildromantische Bärental, wo rechts die geräumige Bärenhöhle ebenfalls einst Kelten Zuflucht bot. Talabwärts liegt 250 m sw des Bahnhofs im Südhang der Hohlefels, wo bei Grabungen 1906 neben steinzeitlichen Funden auch jüngerlatènezeitliche zum Vorschein kamen.

Wo die Kunst ihren Anfang nahm

Keltische Wege durch das Hochsträß

Das Hoch(ge)sträß, benannt nach dem erhöht angelegten römischen Straßenzug, der von Ulm in Richtung Schelklingen und nach Ehingen verlief, ist Teil der Mittleren Flächenalb. Im Norden sind es die Täler von Blau, Ach und Schmiech, die die Abgrenzung zur Blaubeurer Alb bilden, im Westen die Landschaften der Lutherischen Berge und des Landgerichts. Im Süden markieren Ehingen mit dem Donautal bis Ulm die Grenze zu Oberschwaben.

Die Höhen liegen zwischen 686 m und 550 m und sind zu einem sanft hügeligen Relief zerschnitten. Die Region ist sehr fruchtbar, bietet Zugang zu frischem Quellwasser und ist einem milderen Klima ausgesetzt weswegen das Hochsträß das älteste Siedlungsgebiet der Alb ist.

Waffenopfer in der Donau

Dem menschlichen Zugriff entziehen, um es den Göttern zugänglich zu machen: Den vier Elementen opferten die Kelten durch Vergraben in der Erde, Verbrennen im Feuer, Verwesen durch die Luft und Versenken im Wasser. Vom Donaubereich zwischen Ulm und Donauwörth sind viele Weihegaben bekannt. Auch in der Gegend von Erbach sind offenbar an Furten oder Fährstellen – nach oder vor der Flussquerung – Dankes- oder Beschwichtigungsopfer gebracht worden. Hiebscharten an Schwertern lassen vermuten, dass rituelle Zweikämpfe vorausgegangen waren, wofür es volkskundliche Beispiele aus späterer Zeit gibt. Gewässerfunde gab es im „Walsergries“ (1 km so). Hier hob

1955 ein Bagger aus einer Kiesgrube aus 5 m Tiefe ein Schwert mit achtkantigem Vollgriff, spitzovaler Knaufplatte und verziertem Griff – wohl bronzezeitlich. Ferner eine 33 cm lange verzierte Bronzenadel, ein 70 cm langes spätbronzezeitliches Schwert mit dreieckiger Griffplatte, ein 54 cm langes Griffzungenschwert, ein 18 cm langes Bronzemesser und drei, bis zu 50 cm lange gezackte Nadeln. In der Kiesgrube in der Flur „Ried" (2,75 km o) kam ein bronzener Armring und eine 34 cm lange Mohnkopfnadel zum Vorschein. Weitere Schwert-Funde liegen von einer Kiesgrube (1 km so) vor; zwei 65 cm lange spätbronzezeitliche und eine spätkeltische, 70 cm lange Waffen. Im versandeten Altwasser der Donau (1,3 km sso) und in einem Baggersee Richtung **Donaustetten** wurden weitere Nadeln und bronzene Armringe durch Zufall geborgen. Nicht auszudenken, was auf dem Grund der Baggerseen noch alles an Opfergaben liegen könnte.

Von Ehingen führte die alte römische Donau-Nordstraße, die sich wohl an keltischer Wegeführung orientierte, ungefähr auf der Trasse der neuzeitlichen B 311 über Nasgenstadt, nördlich an Öpfingen, Donaurieden und Erbach vorbei nach Ulm. Der Weg ist auch als „Dauphinestraße" bekannt. 1769/70 setzten ihn Soldaten instand, um die Reise der Dauphine Marie Antoinette so angenehm wie möglich zu gestalten. Die Braut des späteren französischen Königs Ludwig XVI. war mit 500 Personen im Gefolge im Mai 1770 von Wien nach Paris gereist und nächtigte im Kloster Obermarchtal.

Keltische Siedlungen entlang dieser antiken Wegetrasse am Donauried lassen sich erst in gebührender Entfernung des Verkehrsweges fassen:

In dem kleinen Waldgebiet „Trinkholz" 1,5 km n **Öpfingen** wurden 1903 drei von zehn Grabhügeln ausgegraben (Gefäße, Bronzeringe); ein Hügel war in römischer Zeit mit einer Nachbestattung belegt worden.

Schon jenseits der Donau ist das Grabhügelfeld mit 20 Tumuli in der Flur „Burren" 1,5 km so **Ersingen**. An der Straße nach **Dellmensingen** (500 m w) führt ein Wassergraben durch einen vermeintlichen Großgrabhügel (20 m breit, aber stark verflacht). Die Stelle lag an der Abzweigung zur Riedmühle. Eine Siedlung lag am „Röhrenbrunnen" 1,3 km oso von **Einsingen**. Bei Arbeiten an der Quelle stieß man auf eine hallstattzeitliche (Keller-)Grube. Undatierte Grabhügel im Waldstreifen „Brand" (700 m sw) oberhalb eines Brunnens, wo vermutlich die Siedlung zu suchen ist.

Spätkeltisches Zentrum zwischen zwei Altwegen

Entlang des schnurgeraden römischen West-Ost-Weges vom Schmiechtal bei Schelklingen zur Donau bei Ulm zeugen viele Grabhügel von einer noch älteren Wegeführung:

Zwischen **Pappelau** und Ziegelhof nahe dem „Vohenbrunnen" liegen vermutlich verflachte Grabhügel im Gewann „Kohlhalde" und 3 km nw. Aus ebenfalls zerstörten Hügeln, deren Lage noch 1899 in der Umgegend von **Sotzenhausen** bekannt war, stammen verschiedene Gefäße der Prähistorischen Sammlung Ulm.

Die Wälder„Hühnerberg“ rund 3,2 km nw **Ringingen**, „Häule“ (2,5 km nw) und „Boschen“ (1,5 km nw) beherbergen zusammen einen 40 Grabhügel umfassenden Friedhof. Bereits 1848 grub hier der Ulmer Altertumsverein, dessen Funde aber im Krieg verloren gingen. Es soll sich überwiegend um Erdhügel mit Leichenasche gehandelt haben, meist von Steinen eingefasst. Innerhalb dieser Kreise traf man auf Gefäße, Urnen und Teller. Mitunter kamen aber auch Skelette zum Vorschein, meist mit bronzenen Arm-, Fuß- und Ohrringen ausstaffiert. Auch im Wald „Jetzenhau“ (1,8 km w), direkt südlich der L 240 nach Schelklingen, liegt ein halbes Dutzend Hügelgräber. Nördlich der Straße (1 km w Ringingen) sind 16 zum Teil bronzezeitliche Hügel am Waldrand „Asang“ zu sehen.

In den „Heidenäcker“ liegen 1 km nwn von **Markbronn** einige Grabhügel, die bereits 1852 geöffnet wurden. Undatiert der 22 m breite Hügel im Wald „Schulzhau“ (2 km sw).

Als Markierung der Stadtkreisgrenze dient 2,2 km w **Eggingen** ein Grabhügelensemble (13 m bis 22 m breit) im Wald „Metzgerhau“ bzw. ein zweites im Wald „Fürschwellen“ (1,9 km wnw). Hier entdeckte man 1885 die Überreste eines Wagengrabs. Am Hügelgrund lagen zwei Süd-Nord-orientierte Skelette, mit Bronzeringen, Eisenlanze, Eisenmesser und fünf Feuersteinen ausstaffiert. Weiter östlich, beidseitig der Straße von **Ermingen** (750 m nw) nach **Arnegg** sind 1860 fünf Grabhügel untersucht worden, von denen drei 8 m bis 23 m breit sind - darunter einer mit Ost-West-orientierten Skeletten in einem Steinkranz. Die Funde aus der Ha D-Epoche sind im Krieg verschollen. Drei undatierte Grabhügel mit bis zu 22 m Durchmesser liegen im Wald „Birkenreis“ (1,5 km sso Kirche von Arnegg).

Zwischen den beiden Altwegen bildete sich in spätkeltischer Zeit ein Zentrum heraus: Es hat sich baulich, als **Viereckschanze**, etwa 2,5 km nw **Schloss Erbach** in den namensbezeichnenden Fluren „Höllhau“ (von Hölle = unchristlich, nicht geheuer) und „Ring“ erhalten. Das verschobene Viereck (N 102 m, O 108 m, S 94 m, W 132,5 m) hat Wallhöhen, die

Zwischen UL-Ringingen und Pappelau haben sich vierzig frühkeltische Grabhügel im Wald erhalten.

von der Grabensohle gemessen nur noch 1,7 m betragen. Der 6 m breite Zugang lag im Süden. Nach Osten hin liegt im Wald ein Friedhof mit sehr flachen Grabhügeln. Die Südhälfte des Hochsträß zwischen Ehingen, Schelklingen und Erbach ist erstaunlich fundarm.

Im Tal der Höhlenkünstler

Die bald dem Weltkulturerbe zuzurechnenden Höhlen im nahe Schelklingen beginnenden Ach- und dem ab Blaubeuren weiterführenden Blautal boten nicht nur den ersten figürliche Kunst schaffenden Menschen der Geschichte ein Domizil, sondern auch den frühen und späten Kelten. Ob sie nur kurz verweilten und dabei Scherben(müll) hinterließen oder über längere Zeit dort wohnten, lässt sich schlecht sagen. Ihr Siedlungsabfall fand sich im berühmten **Hohlen Fels** (1,5 km o **Schelklingen**) und in der kaum bekannten **Hindenburghöhle** am Osthang des Schelklinger Bergs (1,8 km sso). Um diese geschützte Wohnstätte zu erreichen, muss noch heute ein beschwerlicher Pfad über die **Gollenhalde** begangen werden. Auch die bedeutenden Hohlräume des **Sirgenstein** (2 km sso **Weiler**) bargen in ihren ausgegrabenen Schichten und den vorgelagerten Terrassen Eisenreste und jüngerlatènezeitliche Scherben. Vom **Sirgensteinfelsen** liegen weitere Siedlungsfunde vor. Rund 1 km n der Höhle liegt über einem 120 m hohen Bergsporn bei der Mündung vom Tiefen- in das Blautal eine kleine Wallanlage auf der **Weilerhalde**. Der Weilerhalde gegenüber liegt das bedeutende **Geißenklösterle** (1,5 km nno **Sirgenstein**) – Fundort des weltweit frühest bekannten Musikinstruments: eine Flöte aus Vogelknochen. Die Lage steil über dem Tal bot ein sicheres Domizil. Die etwa 80 m über dem Talgrund der Blau liegende **Brillenhöhle** (1,2 km sw Klosterkirche **Blaubeuren**) war schon Aufenthaltsort in der Altsteinzeit, aber später auch noch von Urnenfelderzeitmenschen.

Die beeindruckende Schanze von Erbach bildete ein spätkeltisches Machtzentrum am Fernwegenetz des Hochsträß.

Wo Attilas Grabhügel liegen soll

Ausgedehntes Siedlungsareal auf der Blaubeurer Alb

Die Blaubeurer Alb liegt nördlich des Schmiechtals und des Blautals. Im Norden reicht sie über die Klifflinie hinaus mit Machtolsheim und Merklingen sowie Scharenstetten und Radelstetten in die Kuppenalb hinein. Die Blaubeurer Alb wird nur von wenigen, meist trockenen Kerbtälern zerschnitten und ist recht eintönig. Dort, wo sich die Donauseitentäler tief eingegraben haben, meint man sich am Albtrauf zu wähnen. Im Osten bildet das unterhalb von Merklingen, bei Treffensbuch beginnende Lautertal bis zu seiner Mündung in die Blau bei Herrlingen die Grenze. Die höchsten Erhebungen finden sich bei rund 800 m an der Grenze zur benachbarten Münsinger Alb bei Ingstetten und Suppingen. Mit dem Blautopf bei Blaubeuren kann dieser Teil der Alb – neben dem Aachtopf auf der Hegaualb – die mächtigste Quelle in ganz Deutschland vorweisen. Seit der Steinzeit ist diese Region deshalb immer besiedelt gewesen. Der nördliche Bereich der Blaubeurer Alb hingegen war infolge der Verkarstung stets durch Wasserknappheit gekennzeichnet.

Einer der größten Friedhöfe der Alb bei Asch

Bohnerze sind auf der Blaubeurer Alb selten. Am Westrand von **Machtolsheim** und nordwestlich von Asch und Blaubeuren gibt es jedoch Aufschlüsse. Es mag dann auch kein Zufall sein, dass gerade hier, zwischen Treffensbuch im Norden und dem Talrand der Blau im Süden ein ausgedehntes Siedlungsareal liegt. Mittendrin das größte Grabhügelfeld im Übergang von Mittlerer Alb zur Ostalb: 2,6 km westlich von **Asch** im Wald „Attenlauh" (wohl

2500 Jahre alter Friedhof: Rund 60 Grabhügel in einem Waldgebiet bei Asch.

Die Sonderbucher Hüle war Mittelpunkt einer keltischen Siedlung.

von *Attila*, dem „Hunnenkönig", dessen Grabstätte viele Orte auf der Alb für sich in Anspruch nehmen). Durch diesen Wald geschützt, haben mehr als sechzig Hügelgräber die letzten 2500 Jahre überdauert. Die meisten Gräber sind zwischen 6 und 24 m breit; der höchste misst heute noch 4 m. Völlig dem Erdboden gleich gemachte Hügel in den südlich angrenzenden Ackern des „Wasserbuch" zeigen, dass sich die „Attenlauh"-Gruppe einst viel weiter Richtung Blautal erstreckt haben muss.

Als man zu Beginn des 19. Jh. wusste, dass die bis dahin uninteressanten Hügel wertvolle Beigaben enthielten, setzte eine unsystematische und zerstörerische Grabungstätigkeit ein. Das Hauptaugenmerk lag dabei auf den vermeintlich kostbaren Funden. Nicht von Interesse waren mögliche Fundzusammenhänge oder der Aufbau einer solchen Totenstätte. So sind die meisten Hügel seit 1830 dilettantisch ausgegraben worden, die Funde spurlos verschwunden, im besten Fall wurden sie heillos durcheinander gebracht. Oder, wie hier beim „Attenlauh"-Friedhof mit der Grabhügelgruppe „Birkle" (1,2 km s) vermischt.

Das Gräberfeld war von der Urnenfelder- bis zur Latènezeit kontinuierlich belegt, mehrheitlich mit Brandbestattungen. Als Beigaben fanden sich meist Gefäße der regionalen Alb-Salemer-Stilgruppe. Die dazugehörige spätkeltische Siedlung wird sw in den Äckern „Hinter dem Wasserbuch" vermutet.

Westlich liegt das Dorf **Wennenden**. Dessen Bezeichnung (von *Welche*) meint aus Sicht der Alamannen die Siedlung der Fremden schlechthin. Demnach lebten hier nach dem Abzug der Römer noch galloromanische Menschen. Deren Ahnen hatten am Westrand des Waldes „Buch" (1,3 km no) Grabhügel angelegt. Ein drittes Gräberfeld mit elf Hügeln in dieser stark besiedelten Gegend liegt am Waldrand „Kohlerhau" (2 km o **Sonderbuch**). Rund 200 m so der Straße liegt im Unterholz das verschobene Rechteck einer spätkeltischen Schanze (N 60 m, O 84 m, S 58 m, W 85 m – mit Tor) im Wald „Gehrnberg" nicht weit vom Steilhang zum Blautal. Weitere bronzezeitliche

Grabhügel mit spätkeltischer Nachbestattung rund 500 m w und 750 m nw der Schanze. Hier, in den einen alten Straßenzug bezeichnenden „Kreuzäckern“, kann durch den Fund einer Goldmünze ein vorgeschichtlicher West-Ost-Handelsweg angenommen werden. Westlich von Sonderbuch ist man bei der Anlage des Segelflugplatzes im Jahr 1937 auf ein Gräberfeld der Bronzezeit gestoßen. Rund 1,5 km ono und 300 m no in der Flur „Hessen“ Reste eines größeren, undatierten Hügelfriedhofes. Im nördlichen **Berghülen** liegen (700 m n) verschleifte Grabhügel. Im Bereich mehrerer Wasserstellen ist 3 km no im Acker eine 18 m breite dunkle Verfärbung am Boden untersucht worden, an deren Stelle vom 13. Jh. v. Chr. bis ins 6. Jh. v. Chr. ein Hügelgrab genutzt worden war; 600 m nw davon eine Grabhügelgruppe. Im Waldgebiet „Dauner“ (4,75 km ono) belegen Funde von Wagenreifen und Schwerter mindestens drei Gräber von mächtigen Männern. Die Grabhügel sind bis zu 27 m breit.

Entlang der Täler Lauter, Blau und Aach

Entlang der Talhänge der Gewässer der Blaubeurer Alb reihen sich Zufallsfunde wie eine vorgeschichtliche Perlenkette: Etwa 1 km nw des Lauterursprungs bei **Lautern** stieß ein Moossucher 1,5 m tief in einer Felsspalte auf ein Versteck der Urnenfelderzeit (19 cm langer Bronzedolch). Nicht näher lokalisierbar sind mehrere Grabhügel im Wald „Zipfelhau“. Etwa 300 m no **Weidach** kam unter einem unscheinbaren Steinhügel ein Skelett zutage, das mit einigen Bronzeringen ausstaffiert war.
Der auf einer steil abfallenden Zunge über dem Tal liegende Schloßberg bei **Ehrenstein** war nicht nur ein mittelalterlich-

Mit Blick auf das Tal bei Blaubeuren: Die riesenhafte Rusenschloßhöhle war von keltischen Siedlern bewohnt.

strategisch günstiger Ausguck. Dieser Bergrücken war zuletzt von Kelten ausgewählt worden, um am naturgegebenen Rande eines Siedlungsgebietes Stellung zu beziehen. Am Ostfuß des Berges fand sich – neben Scherbenresten der Jungstein-, Spätbronze- und Eisenzeit – auch ein Skelettgrab der Urnenfelderzeit. Aus spätkeltischer Zeit (Mittellatène) wurde am Fuße des „Rusenschloß"-Felsens bei **Blaubeuren**, von der Berghochfläche heruntergeschwemmtes Siedlungsmaterial, darunter eine Spinnwirtel und Getreidereste, entdeckt. Ein keltisches Körpergrab lag am westlichen Fuße des Felsens.

Die **Rusenschloßhöhle** war insbesondere in den tausend Jahren v. Chr. ein beliebter Aufenthaltsort; der 17 m hohe und 15 m breite, nach Westen ausgerichtete Eingang bot mit seiner überwältigenden, 28 m langen Höhlenhalle einen guten Wohnplatz, der schon vom Neandertaler aufgesucht worden war.

In einer Nachbarhöhle (3,5 km no **Gerhausen**), dem „Katzental-Abri" sind bei einer 2 m tiefen Grabung Funde aus der Zeit vom Mesolithikum bis in die römische Epoche zutage getreten. Weiter östlich im Achtal weisen Bruchstücke von Fließschlacken auf dem bezeichnenden Flurstück „Grubenacker", rund 500 m o von **Hausen ob Urspring** auf eine frühe Eisenverhüttung hin. Der lange Felssporn zwischen dem Ach- und Längental trägt nicht nur die Ruine **Hohenschelklingen** – in seinen Hängen gibt es auch Tonscherben aus vorrömischer Eisenzeit.

Zentren der späten Kelten

Opfergaben zwischen Ulmer Alb und Donautal

Das Gebiet zwischen dem Herrlinger Lautertal, dem Lonetal und dem Autobahnkreuz A 8/A 7 heißt Ulmer Alb. Das nördliche Blauufer und die Großstadt Ulm sowie das Donautal markieren die südliche Grenze. Im Osten ist es Langenau. Nerenstetten, Öllingen und Rammingen gehören schon zur Lonetalalb. Im Norden ist es die Klifflinie, die markanteste Landform der Ostalb. Der Küstenstreifen verläuft vom Blau-Ursprung bei Treffensbuch bis zum „Steinberg". Von dort über Temmenhausen und Luizhausen nach Nordosten in die Lonetalbucht. Von hier ab bis nach Osten scheiden die Orte südlich des Lonetals die Ulmer von der Lonetal-Alb. Die Orte Tomerdingen, Dornstadt, Beimerstetten, Bernstadt und Langenau mit ihren Markungen zählen wir hier noch zur Ulmer Alb.

Siedlungsmittelpunkt bei den Viereckschanzen von Tomerdingen

Entlang des Donau-Nordraums saßen mehrere spätkeltische Siedlungsverbände. Den Mittelpunkt bilden die Viereckschanzen von **Tomerdingen** (2,5 km sw; mit Siedlungsspuren 300 m o ,800 m nw und 700 m sw in einem alten Steinbruch) und **Bollingen** (1,1 km nw – nur im Luftbild zu sehen), die beide südlich der A8 liegen. Die in den 1950er-Jahren untersuchte leicht verschobene Viereckanlage von Tomeringen (N 73 m, O 68 m, S 73, m, W 72 m) hat eine Torlücke im Süden. Der Ausgräber Hartwig Zürn stellte fest, dass der Wall ein reiner Erdaufwurf des vorgelagerten Grabens ohne Innenkonstruktion ist. Im Bereich des 9 m breiten Tores konnten Pfostengruben ausgemacht werden. Bei der Abdeckung der Innenfläche ergaben sich im Westteil zahlreiche Gruben (wohl Keller), mit teilweise lehmausgekleideten Wenden und eine unregelmäßige Streuung von Pfosten (Grundrisseckpunkte von Gebäuden). Am Wallinnenrand zudem eine trichterförmige Schachtöffnung (5,5 m tief, 2–7 m breit). Außerdem reichhaltig Keramik, die in der Hallstattzeit beginnt und in der Masse in die Latènezeit reicht. In einer von drei nahen Dolinen (50 m sw), die als Zisterne mit Lehm verschalt worden war, wurden auch römische Funde gemacht; etwa 500 s der Schanze finden sich noch sehr flache Überreste von Grabhügeln. Sehr viel Bohnerz kommt in den umliegenden Äckern zutage, auch Schmiedeschlacken.

Frühkeltische Siedler haben 2,2 km nnw Tomerdingen im Wald „Drei Häue“ Grabhügel angelegt. Weitere Überreste dieses Friedhofs liegen 1,8 km nnw beim Sportgelände.

Auch nordwestlich von **Bollingen** liegt Erz in landwirtschaftlichen Flächen; vielleicht in Zusammenhang mit der keltischen Siedlung 300 m w der Kirche in den „Haldenacker“. Der Erzabbau dürfte auch Grund für die Wallanlage über zwei Trockentälern auf dem **Alten Schloßberg** sein (600 m sw **Bollingen**). Hier fanden sich in einer mittelalterlich baulich erweiterten Burganlage jüngerlatènezeitliche Scherben. Ein größeres Erz-Vorkommen ist auch östlich von Beimerstetten nachgewiesen.

Schwertopfer für die Flussgöttin

Die westlich und östlich von Ulm gehäuft auftretenden Weihegaben in Altdonauarmen, heute verlandeten Flußarmen oder Baggerseen, setzen sich im Donauried und im Bereich der Illermündung fort. Hier konzentrieren sich die Funde von spätkeltischen Schwertern, die dem Fluss geopfert oder in dessen Nähe deponiert wurden. Eisenbarren kamen zutage in Ay (aus der Iller), Berg („Lerchenberg“), Gerlenhofen („Im Burren“) und Kiesgruben in Großkötz und Günzburg. Ferner in Hegelhofen („Weißenhorn“), im Eisweiher von Hohenmemmingen, Osterstetten („Beim Ort“) und Uterroth. Eisenverarbeitungsstätten lagen bei Bubenhausen, Emershofen und Jedesheim. Die Dichte, Menge und Häufung von Funden und Verarbeitungsstätten lässt auf eine Produktion schließen, die weit über den Eigenbedarf hinaus ging.

Spätkeltische Siedlungskonzentration in Langenau

Das heutige **Langenau**, am bequemen Anstieg vom Donau-Iller-Becken zur Ostalb, entstand im Mittelpunkt von spätkeltischen Siedlungen. Im Westen des Ortes liegt der Ursprung der nur 2,5 km langen Nau. Östlich hiervon, im Neubaugebiet „Öchslesmühlbach" lagen zwei Eisenschmelzstätten. Andernorts brachte der Straßenbau Siedlungsreste zum Vorschein (2 km w der Kirche, zerstört beim Bau der B 19 im Jahr 1976). Ebenso sind die Überreste eines wohl größeren Dorfes (wnw) dem Bau der A 7 zum Opfer gefallen. Zehn große frühkeltische Hügel (bis 14 m breit) haben im Wald „Englenghai" rund 3 km nw im Wald die Zeiten überdauert.

Am „Ramminger Weg" (2 km ono vom Friedhof) sind urnen- bis spätlatènezeitliche Gräber- und Grubenfunde gemacht worden. Die A 7-Trasse vernichtete im Osten der **Schammenhöfe** (o **Göttingen**) eine Siedlungsstätte. Das lässt erahnen, was noch alles unter dem Boden liegt:

Im Süden der Stadt ist im Gewann „Steinhäuser", im Keller eines römischen Villagebäudes, ein **Hortfund** aus der Zeit um 60 v.Chr. entdeckt worden, der zehn Münzen und vier Fibeln aus dem Saalegebiet enthielt. Der Fund der beiden gleich gearteten Fibelpaare ist außergewöhnlich. Diese Fibelart mit Korallenauflage wurde in derselben Werkstatt hergestellt. Sie sind der bisher älteste bekannte Fund von germanischem Schmuck auf der Alb.

Entlang der Lonetal-Linie über die Ulmer Alb

Die „Butzenhöfe" zwischen **Beimerstetten** und der Lone-Brücke bei **Breitingen** halten die Erinnerung an „unheimliche" Grabstätten aufrecht. Ein vormals 20 m breiter Hügel der frühkeltischen Zeit liegt 15 m ssw der Straßenkreuzung an der L 1170. Rund 1 km s beidseitig je drei Hügel, zwischen 11 m und 13 m breit, wohl Überreste eines großen Grabhügelfeldes.

Von den drei noch bekannten keltischen Schanzanlagen der Ulmer Alb ist das Wallgeviert im Söflinger Wald am besten erhalten.

Unmittelbar im Bereich des Altweges noch sieben Hügelgräber im „Schloßholz“ (2,5 km w **Bernstadt**), zwölf im „Berg“ (1 km nw), zehn im „Salzbühl“ (2 km nno), drei in der „Küchleshalde“ (3,5 km nno) und fünf auf dem „Horn“ (1,5 km no). Die 9 m und 12 m langen **Fohlenhaushöhlen** (2,7 km no) sind 1884 ausgegraben worden. Dabei kamen eiszeitliche wie auch späteisenzeitliche Artefakte zutage.

Nicht datiert ist der Friedhof im „Oberer Forst“ (800 m nno **Dornstadt**). In ihm liegen drei Grabhügel, zwei davon im gegenseitigen Abstand von 200 m, über 30 m breit und bis zu 2 m hoch. Vier weitere im „Unterer Forst“ (1,9 km no); bis zu 15 m breit. Beim Stadionbau in Dornstadt wurde eine über Jahrhunderte bestehende Keltensiedlung vernichtet.

Letzte keltische Überreste im Westen der Großstadt

Auf einen über 2 000 Jahre alten Vorgängerfriedhof stießen die **Mähringer** 1952 bei der Erweiterung ihres Gottesackers im Norden. Neben urnenfelderzeitlichen Scherben wurde ein Kriegergrab (Epoche LT C) 80 m n Kirche entdeckt. Zum Schamental hin ist die vermutlich bronzezeitliche Grabhügelgruppe auf dem „Mähringer Berg“ (1,75 km sw Kirche) orientiert.

Im Vorort **Söflingen**, einem spätkeltischen Zentrum, stieß man bei der Anlage des Eichhornwegs auf eine jüngerlatènezeitliche Siedlung; ebenso in der Königsstraße. In der Kiesgrube „Epple“ barg man ein Eisenschwert (LT C). Rund 2,8 km w der Klosterkirche liegt im dichten Wald des „Dreierberg“ eine **Viereckschanze**, deren Westhälfte noch gut erhalten ist. Die Höhe von der Grabensohle aus gemessen beträgt 1,5 m, die W-Seite ist 119 m lang und hat eine 6 m breite Toröffnung. Die verflachte Nordseite misst 134 m. Etwa 250 m n hiervon befindet sich eine große hallstattzeitliche Grabhügelgruppe beidseits eines Forstweges im dichten Unterholz. Funde aus den zwei Dutzend Hügeln sind nicht bekannt geworden. Die dazugehörige Siedlung könnte 500 m no am Fuße des „Dreierberg“ gelegen haben. Hier an einer zum Fluss Blau auslaufenden Niederung sind keltische Scherben gefunden worden.

Im bewaldeten **Eselsberg** hat sich 3,5 km nw der Ulmer Stadtmitte ein Grabhügelfeld erhalten. Vier Hügel liegen nördlich der durchführenden Straße, sieben südlich. Die 10 m bis 20 m breiten Gräber (bis zu 1,5 m hoch) sind in den 1890er-Jahren untersucht worden; die Ergebnisse und Funde sind verschollen.

Brandopferstätte am Albtrauf

Eine alte Salzstraße durchzog die Geislinger Alb

Die Geislinger Alb – oder auch Stubersheimer Alb – markiert den Übergang von der Mittleren Alb zur Ostalb. Optisch durch den Verlauf der A 8 gekennzeichnet, die dieses seit jeher siedlungsarme Gebiet regelrecht durchschneidet. Westliche Eckpunkte der zwischen 600 und 700 m hohen Geislinger Alb sind Nellingen und Geislingen; im Nordwesten ist es Lauterstein. Das Gebiet zwischen diesen beiden Talorten wird vom Fluss Eyb aus dem Albkörper herausgefräst. Man nennt es nach dem Quellort auch Treffelhauser Alb: Eine geschlossene, flachkuppige und verkarstete Hochfläche. Wo die westlich von Wiesensteig entspringende Fils aus der Alb heraustritt, nimmt sie die Rohrach und die Eyb – beides Karstquellen am Fuße der Alb – mit auf ihrem Weg zum Neckar. Nach Südosten zu sind es Gerstetten mit seinen Teilorten, die an die Landschaft Albuch anschließen. Im Nordosten ist es mit dem lang gezogenen Hungerbrunnental das Härtsfeld.

Prähistorischer Opferplatz

Einer der wenigen wissenschaftlich nachgewiesenen Brandopferplätze der Alb ist der **Messelstein** (2,5 km no **Donzdorf**). Der kleine Felsvorsprung des Messelbergs bietet einen weiten Blick über die drei Zeugen- und „Kaiser"-Berge Hohenstaufen, Rechberg und Stuifen bis hin zum Schwarzwald. Der Fels trug eine Burg des frühen 12. Jh., allerdings wurden hier in einer dicken, von vielen Feuern herrührenden schwarzen Schicht große kleinteilige Scherbenmassen von Tontöpfen entdeckt. Die Keramikstücke deuteten darauf hin, dass sie auf dem markanten Felsen durch das Werfen in ein Feuer rituell zerschlagen worden sind. Die auf diese Weise dem profanen Gebrauch entzogenen Gefäße gingen damit in Rauch auf und durch Luft und Feuer in eine der zwei göttlichen Elemente über. In den Opferplatz eingeschlossen war eine kleine Höhle unterhalb des Plateaus, an dessen Fuß ebenfalls (heruntergespülte) Scherben lagen. Unterhalb verlief ein Altweg, der, von Göppingen über Süßen kommend, das Tal der Donzdorfer Lauter nutzte, um bei **Weißenstein** den Pass zu erklimmen, um dann über Böhmenkirch und Söhnstetten durch das Stubental nach Heidenheim zu ziehen.

Auf der Treffelhauser Alb finden sich zwei Wallanlagen: Auf dem **Waldenbühl** (2,8 km so **Donzdorf**) quert eine Abschnittsbefestigung den Gipfel. Er könnte bereits jungsteinzeitlich angelegt sein, war aber auch in der Spätbronzezeit besiedelt. Der Burgstall Hoheneybach liegt steil auf einer Bergzunge über dem Längental bei **Eybach** (800 m wnw). Rund 600 m w der Burg zieht eine Abschnittsbefestigung über die engste Stelle der Hochfläche. Davor ist ein weiterer Wall mit Innen- und Außengraben angelegt worden. Diese 500 m langen „Schwedengräben" sind im Kern vorgeschichtlich.

Unweit des Eyb-Ursprung bei **Trasenberg** liegt über der östlichen Talanhöhe eine mutmaßliche vorgeschichtliche Burgstelle. Gleichwohl ist die Gegend arm an Grabhügeln. Spätkeltische Siedlungsfunde liegen nahe dem Eyb-Ursprung in den Wiesen „Hürbenloh" südlich **Treffelhausen** vor.

Viele Wege, aber wenige Siedlungen

Das Gebiet der Geislinger Alb ist auffallend arm an keltischen Siedlungsspuren. Die fehlenden Bohnerzvorkommen mögen ein Grund gewesen sein; das durch die vielen Filsnebentäler zerfurchte Albvorland ein weiterer. Denn dadurch war die Hochfläche vom bequem zu besiedelnden Albvorland bei Göppingen viel weiter entfernt, als andere Bereiche der Alb, lag also im Abseits. Nicht jedoch im Verkehrsschatten. Einer der wichtigsten Albaufstiege erklomm in Geislingen die Hochfläche. In dem, von Tälern zerklüfteten Nordwestfuß der Alb, lag vielleicht das wichtigste Verkehrsgebiet des gesamten Mittelgebirgszugs. Eine der Nord-Süd-Albpassagen führte von Göppingen über das Filstal in Geislingen hinauf („Dietsteig", „Gassenäcker") zur Passhöhe bei Amstetten und weiter zur Donau bei Ulm. Von der Passhöhe bis zum alten Knotenpunkt Urspring blieb die Straße im trockenen Lonetal.

Am Fuße des Albtraufs lag unweit des Aufstiegs in **Geislingen** ein mittellatènezeitliches Grab. Das beigelegte Schwert war verbogen – eine kultische Handlung, die sich für diese Zeit häufig nachweisen lässt. Man fand neben Eisenfibeln und einem Topf mit Schweineknochen auch die Knochen eines Vogels. Die Bewaffnung – Reste einer Lanze mit eiserner Spitze und die eines Schildes – zeichnen den Toten als Krieger aus. Im Bereich der Altstadt gibt es mehrere Latène-Zeit-Funde. Dazu gehören auch die Münzen, die beim Christophshof nahe Eybach im 19. Jh. gefunden worden sein sollen. Wohl aus derselben Zeit gibt es Spuren (Fund einer Spinnwirtel und römischer Scherben) in der 150 m langen **Kahlensteinhöhle** (1 km o **Bad Überkingen**).

Vorgeschichtliche Festung über dem Eybachtal nahe Geislingen/Steige.

Eine alte Salzstraße auf der Hochfläche

Der Flurname „Scheibenstraße“ (hier wurden Salzscheiben transportiert) bei **Stubersheim** hält die Erinnerung an eine bereits bei Zainingen nachgewiesene Salzstraße wach. Dass es sich hierbei um eine vorrömische und nicht erst mittelalterliche Wegeführung handelt, wird durch zahlreiche Grabhügel und Einzelfunde bezeugt, die die Straße flankieren. Die Fortsetzung des Weges an Schalkstetten vorbei zur Brenzquerung nahe Herbertingen meidet zudem im Frühmittelalter angelegte Dörfer, ist also älter.

Die Bedeutung des Salzes können wir uns heute kaum noch vorstellen: Vor allem zur Konservierung der Wintervorräte wurde es von den Kelten geschätzt und teuer gehandelt.

Ein dritter, nach Norden gerichteter Weg führte vom Pass bei Amstetten Richtung Aalen. Er zog NO vom Steighof nach **Söhnstetten**. Die Funde an den Wegen sind:

Im „Ziegelwald“ im Norden von **Amstetten** fünf nicht näher lokalisierte Grabhügel, in denen „Urnen, Spangen, Ringe von Bronze und ein Goldblättchen“ gefunden worden sind. Zwei Viertelstater-Münzen bei **Bräunisheim** („Steinigen Berg“) – im Norden des Ortes lag eine Siedlung – und zwei Münzen nahe **Hofstett-Emerbuch** sowie eine goldene Münze an der „Römerstraße“ zwischen Schalkstetten und **Waldhausen**. Außerdem eine 1878 gefundene Goldmünze beim römischen Gutshof von **Stubersheim** („Saindrain“, 2,8 km ssw). Eine Grabstätte im Wald „Haldenasam“ (800 m no) liegt auch noch im Nahbereich des Altweges. Undatiert sind die

Der Messelstein oberhalb Donzdorf: Keltischer Kultort mit Blick auf die Filsalb (links) und die drei Kaiserberge des Albvorlandes.

zwei 7 m breiten Grabhügel im „Mönchshau" (2,7 km no **Ettlenschieß**).

Den Unterweltgottheiten nahe sein

Am Albtrauf nach Westen, bei **Nellingen-Aichen** (250 m nw), lag eine jüngerlatènezeitliche Siedlungsstätte. In den Wiesen 5 km w stoßen Bauern auf Hügelgräber. Sie sind mit einem Altweg, der von Laichingen kam, in Verbindung zu sehen. Ebenso der spätbronzezeitliche Depotfund im Wald „Bannholz" (2,7 km wnw **Merklingen**) unter einem Baumstumpf, der aus zwei bronzenen 25 cm langen Schwertbruchstücken, einem Lappenbeil und einem Armring bestand. In den Wiesen „Feuerbuch" (2,5 km sso **Hohenstadt**) liegen beim Eingang eines Dolinenfeldes sechs Hügelgräber. Die auch andernorts gewählte unmittelbare Nähe keltischer Friedhöfe zu Erdlöchern steht ganz offensichtlich in Zusammenhang mit der Verehrung von Unterwelt-Gottheiten. Unbestimmte vorgeschichtliche Scherben deuten in der vielsagenden Flur „Totenhau" an einem flachen Hang, 1,1 km so **Reutti**, auf einen unerforschten Friedhof hin. Nahe des felsigen „Geiselstein" (500 m n) und damit 3,5 km no von **Türkheim**, lag am Albtrauf eine keltische Siedlung unweit der Steilkante zum Rohrachtal.

Spätkeltische Machtzentren

Siedlungskontinuität entlang der Lonetal-Alb

Die Lonetal-Flächenalb wird im Norden von der Stubersheimer Alb, im Osten vom Härtsfeld begrenzt. Die Grenze folgt dem Verlauf des ehemaligen Küstenstreifens eines tertiären Meeres. Jenseits des Lonetals führt das Kliff von Sinabronn über Weidenstetten nach Altheim über Bolheim, Herbrechtingen, Giengen, Hohenmemmingen und Dischingen nach Nordosten. Hier beginnt mit der bayerischen Landesgrenze die Riesalb.

Im Westen reicht die Lonetal-Alb bis ins Herrlinger Lautertal. Im Süden markiert der Stadtkreis Ulm die Grenze. Die Orte Tomeringen, Dornstadt, Beimerstetten, Bernstadt und Langenau mit ihren Markungen zählen wir hier noch zur Ulmer Alb. Die Lonetal-Alb wird wegen ihrer geringen Höhen auch Niedere Alb genannt. Aufgrund von Lößeinwehungen aus den nahen Schotterfluren der Donau sind tiefgründige Lehmböden entstanden, die sich sehr gut für den Ackerbau eignen. Das wird deutlich durch die frühen Siedlungsnachweise. Das zur Brenz ziehende Lonetal ist das Rückgrat der Lonetal-Kuppenalb. Auf der 35 km langen Strecke der Lone, vom Quelltopf in Urspring bis zur Mündung in die Hürbe, kommt es zu Wasserverlusten. Den Wechsel von ständig führendem Wasser zum Trockental gibt es erst seit nachkeltischer Zeit. Dieses Tal bietet seit alters her einen idealen Übergang über die Schwäbische Alb.

Am Anfang war der Hohlenstein

Der Höhlenkomplex des **Hohlenstein** im Lonetal, nördlich von **Asselfingen**, gehört zu den am ersten von Menschen besiedelten Höhlen auf der Alb. (Lone, ursprünglich keltisch, römisch: *Lunam*). Im **Stadel** (69 m tief) fand sich eine bronzene „Pfahlbaunadel" aus der Urnenfelderzeit. In der benachbarten **Bärenhöhle** (89 m tief), war die Ausbeute größer: Ein korrodiertes, 23 cm langes Bronzemesser, 3000 Jahre alt, sowie ein 100 Jahre jüngeres zweites Messer; im hinteren Teil der Höhle fand sich der Deckel einer girlandenverzierten Urne, sowie viele Scherben von Vorratsgefäßen. Dazwischen Scherben frühkeltischer Machart. In der Bärenhöhle wurde darüber hinaus das Bodenstück eines latènezeitlichen Eimers entdeckt.

Flussaufwärts liegt nicht weit vom Tal die **Bocksteinhöhle** (4,2 km nnw **Rammingen**), in deren Fundschichten im Jahr 1883 oberhalb der steinzeitlichen Überreste auch spätkeltische Keramik zutage kam. Rund 800 m so, links eines Waldweges, mindestens zwei Grabhügel.

Nach einer Zählung der Oberamtsbeschreibung von 1894 sind in dem bewaldeten Nordhang des „Büschelberg" (1 km sw **Bissingen**) – zwischen der Lone und der K 3022 – genau 89 Grabhügel und drei Steinwälle anzutreffen. Wenigstens 25 seien sicher Grabhügel, der Rest vielleicht Lesesteinhaufen, vermutete man damals. Heute wissen wir, dass diese beigabelosen Steinhaufen möglicherweise doch Gedenkstätten an Verstorbene sein können.

Vier weitere dieser rätselhaften steinernen Hügelfelder finden sich im Wald „Reute" (2 km sw) und weiter östlich, am Nordhang der Lone, mit 76 Haufen im Waldstück „Gemeindle" (1,8 km s), unzählige weitere liegen 1,2 km ssw Bissingen. Im Wald „Stockertebene" liegen nach offizieller Zählung 88 Hügel, im nahen „Stockert" weitere 16 Stück (1 km so). Der Pfarrer von **Hausen ob Lontal** hob im Wald „Eitenberg" (1 km n) „*... einige der dort dutzendweise vorhandenen Steinhügel ab und fand in denselben nichts, während der Bäcker Laible eine ganze Schachtel voll roher Topfscherben aus diesen Hügeln besitzt. Es sind also diese unscheinbaren Steinhügel trotz mehrfachen Misserfolgs dennoch als Grabhügel anzusehen.*" (Oberamtsbeschreibung).

Im benachbarten **Setzingen** (500 m w) liegt eine jüngerlatènezeitliche Siedlung; wie auch 1,5 km wsw im „Neerenstetter Feldle". In dem zur Bocksteinhöhle hinführenden Wäldchen „Stammlersholz" (1,2 km n **Öllingen**) liegen mindestens 20 Grabhügel unbekannter Zeitstellung.

Bergfestungen und Kultplätze entlang der Lone

An der nahezu nie versiegenden Quelle der **Lone** fanden Siedler zu allen Zeiten beste Lebensgrundlagen. Im ganzen Ortsbereich gibt es spätkeltische Spuren, insbesondere am „Herberg". Die Römer ließen hier am Nordhang das Kastell „*Ad Lunam*" samt Lagerdorf errichten und zwei Fernstraßen kreuzen: die Donau-Rhein-Heeresstraße und die Alblimesstraße vom Donauübergang bei Laiz über Burladingen, Gomadingen nach Heidenheim.

Dass hier schon keltische Wege verliefen, darf angenommen werden. Denn auf dem 500 m südlich von Urspring liegenden Hägelesberg hat sich eine keltische Kultstätte befunden. *„Hag“* (= Einfriedung) bezieht sich auf eine Wallanlage, die die obere Kuppe umschließt. Inmitten des Ringwalls befindet sich ein geebneter Platz von etwa 10 m Durchmesser, aus dem ein Felsblock herausragt, der der volkstümlichen Überlieferung nach ein „Opferstein“ war. Auf der 30 m höher gelegenen Gipfelkuppe war früher noch „eine kreisrunde Anordnung von Steinen“ erkennbar, hier stellte man sich den Platz vor, *„wo die auch in der Bibel erwähnten Höhenfeuer abgebrannt wurden.“*

Sicher ist nur die Datierung der Befestigungsanlage mittels Scherbenfunden für einen Zeitraum von 650–550 v. Chr.; im Bereich des Gipfelhangs sind hingegen kleinstückige Latène-Keramikteile geborgen worden. Der Hägelesberg passt in eine Reihe von Gipfelheiligtümern, die vom Zentralalpenraum über das Alpenvorland bis zur Schwäbischen Alb verbreitet sind. Dazu zählen der „Ächselesberg“ (Giengen) und „Messelstein“ (Donzdorf); im Donautal „Scheuerlesfels“ und „Rockenbusch“ (Buchheim), „Käpfle“ und „Petersfels“ (Beuron), „Schaufelsen“ (Unterneidingen) „Eremitage“ und „Amalienfels“ (Inzigkofen), „Roßberg“ und „Wackerstein“ auf der Reutlinger Alb, sowie auf der Riesalb der „Rollenberg“ (Hoppingen), „Weiherberg“ (Christgarten) und der „Osterstein“ (Unterfinningen).

Hundert Meter von Lonsee entfernt bei der „Unteren Mühle“ ist beim Bau der Wasserversorgung eine spätlatènezeitliche Feuerstelle mit römischen Scherben angeschnitten worden.

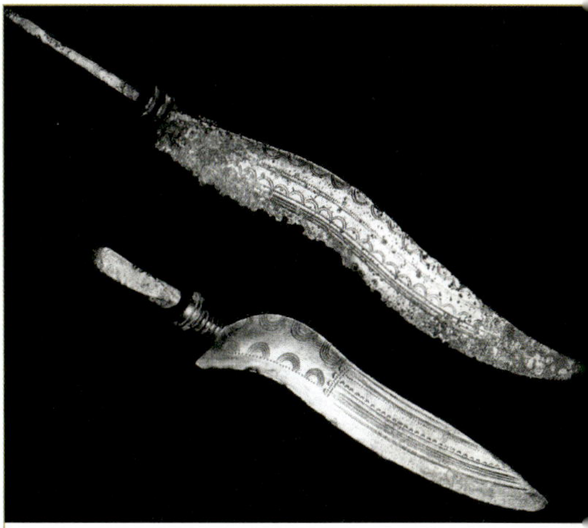

Zwei Messer (Bronze, mit Griffdorn, Klingen verziert) der späten Bronzezeit aus der Bärenhöhle am Hohlenstein bei Asselfingen (Foto: Ulmer Museum).

Hallstattzeitliche Scherbenreste bei Westerstetten im Wald „Buchhalde“ (1,25 km nw) sind innerhalb eines durch Steinanhäufungen gebildeten Vierecks zutage gekommen.

Sieben Hügel liegen im Schönrain (700 m o Breitingen). Rund 1,1 km w liegt am Südwesthang eine Schanzanlage. Ein 125 m langer, verflachter und daher wohl vorgeschichtlicher Wall sicherte eine 80 x 30 m große Fläche. Das lässt an einen Altweg-Übergang denken, zumal in südlicher Verlängerung von der Ulmer Alb im Norden Beimerstettens eine große Funddichte vorliegt. Weiter östlich liegt an der Westseite des Trutteltals, einem Seitental zur Lone, eine weitere vorgeschichtliche Schanze in der Küchleshalde (3,3 km o Holzkirch). Ein 130 m langer flacher Wall sichert hier ein Plateau. Ein spätkeltischer Wohnort war die Höhle im Eisental (2,4 km nw **Börslingen**); mittlerweile leider durch Steinbruchbetrieb zerstört.

Mindestens 60 bis 80 steinerne Grabhügel (darunter wohl auch Lesesteinhaufen) unbekannter Zeitstellung liegen im Wald „Ballhardt" (2 km o **Ballendorf**). Nördlich des Friedhofes finden sich viele Erdfälle. Das Phänomen der Steinhaufen, die in der Regel keine Bestattungsspuren zeigen und vielleicht eher einer Gedenkstätte entsprechen, sind noch in anderen Gebieten der Alb vereinzelt anzutreffen.

Bei **Altheim** zeugen viele Friedhöfe von einer dichten keltischen Siedlungsstruktur: im „Längenwinkel" (2,5 km wsw), auf dem „Mittelberg" (2 km nw) und neun an der „Rehhalde" (4 km wnw), auf dem „Kuberg" (700 m nw), dem „Vogelsberg (2,5 km nnw) und dem „Hochberg" (2,5 km no).

Drei kleine Gehöfte der spätkeltischen Zeit sind bei Bauarbeiten nahe **Öllingen** angeschnitten worden: Eine Kulturschicht am „Sandberg" (800 m so); am Südhang des „Hohlen Bergs" (1,5 km wsw), in der Nähe des „Baumbrunnens" (500 m o) und 1,5 km wsw am S-Hang des „Hohlen Berg", sowie 1,7 km wsw auf der Anhöhe. Auf einen zerstörten Grabhügel weisen Scherbenfunde im „Neerenstetter Feldle" hin (1,5 km wsw **Setzingen**).

Grabhügel auf dem „Kühberg" (1,7 km n), im „Kohlhau" (2 km n), im „Hinteren Hau" (2,5 km nno) und in der „Breite Furt" (3,5 km nno **Stetten ob Lontal**).

Nördlich von **Oberstotzingen** sind bereits 1833 in den „Schindelheckäckern" Gräber untersucht worden: Bronzeringe, Glasperlen und eine bronzene Lanze gingen damals an das Augsburger Museum.

„Bayerische" Kelten östlich der Egau

Der „Medlinger Hart" hat nördlich von **Obermedlingen** fünf hallstattzeitliche Grabhügelgruppen in Waldrandnähe konserviert (2,5 km nw im„Weidenloch"; 3,8 km nnw, 4 km nwn im „Buckenholz"; 2,7 km n, 3,2 km nno im „Unterer Gehrn"). Mehrere über Jahrhunderte belegte keltische Siedlungen liegen in der Gegend von

Die Römer führten ihre Nord-Süd-Heerstraße direkt am spätkeltischen Zentrum von Niederstotzingen vorbei.

Sachsenhausen, so beim Wasserbehälter („Bauernholz“, 700 m s), in den Fluren „Loch“ und „Kühlenberg“, und vor allem im Bereich der Landesgrenze direkt an der Straße nach Obermedlingen, im Bereich eines neuzeitlichen Bauernhofes. Hallstattzeitliche Spuren im „Riedle“ und „Flecken“, spätkeltische bis in die römische Zeit reichende in der „Lepse“, alle nahe Hohenmemmingen. Hier querte eine von Heidenheim zur Donau führende Römerstraße.

Etwa zwei Dutzend Grabhügel, die um das Jahr 1892 untersucht wurden, liegen in zwei Gruppen im „Erlenhau“, 1,5 km no von Syrgenstein und im „Stubenberg“ (500 m s der ersten Gruppe). Den Unterlagen nach stammen einige aus der Mittleren Bronzezeit. In ihnen wurde aber in der Hallstattzeit nachbestattet. Mehrere Gräber sind zudem in der HaC-Periode angelegt worden.

Die Umgebung in Zöschingen beweist, dass es eine bronzezeitlich-keltische Siedlungskontinuität gegeben hat. So liegen Lesefunde vom „Zimmerberg“ vor, zu denen auch Eisenschmelzschlacken und jüngerlatènezeitliche Scherben gehören. Schon in das südliche Härtsfeld reicht die Grabhügelgruppe im Wald „Süßhau“ an der Landesgrenze hinein (1,5 km sw Fleinheim). Alle Tumuli wurden 1900 ausgegraben und die geborgenen Metallgegenstände der Epochen Ha C und Ha D kamen ins Museum nach Dillingen. In ihrer Umgebung finden sich viele mächtige Erzgruben, aber auch Dolinen und Hülben.

Von einer markanten Kuppe, die heute das Schulgebäude von Bachhagel trägt, ist ein eindrucksvoller Rundumblick möglich. An der Südseite sind 1901 und früher immer wieder „sämtliche von Feuer geschwärzte, meist rot bemalte Gefäßscherben aller Herkunft“ aufgelesen worden. Bis auf 50 cm Tiefe fanden sich auch Kohleteilchen. Die wohl aus der Ha B/Ha C stammenden Keramikreste deuten auf einen Opferplatz hin.

Die Umgegend von Haunsheim weist auffallend viele spätkeltische Fundstätten mit Eisenschmelzschlacken auf. Am Steinbruch nw Ortsrand über dem Zwergbachtal fanden sich neben Überresten einer altsteinzeitlichen Jägerstation etwa 600 überwiegend spätlatenèzeitliche Scherben mit sehr vielen Schlacken, Gruben und zerstörte Hüttenflächen. Weitere Fundstellen „Am unteren Galgenberg“, „Am Reiterbäumle“, sowie „Im Glind“. Rund 2 km wsw von Unterbechingen liegt ein Grabhügelfeld im Wald „Vogelsang“.

Spätkeltische Machtzentren in Donaunähe

Viereckschanzen gehören zu den noch am meisten Rätsel aufgebenden Bauwerken der späten Kelten. Ihr dichtes Vorkommen auf der Ostalb spricht gegen reine Kult- und Versammlungsplätze . Die Anlagen sind eher als Mittelpunkt einer Siedlungsgruppe, als Rechteckhöfe zu sehen, in denen kultisches mit profanem nebeneinander herging.

Gehäuft finden wir die Anlagen in Haunsheim: Einmal 1,5 km nno am Waldrand. Hierbei handelt es sich aber um eine neuzeitliche Anlage; wie in württembergischen Karten richtig vermerkt („Franzosenschanze 1704“). Bayerisches Kartenwerk führt sie jedoch als „Keltenschanze“.

Dann 1,3 km o des Teilorts **Oberbechingen** im „Buschel“. Die unregelmäßige bis zu 200 m lange quadratische Grabenanlage mit vorgelagertem tiefen Graben hat zwar die Form einer Keltenschanze, auch sprechen vorgeschichtliche Scherben aus der Südwestecke der Anlage dafür, doch ist auf dieser Anhöhe eher an ein *castrum* zu denken. Seit 1926 wurden keine näheren Untersuchungen mehr angestellt, um eine Datierung zu festigen. Eine nicht untersuchte Anlage findet sich im Medlinger Hart, in der Waldabteilung „Nonnenholz“ (3,2 km nno **Obermedlingen**); in der Nachbarschaft liegen ein Dutzend Grabhügel.

Die Viereckanlage im Wald „Brand“, 2,3 km sw **Unterbechingen** hat zuletzt 1889 das grabende Interesse der Archäologen geweckt. Funde aus der sehr gut erhaltenen Anlage sind keine bekannt. Südöstlich hiervon und rund 4 km no **Untermedlingen** liegt im Wald „Rommelhau“ eine verebnete Viereckschanze. Von der Anlage sind seit ihrer Entdeckung vor über 60 Jahren keine Funde bekannt geworden.

Die aus Erde und Stein aufgehäufte Schanze von **Niederstotzingen** (2,2 km n im „Sparenhau“) hat die zwei Jahrtausende sehr gut überstanden. Der Wall misst von der Grabensohle aus bis zu 3,8 m; der Graben ringsum ist gut erkennbar. Im Süden lag die Toröffnung. Wie andernorts üblich wurde die Innenfläche der Anlage künstlich um 1 m erhöht; ein verfüllter (Brunnen)-Schacht liegt im Inneren. Dicht an dem Zentrum führt die Römerstraße Heidenheim – Günzburg vorbei; möglicherweise siedelten beim Bau der Heerstraße hier noch Kelten. Hier ging ein „Regenbogenschüsselchen“ verloren.

Auffallend ist, dass die zwei Schanzen sw des Teilorts **Unterbechingen** bzw. die no **Untermedlingen** an einer nachgewiesenen römischen Heerstraße liegen. Der Straßendamm, der im Mittelalter zur Benennung „Hochstraße“ geführt hat, zieht sich vom Kastellort am Donauübergang bei Faimingen schnurgerade nordwestlich in Richtung Heidenheim. Die Römer dürften hier eine keltische Wegetrasse ausgebaut haben.

Die Anreihung der Viereckschanzen aneinander und zum nördlichen Donauufer lässt eine gewisse Systematik erkennen.

Diese Positionierung könnte eine Einteilung in Stammes- oder Einflussgebiete nördlich der Donau, respektive der Verkehrsachse entlang der Donau widerspiegeln. Da der Abstand zwischen einigen Schanzen aber unterschiedlich weit auseinanderklafft, würden insgesamt fünf Viereckanlagen fehlen, um die Theorie eines markungsähnlich abgesteckten Gebietes zwischen Erbach und Tomeringen zu stützen. Da das uns bekannte Verteilungsbild der Keltenschanzen nur den Erhaltungszustand im Gelände wiedergibt, ist es durchaus möglich, im Bereich nördlich von Beimerstetten, nahe Neenstetten und bei Setzingen dahin gehend Spuren zu entdecken. Vermutlich liegt auf der Markung **Asselfingen** im Gewann „Blienhardt“ (östlich des Naturdenkmals am Weg zum Hofgut Lindenau) eine im Luftbild entdeckte viereckschanzenförmige Struktur.

Festungen am Nordtrauf

Verborgene Keltenspuren im dichten Wald der Ostalb

Der Albuch ist der nordöstlich gelegene Teil der Schwäbischen Alb. Er wird im Westen von Lauterstein und Steinenkirch, südlich von Böhmenkirch und im Norden vom Verlauf des Albtraufs zwischen Lauterstein, Heubach und Aalen begrenzt; im Osten vom Brenztal. Gekennzeichnet sind Albuch wie auch das Härtsfeld durch ihre geringe Höhen. Sie bilden den niedrigsten Teil der Kuppenalb.
Hinzu kommt die Besonderheit des Steinheimer Beckens. Das ist ein durch einen Meteoriteneinschlag vor 14 Millionen Jahren entstandener Krater mit mittlerem Durchmesser von etwa 3,8 km und einer Tiefe von gut 100 m.

Die geringsten Siedlungsspuren auf der Ostalb

Das am dichten bewaldetste Gebiet der Schwäbischen Alb weist bis auf Randstellen kaum Siedlungsspuren auf. Aber wie überall auf der Alb liegt der Übergang von der Bronze- zur Eisenzeit fast völlig im Dunkeln. Aufgrund der neuen religiösen Bestattungssitten – Verbrennung der Toten und Beisetzung der Asche in Urnen in kleinen, tiefen Gruben – ist die Forschung auf Zufallsfunde angewiesen. Genauso schlecht ist es um das Auffinden von Siedlungen bestellt.

Festungen auf dem Rosenstein-Massiv

Der **Rosenstein** bei Heubach ist schon vor der Bronzezeit ein Ort, der mit seinen vielen Höhlen ein ideales Zufluchtsrefugium bildet; die großen Wall-Graben-Werke unterstreichen den Schutzcharakter des Plateaus, welches zur Aalener Bucht und zum Remstal hin orientiert war. Das blieb auch so während der Hallstattzeit; wenngleich die Stellung der Festung, zu der auch beeindruckende Wälle auf den Nachbarbergen zählen, noch ungeklärt ist. Die Hochfläche ist bis auf den schmalen Zugang auf der SO-Seite von steilen Felswänden umfasst, der durch einen 320 m langen Wall gesichert wurde. Im Westteil der Hochfläche liegt eine mittelalterliche Burgruine. Ihre Vorfläche wird mit vorgelagertem tiefen Graben und 150 m langem Wall geschützt. Gut 300 m westlich davon folgt ein zweiter, 45 m langer, 13 m tiefer und 4,5 m breiter, und ein dritter, bis 19 m tiefer Graben, der die Hauptburg sicherte. Im Osten der Berghalbinsel liegt ein zweites Refugium. Etwa 600 m vor der östlichsten Hangkante zieht eine künstlich verstärkte Hangkante quer durch das Plateau.
Die südöstlich benachbarte Berghalbinsel des **Mittelberg** wird gegen Lautern mit zwei hintereinander liegenden Wällen abgetrennt. Die gesicherte Bergspitze wird im Osten vom Felsabhang begrenzt, an den Nord- und Westseiten sind künstliche Absätze am Hang.
Als dritte Bergfestung gehört noch der **Hochberg** im Süden der Ruine Rosen-

stein zu dem Bollwerk. An einer 150 m breiten Stelle ist der einzige Zugang zum südlich angrenzenden Berg **Heidenburren** gegeben. Der Weg wird durch mehrere Hindernisse gesperrt. Auf dem Hochberg zeigen latènezeitliche Scherben das Aufsuchen in späterer Zeit an. Zweifelsohne erklomm ein keltischer Weg bei Lauterburg die Albhochfläche und führte – meist durch reines Waldgebiet – über Bartholomä nach Heidenheim.
Bereits im Albvorland liegt das große Grabhügelfeld von **Mögglingen** (2 km nw, sowie 1,5 km ssw) mit mindestens 36 Hügeln, direkt am Limes.

Das größte Erzrevier des Albuch bei Essingen

Eine in der Mittelbronzezeit beginnende Siedlungskonzentration gibt es östlich von **Essingen-Lauterburg** in dem 21 ha großen Gewann „Weiherwiesen". Pollenanalysen deuten auf eine Brandrodung in dieser Zeit hin. Hier, an einem uralten Albaufstieg, liegt ein Bohnerzrevier. Rund um eine Hülbe haben sich in den Wäldern zahlreiche Schürfgruben erhalten; es sind Reste verstürzter oder verfüllter Schächte, die zur Förderung von Eisenschwarten – faustgroßer, außerordentlich eisenreicher Erzbrocken – dienten. Der Abbau erfolgte vornehmlich in frühalamannischer Zeit – der Ortsname „Essingen" leitet sich von „Esse" (altdeutsch *„essa"* = Schmelzofen) ab, im Sinne von „bei den Leuten mit den Rennöfen". Noch vor den Alamannen haben die Römer hier ein Kleinkastell des Alblimes unterhalten, um die Steigen auf den Nordalbuch zu sichern. Die Anlage wurde erst 1987 durch Luftbilder entdeckt, die Alamannen hatten die Kastellgräben mit Eisenschlacken aufgefüllt. Der Bau des Militärlagers hat frühere Siedlungsspuren zerstört. Bei kleinflächigen Nachgrabungen in der

Machtrefugium am Nordtrauf der Alb: Der Rosenstein bei Heubach mit Nachbarbergen sicherte das Erzgebiet des Nordalbuch und dessen Handelswege.

Umgebung kamen fast 2300 vorzeitliche Scherben zum Vorschein; auch vier späthallstattzeitliche Brandgräber südöstlich des Kastells wurden aufgedeckt. Offensichtlich wurde ab der Zeit um 400 v. Chr. hier massiv Eisenverhüttung betrieben. Der von der Latène- bis in die frühalamannische Zeit im Pollenbild nachweisbare Wandel vom naturnahen Buchenwald zum birkenreichen Niederwald deutet auf eine intensive Holznutzung (Verbrennung) der späten Kelten hin. Vorgeschichtliche Höhenfestungen verdeutlichen, dass der Abbau und Eisenhandel gesichert werden musste, so auf dem Falkenberg (1,5 km o Essingen), der Nordwestspitze des Schlossberg (2,2 km nno) und am Trauf des Stürzel (1 km ssw). Vom Quellgebiet der Rems führte ein Altweg (Flurnamen „Hohlgasse") durch das Erzabbaugebiet von Essingen nach Oberkochen und fand jenseits der Kocher seine Fortsetzung Richtung Bayern.

Siedlungsspuren finden sich indirekt in den Gräberfeldern im Wald „Eichert" (2,5 km oso) und im „Oberwehrenfeld" (22 Hügel), rund 2 km o Lauterburg. Sie wurden bereits 1894 geöffnet. Ihre Funde sind seither spurlos verschwunden.

Kelten auf der Berginsel bei Bartholomä

Hügelgräber auf der Markung von Bartholomä, 3,5 km w Kitzinghöfe, machen es wahrscheinlich, dass eine von Gmünd kommende Albpassage am Bargauer Horn die Hochfläche erklommen hat, um dann nach Bartholomä weiter zu ziehen. Südlich der inselförmigen Landwirtschaftsfläche liegen in den oberen Hängen des Falkenberges drei Grabhügelgruppen. Unschwer zu erraten, wo vor über 2500 Jahren die Behausungen der hier Bestatteten gestanden haben. Allerdings trieben sie offenbar keinen nennenswerten Ackerbau. Pollenanalysen aus den Mooren der anliegenden Naturschutzgebiete „Rötenbach" und „Rauhe Wiese" sprechen dagegen. Nachgewiesen werden konnte jedoch die Abnahme von Tannenpollen, was vermutlich mit der Abholzung des Albtraufs zusammenhängt – Tannenbäume konnten sich aus klimatischen Gründen nie auf der Hochfläche ausbreiten. Und offenbar hatte es auch das Eisen bis in die Latènezeit schwer, den Werkstoff Kupfer zu verdrängen: So zeigen die Elementanalysen, dass die Kupferwerte auf dem Albuch seit der Bronzezeit ungebrochen hoch sind.

Im großen und dichten Waldgebiet des Falkenberg 5 km wsw, 3 km s und 4 km wsw Bartholomä) sind 1921 viele Grabhügel entdeckt worden. Ein Hügel war mit großen Steinblöcken überdeckt. Darunter lagen sehr viel Brandschutt, Scherben und Tierknochen.

Im Krater von Steinheim

Im Meteoritenkrater von Steinheim fanden die Kelten ideale Siedlungsbedingungen. Rund 1,5 km sw der Kirche liegen auf der bewaldeten Kuppe über ein Dutzend Grabhügel im lichten Laubwald. Dieser Friedhof gehört zu den eindrucksvollsten in ganz Baden-Württemberg:

Einige der Tumuli sind bis zu 2 m hoch und zwischen 8 und 18 m breit; weitere flache Hügel finden sich im Inneren des Beckens (700 m so Kirche), zwischen Klosterhof

Bei Mergelstetten liegt ein größeres Grabhügelfeld. Beim Wegebau wurde ein Tumulus zerschnitten.

und L 1163. Die Siedlung dürfte nicht weit entfernt von der Hülbe am Klosterberg gelegen haben.

Am Südostrand von Sontheim, unweit der heute verfüllten Dorfhülbe, liegt eine frühmittelalterliche Verhüttungsstelle, die von Galloromanen betrieben wurde. Sieben Grabhügel liegen im Wald „Eichert" (3,5 km no der Hülbe „Weiherwiesen").

Weitere vor- und frühgeschichtliche Verhüttungsplätze lagen bei **Sontheim**. Hier, am Rande des Steinheimer Beckens, quert heute die B 466. Die Trasse durch das Stubental war bereits in der Vorzeit eine West-Ost-Verkehrsachse; die Römer bauten auf ihr eine Straße um die Kastelle von Urspring (Lonetal) und Heidenheim miteinander zu verbinden.

Wo die L 1165 von Steinheim Richtung Amalienhof in den Wald führt, liegt 300 m links am Waldrand die 210 m lange **Schreiberhöhle**, mit Knochen des zur keltischen Zeit hier heimischen Urs. Rund 250 m o und 500 m no der Höhle liegen Grabhügel. In dem von Hülben und Erdfällen durchzogenen Waldgebiet im Norden des Steinheimer Beckens müssen unter dem Wurzelwerk einige Siedlungsspuren im Boden liegen; dafür sprechen Friedhöfe 2 km ssw , 1,5 km sw, 2,2 km wsw und 2,5 km non dem Schafhof von **Zang**.

Aus Steinheim stammen auch zwei „Regenbogenschüsselchen".

Grabhügel unweit zweier Bohnerzlagerstätten beim **Wellesberg** und **Rezenberg** finden sich im „Küpfendorfer Holz". Das Waldgebiet umschließt den gleichnamigen Ort, etwa 1,2 km sso **Küpfendorf** liegen etwa 18 Hügel. Einige von ihnen wurden 1847 und 1902 untersucht; erhalten sind meist nur Gefäßreste, weitere Hügelgräber 2 km no **Gnannenweiler**.

Das Gräberfeld von Mergelstetten

Im Hochwald von **Mergelstetten** (1,5 km w) liegen am Rand eines Neubaugebiets über 30 Brandgrabhügel (mit Körpernachbestattungen) in zwei verschiedenen Gruppen im Unterholz. Die Tumuli variieren zwischen 9 und 25 m im Durchmesser und 50 cm bis 2,5 m in der Höhe. Allesamt wurden sie im 19. Jh. angegraben. Die Funde sind in alle Richtungen verstreut oder verschollen. Vermutlich stammen die meisten Toten aus der Hallstattzeit (Ha C bis Ha D). Als Beigaben fand sich Geschirr der typischen Ostalbkeramik.

Am Übergang zur Geislinger Alb

Näher dem Albrand liegen Hügel auf dem „Schönen Berg" (3 km n **Böhmenkirch**). An dem im Osten von **Söhnstetten** gelegenen Stöckelberg öffnet sich die 69 m lange **Stöckelhöhle** (700 m o). Die 1897 ausgegrabene Höhle barg keltische Scherbenfunde.

Vor dem Abri **Hohler Stein**, 1,5 km sw **Heldenfingen**, scheint sich in spätkeltischer Zeit eine Wohnstätte befunden zu haben. Diese Höhle ist eines der seltenen Beispiele für die Nutzung der Grotten durch Kelten auf der Ostalb. Neben zahlreichen Spätlatènescherben wurden 1949 auch Fragmente einer römischen Schüssel entdeckt, was auf hier über die Zeitwende sitzen gebliebene Kelten (Galloromanen) hindeutet.

Die Entdeckung von „Regenbogenschüsselchen" im benachbarten **Gerstetten** (Viertelstater) und in **Gussenstadt** macht zudem einen Altweg ins Brenztal wahrscheinlich. Zumal in **Heuchlingen**, an dieser mutmaßlichen West-Ost-Linie, sw des Umspannwerks Scherben auf eine jüngerlatènezeitliche Siedlung hinweisen. Am Südrand des Ortes reichen Scherben gar bis in die Spätbronzezeit hinein.

An der Lebensader der Ostalb

Bergfestungen und Opferstätten im Kocher-Brenztal

Der Kocher-Brenz-Talzug, der die Ostalb von Norden nach Süden durchtrennt, bildet einen eigenen Naturraum und die einzige Hauptwasser- und damit Lebensader. Die Wasserscheide liegt auf 508 m bei Königsbronn; wenig nördlich sprudelt bei Oberkochen die Kocherquelle bei 500 m. Auf seinem 168 km langen Weg nach Norden schneidet sich der zunächst Schwarze Kocher genannte Fluss bis an die Talöffnung bei Unterkochen tief in das Weiße Juragestein ein, ehe er sich mit der Weißen Kocher vereint und in Aalen ins Vorland kommt.

Etwa 4 km unterhalb der Kocherquelle entspringt die Brenz aus einem mächtigen Karstquelltopf in Königsbronn. Das macht die beiden Täler zu wichtigen Albübergängen. Die Nebentäler der Brenz sind – bis auf die im Eselsburger Tal bei Giengen-Hürben entspringende Hürbe – alles Trockentäler, die nur bei heftigem Regen oder bei Schneeschmelze Wasser führen. Der Brenztopf, wie auch die Hürbequelle, werden gespeist durch die auf der verkarsteten Hochfläche von Härtsfeld und Albuch versickernden Niederschläge.

An den Quellen der Keltenflüsse *Kochana* und *Beraontia*

Das Kocher-Brenz-Tal gab als naturgegebene Nord-Süd-Achse schon immer den bequemsten Weg durch die Ostalb zwischen Donautal und der Maingegend vor. Funde in den Talhängen und Auen zeugen von einer regen Siedlungstätigkeit, reiche Gräber und befestigte Knotenpunkte lassen überregionalen Handelsverkehr erkennen.

Östlich von Oberkochen in der Aalener Bucht oberhalb der Quelle von „Weißer Kocher" erheben sich die spornartig vorgeschobenen Ausläufer des Härtsfeldes. Die mittelalterliche **Kocherburg** thront auf dem Ausläufer eines Bergrückens, der zur Hochfläche hin durch zwei Abschnittswälle mit Graben begrenzt wird. Entstanden sein dürfte die Anlage im Kern bereits in der frühen Bronzezeit, ausgebaut mit einer – durch Brand zerstörten – holzversteiften Trockenmauer in der Frühlatène und erweitert mit einer aufgesetzten Mauer im Mittelalter. Ein Schatzsucher ortete auf dem „Schloßbaufeld" zwei brotlaibgroße, stark magnetische Eisenlupen. Nicht ausgeschlossen, dass sie in einem keltischen Rennofen entstanden sind. In der Höhle **Hohler Stein** (500 m so der Spornburg) fanden sich keltische Scherben. Der Name von Kocher ist keltischen Ursprungs (*Kochana*) und bedeutet wohl der sich *krümmende Fluss*. Auch die Namen seiner Zuflüsse sind vordeutsch: Bibers (*Biberussa*), Kupfer (*Cupara*), Ohrn (*Aurana*), Sall (*Salle*).

Aus der Zeitwende stammt wohl die Schüssel, nebst römischen Scherben, die in der kleinen **Schmiedfelsenhöhle** (1,5 km ssw **Oberkochen**), oberhalb des Kocherursprungs zutage kam. Mehrere „Regenbogenschüsselchen" in der Umgebung von Aalen, so eine Viertelstater-Münze bei Itzelberg, belegen einen Altweg durch das Tal. Einen aus sechs Goldmünzen bestehenden Hortfund machte man um 1900 bei der Pfefferquelle in **Königsbronn**. Die Pfeffer ist ein 450 m langer Nebenfluss der Brenz. Auch die Aufdeckung eines reichen Wagengrabes der späten Bronzezeit im Bereich der Ortsbebauung in der Zeppelinstraße belegt einen Handelsweg. Etwa 1 km nno **Aufhausen** liegen an der Hangkante zum Brenztal neben einer Hülbe und Dolinen Grabhügel im Wald „Kreuzbühl". Auch auf der westlichen Anhöhe konserviert der dichte Forst ein Grabhügelfeld im „Steinhirn" (3,3 km sw). Die Brenz scheint ebenfalls keltisch benannt worden zu sein. Die Urform ist umstritten, möglicherweise *Beraontia*.

Das bedeutende Grabhügelfeld von Schnaitheim

Wo das Nattheimer Trockental ins Brenztal übergeht, muss es während der Keltenzeit noch keine Wildwasser gegeben haben. Sonst wäre eine solch exponierte Stelle am Ausgang des Tales nicht über längere Zeit besiedelt gewesen. In den 1920er- und 1970er-Jahren sind in den „Seewiesen" bei **Schnaitheim** zwei hallstattzeitliche Gräberfelder (Ha C und Ha D) mit 38 Hügeln und 70 Gräbern ausgegraben worden. Zwischen den Tumuli lagen einfache Flachgräber mit Brandbestattungen. In den Hügeln waren Körpergräber. Anhand der Funde

Die mittelalterliche Kocherburg wurde auf dem Sporn einer vorgeschichtlichen Festungsanlage erbaut.

ließ sich eine kontinuierliche Entwicklung von Kammergräbern mit umfangreichen Keramikteilen zu Gräbern mit weniger Keramik, aber dafür mehr Tracht- und Schmuckzubehör nachzeichnen. Das Geschirr wird im Laufe der Generationen durch neue Formen ersetzt, ohne dass jedoch die älteren Typen ganz außer Gebrauch kämen. Die Keramik repräsentiert eine, ihrer Verbreitung nach „Ostalbgruppe" genannte Form, die Anregungen aus Nordostbayern mit Keramikformen vom Hegaualb-Gebiet (Alb-Hegau-Ware) zu einem eigenständigen, sehr zurückhaltenden Verzierungsstil umformt. Im Nordwesten der „Seewiesen" konnte ein reines Flachgräbergrab mit 30 kleinen späthallstattzeitlichen Brandgräbern mit schlichter Ausstattung untersucht werden. Im Gegensatz zu den zeitgleich errichteten Hügelgräbern wahrscheinlich ein Friedhof der unteren sozialen Schicht. Das von den Römern zu einem Verkehrsknotenpunkt ausgebaute antike **Heidenheim** (Kastell *Aquileia* mit Zivilsiedlung) war bereits vorkeltisch besiedelt. Ein ausgedehnter hallstattzeitlicher Siedlungskomplex lag südlich des mittelalterlichen Stadtkerns. Am südlichen Rand des Neubaugebiets **Mergelstetten** (1,5 km w Kirche auf der linken Brenztalanhöhe) hat sich im Unterholz des namengebenden „Scheiterhau" ein großes Grabhügelfeld erhalten.

Ein spätkeltisches Siedlungszentrum ist mit einer vermeintlichen **Viereckschanze** nachgewiesen, von der sich nur die NW-Ecke erhalten hat. Sie liegt auf der rechten Brenztalanhöhe 2,8 km ono Mergelstetten im Wald „Stangenhau".

Knapp 3,5 km wsw und 2 km nw von **Bolheim** lagen Siedlungen an Wasserstellen: Am Südhang zum Kiesental bei der „Entenhülbe", wo noch vier Hügelgräber zu sehen sind, die um 1904 ausgegraben wurden (Leichenbrand, Gefäße, Eisenlanze) sowie am „Kühloch" (mit schönem Hügelgrab). In der **Lindachhöhle** am NW-Rand des Neubaugebietes sind Hallstattscherben zum Vorschein gekommen.

Zwischen der Eisenbahn und **Neubolheim** liegen auf der Sohle des Brenztals mehrere, jetzt flache Hügel, die um 1900 ausgegraben wurden, aber deren Funde verschollen sind.

Festungsanlagen im Eselsburger Tal

Wo die Brenz zwischen Anhausen und Herbrechtingen das enge Eselsburger Tal herausgeschnitten hat, liegt auf einer Bergzunge der 2,3 km lange und bis zu 1 km breite **Buigen** (meint den Bogen, den der Fluss hier macht). Er trägt – neben einer mittelalterlichen Anlage auf dem **Linsenfels** – eine vorgeschichtliche Befestigung. Der Buigen liegt rund 50 m über der Talniederung. Ein 165 m langer Hauptwall quert den Berg, ein mächtiger 25 m breiter Wall und ein bis 15 m breiter Graben sowie Gruben im Vorfeld ergeben eine Gesamtbreite des Hindernisses von rund 70 m.

Ob die Gruben Materialentnahmestellen für den Wallbau (holzverstärkte Trockenmauer) waren oder als Fallgruben für mögliche Reiterangriffe angelegt wurden, muss offen bleiben.

Rund 360 m vom Hauptwall entfernt quert ein zweiter, sehr flacher Wall das Plateau. Nach weiteren 90 m folgt ein 70 m langer, steinerner Spornwall. An der Südwestseite sind noch die Reste einer möglichen Rundum-Randbefestigung zu erkennen. Insgesamt liegt zwischen Haupt- und Spornwall eine geschützte Fläche von rund 6,5 ha – somit eine der größten vorgeschichtlichen Befestigungsanlagen der Vorzeit in Baden-Württemberg. Ein technisch ähnlicher Aufbau findet sich bei der Anlage auf der „Rotenay" bei Lauterach wieder. Die oberflächlichen Untersuchungen ergaben wenige Scherben aus der Bronze- und der Frühlatènezeit. Rund 1,1 km n des ersten Walls liegen vier mittelbronzezeitliche Grabhügel.

Etwa 800 m s von **Eselsburg** liegt der **Radberg** am steilwandigen Rand des Eselsburger Tals, gegenüber des Buigen. Der kleine Hügel über der Brenz wird gegen das Hinterland von einem 35 m langen und 8 m breiten Abschnittswall (holzver-

Mächtiger Ringwall auf dem Buigen an der vorgeschichtlichen Passroute durch das Brenztal.

stärkte Trockenmauer) gesichert. Im felsigen Boden zeigen sich keine Spuren von Bauten, allerdings brachten Grabungen Keramikreste zutage, die die Errichtung der Befestigung frühestens in die jüngere Mittellatènezeit setzen. Eine erste intensivere Benutzung des Plateaus lässt sich aber bereits in die ältere Bronzezeit zurückverfolgen. Der Archäologe Franz Fischer vermutet zudem eine Besiedlung in der späten Hallstattzeit. In der späten Latènezeit hat ein Schadensfeuer in der Höhensiedlung gewütet. Fraglos stehen die beiden vorgeschichtlichen Anlagen in Zusammenhang mit der vorgeschichtlichen Nord-Süd-Verkehrsachse durch das Brenztal.
Eine hallstattzeitliche Siedlung ist am NO-Rand der Gemeinde **Hürben** im „Hohen Rain“ entdeckt worden, in der Nähe einer hier von West nach Ost ziehenden „Heerstraße“. Die „Fünf Buzzen“ waren ein 2 km w entfernt gelegenes bronzezeitliches Grabhügelfeld mit Nachbestattungen; drei Hügel sind bei Abbauarbeiten eines kleinen Steinbruchs angeschnitten worden.

Höhlen und Opferplätze auf markanten Felskuppen

Höhlenfunde der Urnenfelder- bis in römische Zeit liegen aus der 46 m langen Haupthöhle der **Hohlen Felsen** von der Nordseite des Burgfelsen bei Eselsburg vor. Einen armseligen Unterschlupf bot die „Friedrich-Hester-Spalte“ – eine Kleinhöhle 50 m nw der Charlottenhöhe von **Hürben**. Vor dem Eingang stießen Ausgräber in 1,2 m Tiefe auf eine Feuerstelle mit jüngerlatènezeitlicher Keramik.

Auf der sehr kleinen, frei stehenden Kuppe des **Ächselesberg** östlich von **Giengen** lag ein Opferplatz.
„Platz für eine Siedlung gab es hier jedenfalls nicht“, sagt die Archäologin Claudia Pankow. Hunderte kleinteilige Hallstattscherben sind dort in einem halben Quadratmeter großen Loch aufgelesen worden und werden heute noch nach Regenfällen freigespült. In ihrer Machart sind sie einheitlich (dunkel-rötlich, orange, meistens porös).
Ein in spätkeltischer Zeit aufgesuchter Ort war der „Kühlenberg“ (1,8 km nw **Hohenmemmingen**). Als Opfergabe sind wohl die in einem Eisweiher (1,7 km nnw) versenkten Eisenspitzbarren zu sehen, die in den 1960er-Jahren bei Baggerarbeiten zusammen mit bearbeiteten Geweihteilen zum Vorschein kamen. Auf dem benachbarten **Schießberg** (n Aussichtsturm Giengen) reichen die Scherben bis in spätkeltische Zeit.
Auf dem unbewohnbaren Sporn des **Benzenberg** (1 km n beim Wasserbehälter von **Gerschweiler**) lag nach Auffassung der Archäologen eine Kultstätte:
Sehr viele frühkeltische Scherben auf kleinem Raum sprechen dafür. In einem Abri am Nordhang kam das spätkeltische Fragment eines lichtgrünen Glasarmrings zutage, vermutlich dort niederlegt. Beim Verlegen eines Postkabels über den Schlossberg (nw **Hermaringen**) stieß man westlich der Ruine auf bräunliche Scherben. Die Lage lässt an einen Opferplatz denken. Östlich davon, in der Talaue Taublingen, wurde eine Siedlung nachgewiesen.

Spätkeltische Elitegräber in Giengen

Rund 1 km n **Giengen** (Südrand Neubaugebiet **Wanne**) lag ein großflächiger, mittlerweile überbauter Friedhof einer Elite aus der Mittellatènezeit. Er umfasste 13 Brandgräber, neun davon mit Waffen, vier mit Frauenschmuck belegt. Im Bereich des Gräberfeldes kamen aber auch viele urnenfelder- und hallstattzeitliche Scherben zum Vorschein. Die Krieger-Ausstattung ist recht einheitlich gewesen: Eisenschwert mit kunstvoll verzierter Scheide, Schwertgehänge, Lanzenspitze mit Lanzenschuh und ein hölzernes Schild mit blechernen Einfassungen sowie Fibelstücke. Die Schwerter in den Gräbern waren, wie zu dieser Zeit üblich, verbogen worden. Ihre Oberseite war meistens mit stilisierten Drachenpaaren verziert. Von den Lanzenspitzen unterschieden sich zwei Typen: ein schmaler, schlanker und ein breiter, blattförmiger. Der Frauenschmuck variierte zwischen gläsernen Arm- oder Fußringen, Bronze- oder Eisenfibeln und Bronzegürtelketten und Kettchen mit Bernstein als Halsschmuck. Eine Besonderheit ist die Beigabe einer keltischen Goldmünze (Vierundzwanzigstelstater wahrscheinlich vom *oppidum* Manching). Dieses Goldstück ist die älteste in einem Grab gefundene Münze Mitteleuropas!

Das südliche Brenztal gehört zu den günstiger gelegenen Landschaften der Ostalb. Bei **Hermaringen** weitet sich das enge Tal zu einer breiten Niederung. Frühkeltische Spuren hat das **Hardt** konserviert. Rund 2,5 km o liegen wenig nw einer Hülbe einige Grabhügel. Einer enthielt eine römische Nachbestattung. Aus den 1903 ergrabenen Tumuli heben sich Bronze-

Eine spätkeltische Höhensiedlung oberhalb des Altweges entlang der Brenz liegt im Eselsburger Tal.

bleche von Wagennabenbeschlägen und Kegelhalsgefäße mit reicher Ritzverzierung besonders hervor. Ein Grabhügelfeld liegt am Fuße der **Ruine Güssenburg**. Südlich des Ortsausgangs am „Berger Steig“, einer Kalktuffanhöhe, brachte eine Grabung 1996 Scherben der jüngeren Latènezeit und Eisenschlacken ans Licht. Dabei fand sich eine eiserne Tüllspitzenhacke, die zum Feldbau aber auch zum Erzgrubenbau benutzt worden sein konnte. Eine dazugehörige Grabenumfriedung wurde auch entdeckt. Die Hermaringer Funde sind die vermutlich jüngsten der ausgehenden Keltenzeit auf der Alb. Der Archäologe Martin Kempa, der die Fließschlacken untersucht hat, hält die Funde für den bislang einzigen Nachweis eines Eisenverhüttungsplatzes der spätkeltischen Zeit.

Südlich der Mündung des Hürbebachs in die Brenz liegt bei **Bergenweiler** auf einer Kuppe die **Ravensburg**. Die Anlage unbekannter Zeitstellung dürfte ursprünglich spätbronzezeitlich und später genutzt worden sein. Am Steilabfall im NW liegen viele vorgeschichtliche Scherben. Rund 1 km nw der Burg liegt in der Niederung der „Bilzwiesen“ der „Burren“; ein undatierter Steinbuckel, der als topografischer Punkt vermarkt ist. Eine Bohnerzlagerstätte durchzieht den Talhang. Indiz für einen Altweg, der hier in die Donauaue übergeht, ist die bei **Sontheim** in einem Acker aufgelesene Kreuzmünze, „Typ Reichenhaller“.

Im Zentrum der Bohnerzförderung

Hunderte Grabhügel in den Wäldern des Härtsfelds

Das Härtsfeld ist eine „Landschaft des Lichts und der Weite“. Sie ist der nördlichste und zugleich östlichste Abschnitt der württembergischen Alb. Härtsfeld meint „das harte, steinige, waldfreie Gelände“. Die Region wird vom Albtrauf und den Städten Aalen und Bopfingen im Norden sowie der Klifflinie unterhalb von Heidenheim nach Dischingen im Süden begrenzt. Im Osten gehörten die Neresheim-Teilorte Ohmenheim und Schweindorf sowie Frickingen noch zum Härtsfeld.

Das Härtsfeld ist eine durch Karstwannen und Dolinen gegliederte, wenig besiedelte Hochfläche, mit flachen Rücken und Kuppen überhöht. In den, auf der gesamten Alb ansonsten nicht vorkommenden, artenarmen und bodensauren Buchenwäldern, wachsen Eichen und Birken nebeneinander. Der Großteil des Härtsfeld ist bewaldet, größere Ackerflächen gibt es nur im östlichen Teil um Neresheim, im Quellgebiet der Egau, wo weniger wasserdurchlässige Schichten vorhanden sind.

Im keltischen „Ruhrgebiet“ der Erzgewinnung

Dem dicht bewaldeten Härtsfeld blieben die frühen Siedler zunächst fern. Hülben standen schon in der Hallstattzeit hoch im Kurs. Als Wasserreservoirs, vornehmlich als Viehtränken, machten sie die Be-

siedlung der unwirtlichsten Gegenden möglich. Nun hatten die Kelten sich aber wohl kaum die unfruchtbarsten Gegenden der Alb ausgesucht, um dort Ackerbau und Viehzucht zu betreiben.
Das zeigt sich beispielhaft an der Hülbe „Eisenbrunnen“ in **Großkuchen** (w Sportplatzes): Die Funde sind weniger keltischen Bauern, denn Erzgräbern zuzuordnen. Das gesamte Gebiet, insbesondere im Nordwesten der Gemeinde ist mit Eisenschlacken durchsetzt. Hier wurden 1978 zwanzig rechteckige Herd-Gruben aufgedeckt mit angeziegelten Rändern und verbrannten Steinen. Weitere Verhüttungsabfälle datieren jedoch in die Alamannenzeit. So stammt auch der Ortsname Kuchen aus dem althochdeutschen *„kokam“*, in der Bedeutung von etwas rundem, klumpigen. Ursprünglich waren damit die klumpigen Schlacken gemeint.
Auch im südlichen Nachbarort **Kleinkuchen** haben sich viele alte Bohnerzgruben erhalten („Arzhalde“, „Erzweg“). Die große Anzahl von Grabhügeln in deren Nähe dürfte aber auch hier nicht nur den guten Erhaltungsbedingungen im Wald zuzuschreiben sein, sondern mit dem Eisenerzvorkommen und der damit einhergehenden großen Bevölkerungszahl in Zusammenhang stehen:
Allein der Friedhof 2 km o von **Großkuchen**, im Wald **Badhäule** nördlich des Neresheimer Tals zählt über 70 Hügel. Hier kreuzte eine spätere Römerstraße von Norden. Das große Friedhofsfeld, das seine Fortsetzung rechts der Straße nach Elchingen hat, besteht aus mehreren Gruppen. Wenigstens ein Dutzend Grabhügel wurden ausgegraben; ihre Funde sind allerdings verschollen. Etwa 200 m sw davon ein kleineres Feld mit fünf Hügeln, die sehr gut erhalten sind.
Rund 1,3 km w ist im **Dicker Hau**, beim Wasserbehälter, ein kleineres Grabhügelfeld mit neun Gräbern, die 1911 geöffnet wurden („unverzierte Scherben und Skelette“). Von dort nach Norden, ab da, wo das „Pfaffentäle“ quert, liegt im **Wald Buch** ein scheinbar lose verstreutes Hügelgräberfeld (2,5 km nnw Großkuchen). Es reicht nach Norden bis zur Autobahnzufahrt Aalen–Oberkochen.
Weitere Hügelgrab-Friedhöfe zeigen, wo die Familien der keltischen Erzarbeiter gelebt haben: Im „Kohleichert“ (ca. 1,2 km s Ortsmitte **Steinweiler**) liegt eine locker gestreute Hügelgruppe; in der „Rosenhäule“, direkt am nördlichen Waldrand (500 m sw des Wasserbehälters von **Kleinkuchen**), davon mindestens sieben Hügel zwischen 15 und 35 m breit. Im Waldteil „Eglisee“ (3,5 km wsw) sind nahe dem „Gönner-Denkstein“ rund zehn Hügelgräber anzutreffen. Im Wald „Bauernhäule“ (700 m sw **Steinweiler**) und auf dem „Zigeunerbuck“, der alten Gemarkungsgrenzwiese zwischen den Kuchen-Orten (700 m nnw Kleinkuchen) wurden 1872 neben Ascheresten und einem Schweineskelett „aus Silber gefertigte und vergoldete Gürtelschnallen“ gefunden. Die Beigaben zeigen deutlich, dass der Handel mit dem Erz einträglich gewesen sein muss.

Zentren im nördlichen Härtsfeld

Vom Sitz eines Stammesverbundes, der vor rund 2 200 Jahren bei **Wasseralfingen** sein Zentrum errichtete, hat sich eine 1,16 ha große umwallte Anlage in der

Inmitten des größten Erzgebiets des Härtsfelds liegt ein spätkeltisches Zentrum im Wald „Röserhau“ zwischen Schnaitheim und Kleinkuchen.

namensgebenden Flur „Schanz“ (2,5 km nw) erhalten. Sie war bis in römische Zeit bewohnt. Auf dem Rücken des **Katzenberg** lag eine über hunderte von Jahren aufgesuchte ausgedehnte Höhensiedlung; hingegen deuten die um 1833 ausgegrabenen elf Hügel im „Appenwang“ (1 km s, rechts der L 1029) auf eine frühkeltische Siedlung hin.

Der Abschnittswall auf dem **Baierstein**, rund 1,5 km o von **Himmlingen**, mit zwei unberührten Grabhügeln im „Postwald“ (und 2 km no **Oberkochen**), lässt hier am Albaufstieg einen alten Kontrollpunkt vermuten. In **Beuren**, im „Bisserhart“ (1,2 km so), weist ein ausgedehntes Hügelgräberfeld auf 2 km Länge auf ein vormals großes Siedlungszentrum hin. Unmittelbar am östlichen Waldrand zieht schnurgerade eine von zwei vom Kastell Bopfingen-Oberdorf zur Donau führenden Römerstraßen vorbei. Sie streift eine 1999 per Luftbild entdeckte sichtbare **Viereckschanze** auf der vielsagenden Wiesenfläche „Großes Feld“ (200 m sw **Hohenlohe**).

Der südlich von Beuren beginnende Friedhofs-Streifen setzt sich westlich der Römerstraße bei Hohenlohe fort (1,8 km o und 3 km o). Diese zwei weiteren Grabhügelgruppen liegen im Wald „Kohlhau“, zwischen der Quelle des Vogelbrunnens und im Bereich von Erzgruben.

Exemplarischer Aufbau eines hallstattzeitlichen Friedhofes

Am Südrand des großen Waldgebiets 1,5 km w von **Unteriffingen** liegt ein 1958 untersuchter, 6,5 m breiter Grabhügel, der eine 2 x 3 m große Grabkammer enthielt (Gewann „Nassen Häule“). Hier gelang es exemplarisch, den Aufbau eines hallstattzeitlichen Gräberfeldes der Ostalb zu rekonstruieren: Unter einer Grabhügelaufschüttung, eingefasst von einem Kreisgraben, war die Aussparung für eine hölzerne Grabkammer angelegt worden, die Platz für einen Leichnam bot; dessen Überreste aber in einer Urne beigesetzt wurden. Diese wurde von einer runden Steinpackung bedeckt.

Dem Toten gab man bis zu 32 Tongefäße (Schalen, Teller im bescheidenen Stil der Ostalbgruppe) für die Reise ins Jenseits mit; sie enthielten wenigstens eine Fleischbeigabe. Auch für Getränke war gesorgt: vier große Urnen mit Schöpfgefäßen und zahlreiche Tassen und Näpfe gehörten zur Ausstattung. Zwischen den Nachbarhügeln fanden sich weitere Bestattungen, die folgende Struktur erkennen ließen: Unter den Hügelgräbern lagen Vertreter einer Oberschicht, in deren Nähe nur wohlhabende Leute bestattet wurden, was an den überdurchschnittlichen Geschirrbeilagen abzulesen ist. Am Rande des Gräberfeldes befanden sich arme, weil beigabenlose, ebenerdige Brandschüttungsgräber.

Weiter südlich, bei **Dehlingen**, wo die zweite Römerstraße Oberdorf-Donau von Nord nach Süd verläuft, liegt abermals ein keltischer Friedhof (1 km s **Härtsfeldhausen**) im Wald „Buch" sowie in exponierter Lage rund um den „Pfaffenberg" (1,5 km o). Am „Rauberg" (1,5 km no Härtsfeldhausen) sowie im **Barfüßerhau** (3,2 km so) liegen noch zwei weitere Bestattungsplätze. In der gleichnamigen Höhle kamen Funde der Urnenfelderzeit zutage.

Grabhügel markieren die Landesgrenze nach Bayern

Folgt man der als moderner Weg überbauten Römerstraße nach Süden, kommt man bei Hohenstein auf eine gut erhaltene Grabhügelgruppe (700 m no, an der Straße nach **Schweindorf**). Im Wald „Kirchbauernholz" (1,5 km so) ließ sich der Bestattungsbrauch, Körpergräber in Grabhügeln mit Nachbestattungen zu ergänzen, nachweisen. Einer von sechs Hügeln war mit einem Steinkranz umgeben, in der Hügelmitte lag unter einer Steinschüttung ein Skelett mit spärlichen Beigaben aus der Späthallstattzeit. Im Wald „Buchbrunn" (1,5 km no) markieren

Die Schanze von Nattheim liegt direkt am östlichen Ortsrand im Wald.

zwei Grabhügelgruppen den Grenzverlauf nach Bayern.
Weiter südwestlich (1,7–2,7 km) hat sich im Waldgebiet östlich des tief eingeschnittenen Wildbach-Tals ein ausgedehntes Hügelgrabfeld erhalten. Es zieht sich bis ins Tal der Egau, zwischen der Paulinenhöhle und dem Weiler **Iggenhausen**. Obertägig erhalten haben sich noch nicht datierte Hügel auf der Kuppe westlich der Steinmühle (2 km s **Kloster Neresheim**) und südlich des Hochstatter Hofs. Die **Maria-Buch-Kapelle** (2 km no) wurde auf einem Grabhügelfeld errichtet. Die um 1900 geöffneten Hügel bargen kleinere Schmuckutensilien, viel Geschirr und ein Bronzeschwert.
Weitere Hügelgruppen befinden sich auf dem „Kamm, 3 km w von **Dischingen** und 600 m o **Ohmenheim**. Östlich der Römerstraßen-Trasse sind Gräber in den Wäldern „Junghau" und „Ernsthau" anzutreffen (1,5 km no **Frickingen**), sowie im Wald „Müß" (2 km s) und in einem Wäldchen 800 m sw von **Schrezheim**.

Ausgedehnte Friedhofsfelder im mittleren Härtsfeld

Ebnat liegt inmitten von größeren Grabhügelfeldern: Der westliche Ortsrand von **Waldhausen** – der kleine „Eichwald" – ist gespickt mit Grabhügeln. Diese Totenfelder finden ihre Fortsetzung im nach Süden ziehenden Wald „Glashau" (1 km ssw von **Hohenberg**) sowie im südlich benachbarten Ebnat. 300 n des Weilers **Wiesitz** liegen auf dem „Ebnater Feld" mindestens 15 Grabhügel in der Ackerfläche. Die dichten Wälder südlich sind durchzogen von Erdfällen, Dolinen und Hülben mit vielen Hügelgräbergruppen südwestlich und östlich von **Niesitz**.
Im Süden lief ein vom **Erzrevier Essingen** kommender Altweg (Flurname „Wagenrain"), der heute als „Heuweg" durch **Stetten** läuft, an den „Pfahläckern" vorbei nach Dossingen und Ohmenheim, weiter über Kösingen nach Donauwörth.
Hallstattzeitlich genutzte Höhlen sind der **Hohle Stein** und ein benachbartes Abri (3,3 km sw **Elchingen**). In den **Fuchsstadel-Höhlen** (1,1 km sw) **Dorfmerkingen** im Dossinger Tal sind Funde der Bronze- und Urnenfelderzeit ergraben worden.

Viereckschanzen im Bohnerzgebiet des südlichen Härtsfeld

Ob, wie bisher vermutet, die Erzverhüttung erst in spätkeltischer Zeit ihren vorgeschichtlich-wirtschaftlichen Höhepunkt erreicht haben soll, stimmt angesichts der auffälligen Häufung von frühen Grabhügeln in dem Bohnerzgebiet fraglich. Möglicherweise lebten hier über Generationen auf die Eisenerzverarbeitung spezialisierte Kelten. Das würde die ebenfalls ungewöhnliche Häufung von Viereckschanzen in diesem Gebiet erklären.
Als zwei spätkeltische Machtzentren regionaler Clans sind wohl zwei solcher Anlagen zu interpretieren: 750 m ssw **Kleinkuchen** im Wiesengelände „Lichse". Diese **Schanze** zeichnet sich in der Parzellierung der Katasterkarten ab, wurde aber erst 1978 als solche erkannt. In unmittelbarer Nähe ein kleiner Wall und ein vormals 18 m breiter Grabhügel.
Etwa 1,4 km w hiervon (Wald „Röserhau") liegt **eine zweite Schanze** auf Markung **Schnaitheim**. Die Anlage im tiefen

Waldgebiet ist mit 100 x 110 m fast quadratisch. Ein 8 m breiter Durchlass im Westen dürfte der antike Zugang gewesen sein. Eindrücklich zeigt diese Anlage, dass sie – wie wahrscheinlich die meisten ihrer Art – im Innenbereich künstlich aufgeschüttet wurde und mitten in ein Feuchtgebiet gelegt wurde (Hüle, jetzt Teich im Nordosten). Im Umfeld beider Anlagen liegen unzählige Grabhügel unbestimmter Zeitstellung.

Im südlich angrenzenden **Nattheim** sind die umliegenden Höhen von Bohnerz durchsetzt. Die Spuren des Erzabbaus sind im Gelände des Zitterberg (2 km no Nattheim) unschwer zu erkennen. Hier lag im frühen 19. Jh. das Zentrum der neuzeitlichen Bohnerzförderung auf dem Härtsfeld. Während des „keltischen Jahrtausend" war die Gegend

Außergewöhnlich antikes Bauwerk: Die mit Steinen zu zwei Meter hohen Wällen aufgeschüttete Ringburg samt vorgelagertem Abschnittswall bei Fleinheim.

kontinuierlich besiedelt: Ringsum in den Wäldern wie auf den Feldfluren zeugen Grabhügel von regen Siedlungsaktivitäten. Das **Grabhügelfeld Buchen** (2,5 km n Nattheim) umfasst heute noch 23, recht locker verstreute Hügel. Viele sind mit bis zu 2,5 m Höhe überdurchschnittlich groß. Weitere Hügel inmitten großer Bohnerzgruben und wenigstens vier Hülben im **Hülbenhau** (2,5 km nnw). In einem wurden Eisenringe und ein Hakenschlüssel entdeckt – beide wohl spätkeltische Nachbestattungs-Beigaben. Die Friedhöfe wurden bis 1907 untersucht, leider jedoch schlecht dokumentiert.

Rund 1,3 km o liegt die **dritte Viereckschanze** dieser Region im Wald **Schanz** (N 112 m, O 110 m, S 125 m, W 125 m mit Tordurchlass). Wie bei wohl allen Schanzen sind die Ecken und die Innenfläche gegenüber der äußeren Umgebung überhöht. Im Süden von Nattheim liegen in den Fluren „Reute" und „Rinderberg" mehrere Grabhügelfelder.

Die heutige B 466 folgt in etwa der römischen Verbindungsstraße der Kastelle von Oberdorf nach Heidenheim. In deren Nähe haben sich Alamannen niedergelassen und Eisenverhüttung betrieben. Der Fund einer keltischen Goldmünze belegt den Handel in dieser Gegend.

Ein Aufenthaltsort der Urnenfelderzeit war die auch in spätkeltischer Zeit benutzte **Ramensteinhöhle** (1,2 km nw Nattheim, 30 m über der Straße). Kleinere Bohnerzreviere liegen auf dem nordöstlichen Härtsfeld (Unteriffingen, Michelfeld und Dorfmerkingen). Zweifelsohne darf auch die **vierte**, beeindruckende hohe **Schanze** auf dem **Berg Burg** zwischen den Nattheimer Teilorten

Fleinheim und Auernheim im Kontext mit dem Erzabbau gesehen werden. Die außergewöhnlich abgerundete Schanze sieht aus, als sei sie erst vor kurzem angelegt worden. Der gute Erhaltungszustand rührt aber daher, dass zur Aufschüttung der Wälle Steine verwendet wurden, die der Erosion besser standhalten als reine Erdwerke. Dem bis zu 2 m hohen Wall ist ein bis zu 10 m breiter und 2 m tiefer Graben vorgelagert, die Toröffnung liegt im Süden. Dem Höhenrücken ist ein bis zu 2 m hoher Abschnittswall vorgelagert. Das 300 m lange Sperrwerk mit vorgelagertem Graben reicht von Hangkante zu Hangkante. Vermutlich war der Zugang im Süden. Der Alenberg im Westen von Fleinheim ist von mehreren Grabhügelfeldern und einzelnen Hügelgräbern unbestimmter Zeitstellung durchzogen.

Aus der Vielzahl der keltischen Bodendenkmäler sticht die Anhöhe des schon durch den Namen aussagekräftigen Höllbuck bei Auernheim heraus. In dem lichten Waldpark streuen etwa ein Dutzend Hügelgräber. Die Funde sind verschollen. Auch hier sind die unmittelbare Nähe einer Hülbe und mehrerer Erdfälle typisch für eine keltische Siedlung nebst Friedhof. Im dichten Wald des „Hinteren Ohrberg“ (2 km so) sind mindestens sechs Grabhügel entdeckt worden. Sie liegen zwischen zwei großen ausgebeuteten Erzadern sowie inmitten von Dolinenfeldern.

Erst 1980 wurde im Zöschinger Forst eine fünfte Viereckschanze zwischen den Abteilungen „Schnitzer Berg“ und „Pfälzischer Brand“ entdeckt (2,1 km s Fleinheim). Die hinsichtlich ihrer Zeitstellung noch unsichere Anlage liegt in einem tiefen Waldgebiet am Rande des Härtsfeldes. Im Westen der Schanze sind große Bohnerzgruben.

Eine sechste unerforschte Schanze liegt westlich von Oggenhausen, auf der Anhöhe s des Haintals im Wald Lehrhau. Nur noch die Nord- und Westseite (mit Tordurchlass) des Walls haben sich erhalten. Der Name des im Norden liegenden Waldstücks Ascherhau nimmt Bezug auf die Grabhügelgruppe (und Erzschutthügel) hier inmitten von Bohnerzlagern.

Als Fazit bleibt: Auf der Ostalb kann man – neben der Mittleren Alb – die bis heute noch umfangreichsten Grabhügelfelder der Vorzeit in Augenschein nehmen.

Allein im Ostalbkreis gibt es über 450 Hügel, die mangels Grabungsergebnissen und Funden weder der Bronze- noch der Hallstattzeit zugerechnet werden können.

Durch das große Tor der Alb

Keltische Machtzentren am Übergang zum Ries

Die **Riesalb**, der östlichste Abschnitt der Schwäbischen Alb, umfasst 467 km^2. Sie geht im Süden in das völlig waldfreie Donauried über. Die Stadt Donauwörth bildet den östlichsten Punkt. Von dort markieren der Fluss Wörnitz (keltisch „*Warantia*") und die B 25 bis Harburg das Ende der Alb. Im weiteren Verlauf bis nach Bopfingen beginnt das Ries. Im Westen liegt Dischingen im Übergangsgebiet vom Härtsfeld zur Riesalb. Südlich schließt sich die weite Mulde des Kesselbaches und seiner Zuflüsse an. Hier haben die Auswürfe des Asteroiden-Einschlags einen Untergrund geschaffen, welcher gute Voraussetzungen für den Ackerbau bietet.
Im Süden ist der Boden mit einer bis zu 50 m mächtigen Decke aus Trümmermassen bedeckt. Das **Nördlinger Ries** umfasst den tief eingesenkten, bis zu 24 km im Durchmesser zählenden Meteoritenkrater, der eine Lücke zwischen Schwäbischer und Fränkischer Alb gesprengt hat. Westlich von Bopfingen entspringt in Aufhausen die Eger (keltisch „*Agira*"), die nach 37 km bei Heroldingen in die Wörnitz mündet. Die Gegend ist seit keltischen Zeiten vorwiegend durch kleinbäuerliche Siedlungen geprägt und zählt zu den ältesten Siedlungsgebieten am Albrand.

Entlang der uralten Nord-Süd-Route

Der Name Ries geht auf die die römische Provinz *Raetia secunda* zurück – auf das Grenzgebiet zwischen der Donau im Süden und dem äußersten Limes im Norden. In dem Namen *Räter* steckt – aus römischer Sicht – die Bezeichnung für eine ethnische Gruppe mit besonderer Sprache. Ursprünglich nur für die Bewohner der Zentralalpen verwendet, dann auf alle keltischen und später germanischen Bewohner in dieser besetzten Provinz übertragen. Das Ries wurde im Verlauf der Bronzezeit zur wichtigsten barrierefreien Ost-West-Verkehrsachse zwischen der Schwäbischen und Fränkischen Alb. Entlang des Albtraufs war eine bequeme Verbindung vom östlichen Donaugebiet in die Aalener Bucht und weiter durch das Remstal ins Neckarland geschaffen. Aus der Maingegend, über die Hohenloher Ebene durch das Jagsttal kreuzte eine Nord-Süd-Route mit Zielrichtung Oberschwaben/Alpen – und umgekehrt.
Im Bereich dieser vorgeschichtlichen Wegeachse am Ostrand der Riesalb sind einige aufschlussreiche Depotfunde gemacht worden: Waffen, Gerätschaften und Schmuck (**Ebermergen**) sowie Doppelspitzbarren aus Roheisen (entlang der **Wörnitz** und in **Appetshofen**) und ein Depotversteck in **Wörnitzstein**. Aufsehenerregend war das 1924 entdeckte Depot eines Händlers bei **Kaisheim**. Der 135 kg schwere Eisenfund umfasste 28 Barren. Sie gehören zu einem Erzabbaugebiet in der Gegend von Wechingen und Holzkirchen an der Wörnitz.
Wo dieser uralte Nord-Süd-Weg am Rande der Riesalb bei **Donauwörth** die Donau überquert und mit dem West-Ost-

Handelsweg kreuzt, sind die verlandeten Flussarme gespickt mit Weihegaben an Furten. In den Kiesgruben kommen Bronzegegenstände unterschiedlicher Machart zutage: Beile, Sicheln, Lanzenspitzen und Schwerter; darunter ein qualitätsvoll gearbeitetes Langschwert aus dem südosteuropäischen Raum und eine urnenfelderzeitliche Beinschiene, wie man sie von einer Weihung in Olympia kennt.

Aufschlussreich auch der Fund eines Metallhandwerkerdepots am Nordfuß der Riesalb bei **Kleinsorheim**: Es enthielt vier Münzstempel um Quinare und Kleinsilbermünzen herzustellen – Typen, die erst wieder in den 90 km bzw. 65 km entfernten *oppida* Heidengraben und Manching vorkommen. Man kann an einen umherziehenden Handwerker denken, der in den Handelsplätzen Münzen schlug und hier ein Zwischendepot angelegt hatte. Im Juli 2 000 ist nur 6 km entfernt ein weiteres Depot in **Niederaltheim** entdeckt worden. Es enthielt neun Münzstempel zur Herstellung von „Regenbogenschüsselchen“, Stateren, Viertelstateren und Büschelquinaren. Zwei dieser Goldmünzen-Typen sind auch im Bereich von Ipf und Nördlinger Ries gefunden worden, was die Annahme erlaubt, dass sich auf der Riesalb eine Prägestätte befunden haben muss. Infrage käme der **Burgberg bei Heroldingen** oder der **Goldberg(!) bei Goldburghausen**.

Späte Zentren der Macht

Entlang der Riesalb haben sich zu unterschiedlichen Zeiten wenigstens drei Machtzentren entwickelt:

1.) Auf dem **Burgberg** (1 km o **Heroldingen**) am östlichen Riesalbrand. Er trägt eine rechteckige, etwa 650 x 400 m große Wallanlage; ein Zangentor an der Westseite, das auf einen alten Wörnitzübergang zielt, lässt an ein spätkeltisches *oppidum* denken, das auf einer bereits in der Urnenfelderzeit errichteten Höhensiedlung ausgebaut worden ist. Der Burgberg liegt dem Ringwall Rollenberg gegenüber. Genau hier tritt die Wörnitz aus dem Rieskessel aus. Das Gipfelplateau ist von einem Steinwall umgeben, an der Nord- und Ostseite ist er am besten erhalten. Funde auf dem Plateau sind spärlich.

2.) Das Gipfelplateau des **Rollenberg** (700 m w **Hoppingen**) ist von einer 165 x 65 m Ringwallumwehrung umgeben. Die Funde lassen sich dahingehend interpretieren, dass sich hier ein Brandopferplatz, ähnlich den antiken Aschenaltären in Griechenland, befand. Freigelegt wurde eine kreisrunde Brandschicht von 4 m Durchmesser. Darin barg man sechs Zentner Tonscherben und viele Tierknochen.

Goldberg und Ipf – Fürstensitze am Rande der Ostalb

3.) Hier gemachte kostbare Funde gaben ihm den Namen: Der **Goldberg** (sw **Goldburghausen**), ein Kalkstotzen am westlichen Rand des Nördlinger Ries, ist an drei Seiten von Steinbrüchen angenagt worden. Schon zur Jungsteinzeit war der Berg mit drei aufeinanderfolgenden Dörfern besiedelt. Eine großflächige Siedlung entstand dann wieder in der Hallstattzeit. Diese wurde allerdings durch ein Feuer zerstört und wohl erst in der Latènezeit wesentlich kleiner wieder aufgebaut.

Das Höhendorf war gegen Westen, wo über einen Sattel eine Verbindung zu einem weiteren Höhenzug besteht, mit einer Holz-Erde-Mauer samt Graben geschützt. Die relativ dichte Innenbebauung bestand aus rechteckigen Pfostenhäusern mit Grubenhäusern und Ställen; wobei sich die Grundrisse mit frühmittelalterlichen Gebäuden vermischen. Irgendwann im späten 7. Jh.v.Chr. wurde der Herrensitz auf den Ipf verlegt.

4.) Griechische Scherben auf dem Gipfel des **Zeugenberges Ipf** bei **Bopfingen** belegen Kontakte in den Mittelmeerraum und einen gehobenen Lebensstil seiner Bewohner. Schon in der Bronzezeit bot die rund 4,5 km vom Goldberg entfernt gelegene markante Erhebung einen weiten Umblick inmitten des 30 km breiten Meteoriteneinschlagkraters. Während der Frühlatènezeit war das Plateau zu einem befestigten „Fürstensitz" mit einer Vorburg im Berghang ausgebaut worden. In der „Vorstadt" standen nach dem gleichen Prinzip wie im Fürstensitz Pyrene an der Donau, locker verteilte, rund 60 x 60 m große Hofanlagen. Bei geomagnetischen Messungen wurde 2008 ein bislang unbekannter Befestigungsring von stattlichen 2,4 km Länge am äußeren Berghang entdeckt. Er stammt noch aus der Hallstattzeit und schloss eine Fläche von 30 ha ein. Demnach war die Keltenburg zehn Mal so groß, wie bisher angenommen! Die durch geophysikalische Untersuchungen gewonnene Rekonstruktion der 185 m langen, rechtwinklig angelegten engen Geländebebauung erbrachte erstaunliche Resultate: Eine „Prachtallee" zwischen zwei Doppelpalisaden führte durch ein 25 m breites „Stadttor" ins Innere.

Zwischen **Ipf** und **Goldberg** lagen weitere „Herrenhäuser" bei **Osterholz**, Rechteckhöfe mit Palisadenzäunen. Im Boden fanden sich Scherben mediterranen und ostalpinen Ursprungs sowie Reste großer Amphoren. Vermuten ließe sich hier ein Villenquartier spätkeltischer „Eisenbarone" des 6. und 5. Jh. v. Chr. Unweit davon wurden per Luftbild zwei Großgrabhügel des späten 7. Jh. v. Chr. mit reichen Keramikbeigaben entdeckt. Einer der Höfe im Gewann „Zaunäcker" entwickelte sich wohl zu einem Kultort: Ausgräber

Blick vom keltischen Machtzentrum auf dem Goldberg am Rande der Riesalb.

entdeckten unter 50 Tonnen Gestein ein 15 x 15 m großes, vormaliges Holzgebäude, das hier regelrecht „versiegelt" worden ist.

Eine sehr hohe Fundstellendichte rund um die markanten Voralbberge lassen auf eine dichte Besiedlung und einen Zusammenhang mit den Burgsitzen schließen. Auch während der Spätlatène blieb der „Ipf" ein Machtzentrum. Die nun angelegten Wälle auf halber Höhe des Berges könnten Spuren eines keltischen *oppidum* sein, einer stadtähnlich angelegten Siedlung. Eine regionale Geldwirtschaft ist aufgrund der wenigen Münzfunde aber wohl auszuschließen.

Der dazugehörige Friedhof liegt am leicht gegen den „Ipf" zugeneigten Hang eines Höhenzuges (o Bauernhof Meisterstall). Die 50 Grabhügel variieren zwischen 8 und 28 m im Durchmesser, sind höchstens noch 1 m hoch und alle ausgegraben oder beraubt. Die Toten wurden an Ort und Stelle auf dem gewachsenen Boden verbrannt. Vermutlich lebten sie alle in der mittleren Hallstattzeit. Der Name „Ipf" (bis Ende 19. Jh. *Nipf*) kommt weder aus dem keltischen noch lässt er sich von der römischen Straßenstation *Oipe* ableiten. Seine Bezeichnung geht auf denselben Wortstamm wie der des Neuffen zurück (12. Jh. *Niphen*). Ipf leitet sich vom skandinavischen *nipa* (= steiler Berg) ab.

Clan-Chefs lassen sich im fruchtbaren Ries nieder

Sechs bisher entdeckte Viereckschanzen sind vermutlich die Zentren von keltischen Stammesoberhäuptern, die sich mit ihren Clans im Albvorfeld des „Gebietsfürsten" auf dem „Ipf" angesiedelt hatten:

1.) Ellwangen-Pfahlheim („Altes Schloss"). West- und Nordseite sind weitgehend abgetragen; die Lage des Tores ist nicht mehr festzustellen.

2.) Kirchheim-Jagstheim („Kirchheimer Holz"). Die Wälle sind mit vorgelagertem Graben noch gut erhalten; das 7 m breite Tor liegt im Osten. Hier besonders auffällig: Die Erhöhung der Schanzeninnenfläche um 1 m. Der Gewässername Jagst ist eine Ableitung aus dem keltischen *Jagasa* und meint „die Kalte, Eisige".

3.) Lauchheim, 1,7 km n („Burstel"). Sie liegt in freiem Wiesen- und Ackergelände; ihre abgeflachten Wälle sind durch Hecken markiert. Das Tor liegt im Osten.

4.) Unterschneidheim-Geislingen (Wald „Lehle")

5.) Unterschneidheim-Nordhausen (0,7 km nw)

6.) Bopfingen-Flochberg (Industriegebiet Nord). Wegen Überbauung ist diese Anlage untersucht worden. Es wurden Fundamente relativ mächtiger Holzbauten im Innern der Anlage entdeckt, im Umfeld des Geländes auch Erzbrocken sowie Schmiedeschlacken.

Siedlungskonzentration am nordöstlichen Albrand

Das Karthäusertal öffnet den nordöstlichen Albrand zum Ries. Der lang gezogene 120 m hohe Anstieg wird bei Christgarten von fünf Befestigungsanlagen unterschiedlicher Zeitstellungen gesichert. Der insgesamt 600 m lange und 350 m breite bombastische „Ringwall" des Weiherberg (700 m sw) ist von der Bronze- bis zur

Latènezeit immer wieder aufgesucht worden. Auf der Hochfläche liegen bei **Forheim** mehrere Grabhügelgruppen (2 km o im „Dachshau"; 3,5 km no und 2 km no im „Maierholz"; rund 16 Grabhügel im Wald „Hungerberg", 2 km ssw).

Im Hinterland des von Ringwällen und Burgen gesicherten Nordtraufs haben sich in den bayerischen Wäldern zahlreiche Hügelfriedhöfe erhalten: **Hohenaltheim** (ca. 2 km sw „Wurstberg"); **Tuifstädt** (800 m so), **Diemantstein** (2,1 km s), und bei **Burgmagerbain** (2 km so „Hirschberg"). In **Mönchsdeggingen** finden sich gleich mehrere Gruppen halbkreisförmig im Süden der Stadt; ein Ringwall liegt 1 km so.

Die Kuppe des „Michelsberg" nördlich von **Bissingen-Fronhofen** trug von 1100 an bis zu einem Erdbeben 1871 eine Burg. Der auf drei Seiten zum Tal abfallende Berg ist in frühgeschichtlicher Zeit von einem mehrfachen Graben-Wall-System überzogen worden. Sieben dieser Sperren ziehen sich über eine Länge von bis zu 150 m.

Keltische Siedlungskonzentration rechts der Egau

Die Egau begleitet östlich eine Römerstraße von Bopfingen-Oberdorf zur Donau bei Faimingen. Wieder ist es das Eisen, das in der Spätlatènezeit wohl großräumig auf der Riesalb abgebaut wurde. Für den Handel (und als Wertgegenstand) wurde das gewonnene Eisen in doppelpyramidenförmigen Barren verarbeitet, von denen Depot- oder Opfergabenfunde zeugen, die nicht nur am östlichen Riesalbrand sondern an eben dieser Nord-Süd-Straße gemacht wurden. An ihr häufen sich keltische Funde: Von der Gemarkung **Katzenstein** liegen hallstattliche Siedlungsscherben vor, die auf halbem Weg nach Dischingen im „Fliegenberg" zutage traten. Das Gelände der Burg Katzenstein war schon in der Urnenfelderzeit bewohnt. Nicht datierte Hügelgräber liegen 1 km so im Wald „Müß". Im „Mühlfeld" zwischen **Dunstelkirchen** und Eglingen lag eine frühkeltische Siedlung.

Im Wald „Obere Gemeind" (1,8 km ono **Dischingen**) liegt westlich von **Schrezheim** ein Grabhügelfeld mit über 30 Tumuli. Ein im 19. Jh. angeschnittener Hügel enthielt außer Scherben nur Kohle und Aschereste. Grabhügel auch am NW-Rand der Markung im „Spiegel" sowie in **Reistingen** (2 km no „Eglinger Tal" und 2 km sso). Unerforscht konserviert haben sich viele Grabhügel unbekannter Zeitstellung in den Wäldern 2,2 km so und oso von **Demmingen** und bei **Mödingen** (3 km no im Wald „Sandberg" auf 2 km NS-Länge und 1 km nw).

Scherbenfunde erbrachten den indirekten Nachweis einer Siedlung bei **Wittislingen**. Eine große Grabhügelgruppe auf 5 km SN-Länge beginnt 4 km so **Unterfinningen** am „Goldberg", dessen Name von kostbaren (verschollenen) Funden zeugt. Auf halber Strecke liegt eine hallstattzeitliche Kultstätte auf dem **Osterstein** (2,5 km no), einem exponierten Kalkfelsen. Weitere Grabhügel am Westhang des Brunnenbachtals. Auch der **Alte Berg** 700 m nw **Wittislingen** passt in das Schema eines „Opferplatzes" (alt im Sinne von „heidnisch").

Spätkeltische Depot- und Weihefunde im Donaubereich, die schon von der Ulmer

Ein Fürstensitz am Nordrand der Schwäbischen Alb – der Ipf bei Bopfingen.

Alb bekannt geworden sind, setzen sich bei **Reistingen**, **Frauenriedhausen** und **Lauingen** fort. Hier wurde 1966 beim Bau einer Staustufe unterhalb der Brenzmündung beim Ausbaggern ein Eisenbarren geborgen.

Barren fanden sich auch bei **Kicklingen** (so **Dillingen**) im Donauried (unweit drei Grabhügelgruppen 1 km o, 1 km so und 2,5 km no) sowie nahe **Lutzingen** (n Hochstädt). Weitere Flussgaben wurden auch am nördlichen Donauhochufer bei **Steinheim**, **Gremheim** und **Tapfheim** (mittellatènezeitliches Prunk-Schwert im Fluss) entdeckt. Diese Häufung lässt auf einen Abbau und Transporthandel im großen Stil schließen. Dem Handel folgte der Geldverkehr; Münzen in Form von goldenen schüsselförmigen Stateren sind bei **Aislingen** entdeckt worden.

Spätkeltisches Zentrum auf der Ostalb

Die stärkste Konzentration von Viereckschanzen als kleinräumige Herrschaftszentren lässt sich im Übergang von der Ostalb zur Riesalb, im 2 km-Radius um Eglingen – meist im Bayerischen – feststellen. **Unerforschte Anlagen liegen:**

1.) In einem von Grabhügeln durchsetzten Waldgebiet 2,3 km nno von **Eglingen**.

2.) Im Wald „Reutehau" bei **Amerdingen** (1,5 km sso). Die etwa 100 x 110 m große Anlage ist teilweise noch gut erhalten.

3.) Im Wildpark Schloss **Duttenstein**, (1,7 km sso von **Osterhofen**). Das verschobene Rechteck hat eine stark verflachte Wallumrandung. Auch der Graben ist nur noch als Mulde erhalten. Auf der Südseite befand sich der Eingang. Rund 220 m o liegen sieben wohl hallstattzeitliche Grabhügel.

4.) Im Wald „Schlösslesberg" 1,7 km sso von **Dunstelkingen**. Die unregelmäßig viereckige Anlage ist bis auf einige ramponierte Stellen gut erhalten; das Tor liegt im Osten.

5.) Im Wald „Farzach“, die nur noch teilweise erhaltene Schanze bei **Kösingen** (1,2 km sw.). Sondagen im Jahr 1935 haben Scherben der Spätlatènezeit aus dem Graben ans Tageslicht befördert. Der Wall besteht aus einer einheitlichen Lehmaufschüttung – 60 cm Tiefe, in der Mitte des Walles gemessen, liegt eine schwarze Schicht, die zum alten Boden gehört. Da sich auch Hallstattscherben fanden, ist anzunehmen, dass die Erbauer einen älteren Grabhügel für ihr Schanzwerk abgetragen haben.

Beide letztgenannten Schanzen liegen unmittelbar an der vom Kastell Oberdorf zur Donau ziehenden Römerstraße. Deren gerader Verlauf in südöstlicher Richtung lässt sich zwar nur bis zu einem Knick bei Frickingen nachweisen, aber in der Verlängerung Richtung Dillingen wird auch die Viereckschanze am „Schlösslesberg“ tangiert.

Direkt an dem römisch ausgebauten Altweg (900 m nnw **Hohlenstein**) fanden sich latènezeitliche Scherben auf einer Kuppe. In den Äckern 1,2 km sso **Ohmenheim** gibt es jüngerlatènezeitliche Siedlungsspuren.

Das spätkeltische Zentrum bei Kösingen wird aber auch von einer West-Ost-Albpassage gestreift, die von der Quelle der Rems im Albvorland über die Erzfelder bei Essingen über Dossingen, Ohmenheim und Hohlenstein Richtung Forheim und weiter nach Donauwörth geführt hat. Dass es sich einst um eine bedeutende Handelsroute gehandelt hat, macht der Flurname „Salzberg“ (s **Dossingen**) wahrscheinlich. Ihr Fernziel dürfte das große *oppidum* von Manching, südlich der Donau bei Ingolstadt, gewesen sein – Sitz des keltischen Stammes der *Vindeliker* und mit 380 ha bebauter Fläche eine der größten stadtartigen Siedlungen nördlich der Alpen.

Die Ofnethöhlen bei Hohlheim (im Vordergrund römische Gutshofreste) waren von späten Kelten bewohnt. Hier fanden sich 33 rituell geköpfte Menschenschädel, sie stammen allerdings aus der Mittelsteinzeit.

Museen mit keltischen Grabungsfunden

Archäologisches Landesmuseum, Konstanz
Benediktinerplatz 5, 78467 Konstanz, Tel. (07531) 98040
www.konstanz.alm-bw.de
Öffnungszeiten: Di – So 10 – 18 Uhr

Archäologisches Museum, Hegau
Am Schlossgarten 2, 78224 Singen, Tel. (07731) 85267 od. 852268
www.hegau-museum.de
Öffnungszeiten: Di – Sa 14 – 18 Uhr
So + Feiertag 14 – 17 Uhr

Badisches Landesmuseum, Karlsruhe
Schloss, 76131 Karlsruhe, Tel. (0721) 9266514
www.landesmuseum.de
Öffnungszeiten: Di – Do 10 – 17 Uhr
Fr – So + Feiertag 10 – 18 Uhr

Goldbergmuseum, Riesbürg-Goldberghausen
Ostalbstraße 33, 73469 Riesbürg-Goldberghausen, Tel. (09081) 79685
www.riesbuerg.de; gemeinde@riesburg.de
Öffnungszeiten:
April – Okt.: So + Feiertag 14 – 17 Uhr und nach Vereinbarung

Hohenzollerisches Landesmuseum, Hechingen
Schlossplatz 5, 72379 Hechingen, Tel. (07471) 621847
www.hzl-museum.de; info@hzl-museum.de
Öffnungszeiten: Mi – So + Feiertag 14 – 17 Uhr

Keltenmuseum Heidengraben, Grabenstetten
Böhringer Straße 7, 72582 Grabenstetten, Tel. (07382) 387
www.kelten-heidengraben.de
Öffnungszeiten:
Mai – Sep.: So 14 – 17 Uhr

Keltenmuseum Heuneburg, Hundersingen
Ortsstraße 2, 88518 Herbertingen, Tel. (07586) 917303
www.heuneburg.de
Öffnungszeiten:
1. April – 1. Nov.: Di – So + Feiertag 11 – 17 Uhr

Magdalenenberg- und Franziskanermuseum Villingen
Rietgasse 2, 78050 Villingen-Schwenningen, Tel. (07721) 822351
www.villingen.de
Öffnungszeiten: Di – Sa 13 – 17 Uhr
So + Feiertag 11 – 17 Uhr

Museum im Seelhaus, Bopfingen

Spitalplatz 1, 73441 Bopfingen, Tel. (07363) 3855
www.bopfingen.de
Öffnungszeiten:

März – Okt.:	Di – Fr	14 – 16 Uhr
	Sa + So	14 – 17 Uhr
Nov. – Feb.:	Sa + So	14 – 17 Uhr

Museum Schloss Hellenstein

89522 Heidenheim, Tel. (07321) 43381
www.heidenheim.de
Öffnungszeiten:

April – Okt.:	Di – Sa	10 – 12 Uhr
		14 – 17 Uhr
	So + Feiertag	10 – 17 Uhr

Museum Schloss Hohentübingen

Burgsteige 11, 72070 Tübingen, Tel. (07071) 297 7384
www.uni-tuebingen.de

Öffnungszeiten:	Mi – So	10 – 17 Uhr
	Do	10 – 19 Uhr

Ulmer Museum

Marktplatz 9, 89073 Ulm
Tel. (0731) 161-4312
www.ulmer-museum.ulm.de
Öffnungszeiten: Di – So 11 – 17 Uhr

Württembergisches Landesmuseum, Stuttgart

Altes Schloss, Schillerplatz, 70173 Stuttgart, Tel. 07 11/2 79 34 98
www.landesmuseum-stuttgart.de
Öffnungszeiten: Di – So 10 – 17 Uhr

Grundlage für die Erstellung der Fundstätten waren in erster Linie die **Oberamtsbeschreibungen**, herausgegeben in zwei Bearbeitungen u.a. vom Königlich statistisch-topographischen Bureau Stuttgart. Aalen, 185; Balingen, 1880; Biberach, 1837; Blaubeuren, 1830; Ehingen, 1826 und 1893; Ellwangen, 1885; Geislingen, 1824; Göppingen, 1844; Heidenheim, 1844 Kirchheim, 1842; Münsingen, 1825 und 1912; Neresheim, 1872; Reutlingen, 1824 und 1893, Teil 1 und 2; Riedlingen, 1827 und 1923; Spaichingen, 1876; Tuttlingen, 1879; Ulm, 1897, Teil 1 und Teil 2; Urach, 1831 und 1909.

Badische Fundberichte.
Hrsg. v. Staatlichen Amt für Ur- und Frühgeschichte, Freiburg und dem Staatlichen Amt für Denkmalpflege, Karlsruhe: Band 1, 1925 bis Band 23, 1967.

Fundberichte aus Schwaben.
Hrsg. vom Württembergischen Anthropologischen Verein: Alte Reihe, Band 1, 1893 bis Band 24, 1916. Neue Folge, Band 1, 1917 bis Band 20, 1978. mit Fundberichte aus Hohenzollern: Heft 1, 1928 bis Heft 2, 1930.

Fundberichte aus Baden-Württemberg.
Hrsg. vom Landesamt für Denkmalpflege im Regierungspräsidium Stuttgart: Band 1, 1974 bis Band 31, 2011.

Die Kreis- und Landbeschreibungen:
- Der Landkreis Balingen, Band 1 und 2, Balingen 1960.
- Der Stadt- und der Landkreis Ulm, Ulm 1972.
- Der Kreis Göppingen. Stuttgart, 1973.
- Der Landkreis Biberach. Band 1 und 2, Sigmaringen 1987 und 1990.
- Der Landkreis Donauries. Donauwörth, 1991.
- Der Alb-Donau-Kreis. Band 1 und 2. Sigmaringen, 1992.
- Der Ostalbkreis. Aalen, 1978. Stuttgart, 1992.
- Der Landkreis Reutlingen. Band 1 und 2, Sigmaringen, 1997.
- Der Landkreis Heidenheim. Band 1 und 2, 1999 und 2000.
- Der Landkreis Esslingen. Band 1 und 2. Ostfildern, 2009.
- Das Land Baden-Württemberg, Band I bis VII. Stuttgart, 1978 -1982.

Veröffentlichungen des Staatlichen Amtes für Denkmalpflege, Stuttgart:
- Hartwig Zürn: Die vor- und frühgeschichtlichen Geländedenkmale und die mittelalterlichen Burgstellen des Stadtkreises Stuttgart und der Kreise Böblingen, Esslingen und Nürtingen, 1956.
- Hartwig Zürn: Katalog Zainingen. Ein hallstattzeitliches Grabhügelfeld, 1957.
- Hartwig Zürn: Die vor- und frühgeschichtlichen Geländedenkmale und die mittelalterlichen Burgstellen der Kreise Göppingen und Ulm, 1961.

Führer zu archäologischen Denkmälern in Baden-Württemberg.
Hrsg. v. Landesamt für Denkmalpflege im Regierungsbezirk Stuttgart (LaD):
- Wolfgang Kimmig: Die Heuneburg an der oberen Donau. Band 1, 1983.
- Franz Fischer: Der Heidengraben bei Grabenstetten. Band 2, 1972.
- Claus Oefinger/Eberhard Wagner: Der Rosenstein bei Heubach. Band 10, 1985.
- Rüdiger Krause u.a.: Vom Ipf zum Goldberg. Band 16, 1992.
- Ulm und der Alb-Donaukreis. Band 33. Stuttgart, 1997.
- Andreas Brauning u.a.: Kelten am Hoch- und Oberrhein. Band 24, 2005.
- Christoph Morrissey: Zollernalbkreis. Stuttgart, 2003.

Archäologische Ausgrabungen.
Hrsg. v. der Bodendenkmalpflege in den Regierungsbezirken Stuttgart und Tübingen (1974 bis 1981); LaD (1982 bis 2010).

Forschungen und Berichte zur Vor- und Frühgeschichte in Baden-Württemberg.
Hrsg. v. LaD: Jörg Biel: Vorgeschichtliche Höhensiedlungen in Südwürttemberg-Hohenzollern. Band 24, 1987; Hartwig Zürn: Hallstattzeitliche Grabfunde in Württemberg und Hohenzollern. Band 25, 1987; Beiträge zur Eisenverhüttung auf der Schwäbischen Alb. Band 55, 1995; Günther Wieland: Die Spätlatènezeit in Württemberg. Band 63, 1996; Hanns Dietrich: Die hallst. Grabfunde aus den Seewiesen von Hdh-Schnnaitheim. Band 66, 1998; Siegfried Kurz: Die Heuneburg-Außensiedlung. Befunde und Funde. Band 72, 2000; Abbau und Verhüttung von Eisenerzen im Vorland der mittleren Schwäbischen Alb. Band 86, 2003; Guntram Gassmann u.a.: Forschungen zur kelt. Eisenverhüttung in Südwestdeutschland. Band 92, 2005; Egon Gersbach u.a.: Die Heuneburg bei Hundersingen.

Eine Wehrsiedlung. Band 2006, 2006; Landesarchäologie. Festschrift für Dieter Planck. Band 100, 2009; Dirk Krausse: Frühe Zentralisierungs- und Urbanisierungsprozesse. Zur Genese und Entwicklung frühkeltischer Fürstensitze und ihres territorialen Umlandes. Band 101, 2008; S. Kurz: Untersuchungen zur Entstehung der Heuneburg in der späten Hallstattzeit. Band 105, 2007; Dirk Krausse: „Fürstensitze" und Zentralorte der frühen Kelten. Band 120, Teil 1 und 2, 2010.

Forschungen und Berichte zur Archäologie des Mittelalters.
Hrsg. v. LaD: Christoph Bizer: Oberflächenfunde von Burgen der Schwäbischen Alb. Band 26, 2006.

Materialhefte zur Archäologie.
Hrsg. v. LaD: Jürgen Hald: Die Eisenzeit im Oberen Gäu. Studien zur Besiedlungsgeschichte. Band 86, 2009; Christian Bollacher: Die keltische Viereckschanze auf der „Klinge" in Riedlingen. Band 88, 2009.

Archäologische Informationen aus Baden-Württemberg.
Hrsg. v. LaD: Siegfried Kurz u.a.: Fürstensitze – Höhenburgen – Talsiedlungen. Band 28, 1995; Klaus E. Bleich u.a.: Archäologie im Umland der Heuneburg. Band 40, 1999; Rüdiger Krause u.a.: Der Ipf. Frühkeltischer Fürstensitz am Nördlinger Ries. Band 47, 2007; Jörg Biel u.a.: Frühkeltische Fürstensitze. Älteste Städte nördlich der Alpen. Band 51, 2005; Aktuelle Forschungen zu den Kelten in Europa. Festkolloquium für Jörg Biel. Band 59, 2010; Mit Hightech auf der Spur der Kelten. Band 61, 2010.

Atlas Archäologischer Geländedenkmäler in Baden-Württemberg. Hrsg. v. LaD:
Bittel/Schiek/Müller: Die Keltischen Viereckschanzen. Band 1 und 2, 1990; Claus Oeftiger/Dieter Müller: Vor- und frühgeschichtliche Befestigungen (VFB) 1. Der Rosenstein. Heft 2, 1995. Christoph Morrissey/Dieter Müller: VFB 7. Die Wallanlagen auf den Geisinger Bergen bei Geisingen und Bad Dürrheim, Unterbaldingen. Heft 7, 1999.; VFB 8. Die Wallanlagen bei Kirchen-Hausen und Leipferdingen. Heft 8, 1999; VFB 9. Die Wallanlagen bei Ippingen und Zimmern. Heft 9, 1999; VFB 10. Die Wallanlagen bei Wurmlingen, Tuttlingen-Möhringen und Eßlingen. Heft 10, 1999; VFB 11. Der Lemberg bei Gosheim und der Hochberg bei Deilingen-Delkhofen. Band 11, 2002; Günther Wieland/Dieter Müller: VFB 13. Der Hägelsberg bei Urspring und die Wallanlagen bei Breitingen und Holzkirch. Heft 13, 2005; Morrissey/Müller: VFB 15. Die Wallanlagen bei Dürbheim, Kolbingen und Tuttlingen. Heft 15, 2005; Verena Nübling/Dieter Müller: VFB 21. Die Befestigungen auf dem Dreifaltigkeitsberg bei Spaichingen. Heft 21, 2010; Morrissey/ Müller: VFB 25. Buigen und Radberg bei Herbrechtingen. Heft 25, 2007; VFB 26. Wallanlagen im Regierungsbezirk. Heft 26, 2012. (Sammelband zu der in der Reihe erschienenen Hefte 3, 6, 12, 18, 22).

Laichinger Höhlenfreund. Zeitschrift für Karst- und Höhlenkunde:
Hans Martin Luz: Die Höhlen des Kartenblattes 7722 Zwiefalten.36. Jhg., Heft 1, 2001; Anke und Hans Martin Luz: Die Höhlen des Kartenblattes 7822 Riedlingen. 37. Jgh, Heft 2, 2002; Jürgen Scheff: Die archäologische Erforschung der Höhlen um Veringenstadt. 39. Jgh., Heft 1, 2004; Scheff: Archäologische Forschungen in Höhlen des Kartenblattes 7620 Jungingen. 41. Jgh., 2006; Scheff: Archäologische Forschungen in Höhlen des Kartenblattes 7521 Reutlingen. 43. Jgh., 2008; Scheff: Höhlenarchäologische Forschungen auf der Südwestalb. 45. Jgh., 2010.
Reihen:
- Wilhelm Schneider: Arbeiten zur Alamannischen Frühgeschichte, Tübingen. Heft XIX., 1991; Heft XXII.,1992.
- Wischenbarth: Die jüngere Latènezeit im westlichen Bayrisch-Schwaben. In: Bayrisches Vorgeschichtsblatt 64, 1999.
- Blätter des Schwäbischen Albvereins: Nr. 5/1882 bis 9/1883; Seite 81ff, 1891, Seite 206ff, 1892; Seite 50, 1938.
- Gottfried Odenwald: Blaubeurer Geographische Hefte 8. Viereckschanzen und Grabhügel. Keltisches Erbe auf der Ostalb. Blaubeuren, 1995.
- Denkmalpflege in Baden-Württemberg, Stuttgart; Heft 1/2007; 4/2011.
- Heimatkundliche Blätter Biberach, Ausgabe Juni 1986, Biberach.
- Jürgen Meyer: Der Götzenaltar. In: Im Schatten der Vergangenheit. Reutlingen, 2004
- Jürgen Meyer: Die Regenkatastrophe. In: Das dunkle Mittelalter. Reutlingen, 2006.
- Jürgen Meyer: Rätselhafte Spuren auf der Alb. Reutlingen, 2007.
- Jürgen Meyer: Das dunkle Mittelalter. Reutlingen, 2006.
- Schriften des Vereins für Geschichte und Naturgeschichte der Baar, Donaueschingen: Heft. 15,1924.
- Christian Maise: Vom Einfluss nacheiszeitlicher Klimavariabilität in der Ur- und Frühgeschichte. In: Jahrbuch der Schweizerischen Gesellschaft für Ur- und Frühgeschichte, Band 81. Basel, 1998

- Tuttlinger Heimatblätter, Tuttlingen. Jahrbuch 1960; 1985, 1999.
- Württembergische Vierteljahreshefte für Landesgeschichte. NF 36, Stuttgart, 1930.
- Zeitschrift für Hohenzollerische Geschichte, Sigmaringen: Band 28.
- Natur, Heimat Wandern, Stuttgart: Albuch – Härtsfeld – Ries,1979; Naturpark Obere Donau. Stuttgart, 1996.

Einzelbände:
- Julius Föhr: Hügelgräber der Schwäbischen Alb. Stuttgart, 1892.
- Karl Fricker: Die Pässe und Straßen der Schwäbischen Alb. Tübingen, 1902.
- Eugen Nägele (Hrsg.): Schwabenalb in Wort und Bild. Tübingen, 1914.
- Otto Springer: Die Flussnamen Württembergs und Badens. Stuttgart, 1930.
- Hans Schwenkel: Heimatbuch des Bezirks Urach, 1933.
- Adolf Rieth: Vorgeschichte der Schwäbischen Alb. Leipzig, 1938.
- Festschrift für Peter Goeßler. Stuttgart, 1954.
- Oscar Paret: Württemberg in vor- und frühgeschichtlicher Zeit. Stuttgart, 1961.
- Walter Ulrich Guyan: Schaffhauser Urgeschichte, Band 1. Schaffhausen, 1971.
- W. Meyer: Die Kunstdenkmäler des Landkreises Dillingen. München, 1972.
- Hans-Wilhelm Heine: Studien zu Wehranlagen zwischen junger Donau und Bodensee. Stuttgart, 1978.
- Bittel/Kimmig/Schiek: Die Kelten in Baden-Württemberg. Stuttgart, 1981.
- Gaius Julius Cäsar: Der Gallische Krieg. Erstes Buch. Stuttgart, 1988.
- Archäologie in Baden-Württemberg, Stuttgart, 1988.
- Archäologie, Kunst und Landschaft im Landkreis Tuttlingen. Sigmaringen, 1988.
- Hans-Joachim Schuster: 900 Jahre Renquishausen. Tuttlingen, 1992.
- Bernd Wiegel: Trachtkreise im südlichen Hügelgräberbereich, Buch 1992.
- Goldene Jahrhunderte. Die Bronzezeit in Südwestdeutschland. Stuttgart, 1997.
- Sabine Rieckhoff/Jörg Biel: Die Kelten in Deutschland. Stuttgart, 2001.
- Archäologische Denkmäler in Baden-Württemberg. Stuttgart 2002.
- Raimund Karl in : Wiener keltologische Schriften, Band 3. Dissertation. Wien, 2003.
- Doris Benz/Ben Schreger: Kelten, Kulte, Anderswelten. Linz, 2003.
- Felix Müller/Genevièe Lüscher: Die Kelten in der Schweiz. Stuttgart, 2004.
- Kelten & Co. Reutlingen, 2004.
- Kelten, Römer und Alamannen. Kultur- und Freizeitführer für den Landkreis Tuttlingen. Heft 3, 2005.
- Michael Nick: Gabe, Opfer, Zahlungsmittel. Strukturen keltischen Münzgebrauchs im westlichen Mitteleuropa. Rahden, 2006.
- Thomas Knopf (Hrsg.): Der Heigengraben bei Grabenstetten. Bonn, 2006.
- Claudia Pankau: Die Besiedlungsgeschichte des Brenz-Kocher-Tals (östliche Schwäbische Alb) vom Neolithikum bis zur Latènezeit. Universitätsforschungen, Band 142, Teil 1 und 2. Bonn, 2007.
- Deigendesch/Morrissey: Kleine Geschichte der Schw. Alb. Echterdingen, 2008.
- Ferdinand Pfannstiel: Eine Fundlandschaft verändert sich. Trochtelfingen, 2010.